DR. OETKER

KOCHEN FÜR KINDER

VON A–Z

DR. OETKER

KOCHEN FÜR KINDER

VON A–Z

Dr. Oetker Verlag

Abkürzungen

EL	=	Esslöffel
TL	=	Teelöffel
Msp.	=	Messerspitze
Pck.	=	Packung/Päckchen
g	=	Gramm
kg	=	Kilogramm
ml	=	Milliliter
l	=	Liter
evtl.	=	eventuell
geh.	=	gehäuft
gem.	=	gemahlen
ger.	=	gerieben
gestr.	=	gestrichen
TK	=	Tiefkühlprodukt
°C	=	Grad Celsius
Ø	=	Durchmesser

Kalorien-/Nährwertangaben

E	=	Eiweiß
F	=	Fett
Kh	=	Kohlenhydrate
kcal	=	Kilokalorie
kJ	=	Kilojoule
BE	=	Broteinheiten

Bei den Nährwertangaben in den Rezepten handelt es sich um auf- bzw. abgerundete ganze Werte. Lediglich die Broteinheiten werden in 0,5er-Schritten mit einer Stelle nach dem Komma angegeben.
Aufgrund von ständigen Rohstoffschwankungen und/oder Rezepturveränderungen bei Lebensmitteln, kann es zu Abweichungen kommen. Die Nährwertangaben dienen daher lediglich Ihrer Orientierung und eignen sich nur bedingt für die Berechnung eines Diätplans, zum Beispiel bei Krankheiten wie Diabetes.
Bei krankheitsbedingten Diäten richten Sie sich daher bitte nach den Anweisungen Ihres Diätassistenten bzw. Ihres Arztes.

Allgemeine Hinweise zu den Rezepten

Lesen Sie vor der Zubereitung – besser noch vor dem Einkauf – das Rezept einmal vollständig durch. Oft werden Arbeitsabläufe oder -zusammenhänge dann klarer.

Zutatenliste

Die Zutaten sind in der Reihenfolge ihrer Verarbeitung aufgeführt.

Arbeitsschritte

Die Arbeitsschritte sind einzeln hervorgehoben, in der Reihenfolge, in der sie von uns ausprobiert wurden.

Zubereitungszeiten

Die Zubereitungszeit ist ein Anhaltswert für die Zeit der Vorbereitung und der eigentliche Zubereitung. Die Garzeiten, die nicht in diese Zeit fallen, sind gesondert ausgewiesen. Längere Wartezeiten wie z. B. Kühl- und Auftauzeiten sind nicht mit einbezogen.

Backofeneinstellung und Back- und Garzeiten

Die in den Rezepten angegebenen Gartemperaturen und -zeiten sind Richtwerte, die je nach individueller Hitzeleistung Ihres Backofens über- oder unterschritten werden können. Bitte beachten Sie deshalb bei der Einstellung des Backofens die Gebrauchsanleitung des Herstellers.
Die Temperaturangaben in diesem Buch beziehen sich auf Elektrobacköfen. Die Temperatureinstellungsmöglichkeiten für Gasbacköfen variieren je nach Hersteller, sodass wir keine allgemeingültigen Angaben machen können.

Vorwort

Bei leckerem Essen lassen sich die Alltagsvorkommnisse in Kita und Schule gut besprechen. Gemeinsame Mahlzeiten im vertrauten Kreis sind für Kinder und Eltern eine schöne Gelegenheit, sich auszutauschen. Dabei sollte das Essen so zubereitet sein, dass sich alle auf diese Zeit freuen.

Kinder schätzen vertraute Gerichte, die immer gleich sein sollen: Eben so, wie nur Mama, Papa oder vielleicht die Oma sie zubereiten. Doch auch neue Geschmackserlebnisse, die die Entdeckerlust der Kinder wecken, werden geliebt – vorausgesetzt, die Kinder können sich ganz in Ruhe herantasten.

Gesunde Kinder wissen selbst am besten, wie viel Hunger sie haben. Achten Sie darauf, angemessene Portionen anzubieten, die dem Alter der Kinder entsprechen. Ist der Teller zu voll, fühlen sie sich schnell überfordert und verlieren die Lust am Essen.

Beim Würzen ist es gut, die Gerichte zunächst vorsichtig abzuschmecken. Kinder haben einen sehr feinen Geschmack und lehnen scharfe oder sehr salzige Speisen im Regelfall ab. Es ist praktisch, wenn die Gewürze auf dem Tisch stehen und bei Bedarf nachgewürzt werden kann.

Wichtig ist natürlich auch das Aussehen der Gerichte. Für kleine Freibeuter, die in der Kita „auf großer Fahrt" waren, gibt es nichts Schöneres, als mittags mit einem Piratenschmaus überrascht zu werden.

Die Gerichte lassen sich gut ergänzen bzw. den Bedürfnissen Ihrer Familie anpassen. Die ganz Kleinen freuen sich z. B. über Kartoffelpüree mit Möhren, für die Größeren gibt es einfach eine Bratwurst und frischen Salat dazu.

Viele Kinder sind mit Begeisterung dabei, wenn sie beim Kochen mithelfen und wichtige Aufgaben übernehmen dürfen. „Selbst gekocht" wird auch Unbekanntes meist gern probiert.

Entdecken Sie die Vielfalt der Rezepte in diesem Buch. Vielleicht darf Ihr Kind sich ja ab und zu Gerichte aussuchen, die es gern einmal probieren möchte? Das können schon die Kleinen, da fast alle Rezepte mit Bildern versehen sind. So werden die Familienmahlzeiten zu einer für alle entspannten Zeit, die Sie Tag für Tag genießen können.

7

Apfel-Möhren-Küchlein

Für den Kindergeburtstag

24 Stück

Pro Stück: E: 2 g, F: 5 g, Kh: 19 g, kJ: 540, kcal: 129, BE: 1,5

Zum Vorbereiten:

½ Apfel (etwa 80 g)
½ Möhre (etwa 50 g)

Für den Teig:

180 g Weizenmehl
1 TL Dr. Oetker Backin
80 g brauner Zucker
1 Pck. Dr. Oetker Vanillin-Zucker
1 Prise Salz
½ gestr. TL gem. Zimt
2 Eier (Größe M)
50 ml neutrales Speiseöl, z. B. Sonnenblumenöl
50 ml Buttermilch

24 Waffelbecher (mit kakaohaltiger Fettglasur)

Zum Dekorieren:

50 g Puderzucker
1–2 TL Zitronensaft
kleine bunte Schokolinsen
Marzipan-Möhren
Deko-Blüten aus Esspapier
Schokostreusel
50 g Vollmilch-Kuvertüre

Zubereitungszeit: 60 Minuten, ohne Abkühlzeit
Backzeit: etwa 20 Minuten

1. Zum Vorbereiten die Apfelhälfte schälen, halbieren, entkernen. Möhre putzen, schälen, abspülen und abtropfen lassen. Apfelviertel und Möhre grob raspeln. Mit Frischhaltefolie zudecken und in den Kühlschrank stellen.

2. Den Backofen vorheizen.
Ober-/Unterhitze: etwa 180 °C
Heißluft: etwa 160 °C

3. Für den Teig das Mehl mit Backpulver, Zucker, Vanillin-Zucker, Salz und Zimt in einer Rührschüssel vermischen.

4. Eier, Öl und Buttermilch zu den trockenen Zutaten geben.

5. Die Zutaten mit einem Mixer (Rührstäbe) kurz auf niedrigster, dann auf höchster Stufe in etwa 2 Minuten zu einem glatten Teig verarbeiten. Apfel- und Möhrenraspel unterheben.

6. Die Waffelbecher auf ein Backblech (gefettet, mit Backpapier belegt) stellen.

7. Den Teig mithilfe von 2 Teelöffeln gleichmäßig in den Waffelbechern verteilen (sie sollen etwa zu zwei Drittel gefüllt sein).

8. Das Backblech in den vorgeheizten Backofen schieben. Apfel-Möhren-Küchlein **etwa 20 Minuten backen.**

9. Das Backblech auf einen Kuchenrost stellen. Apfel-Möhren-Küchlein erkalten lassen.

10. Zum Dekorieren aus Puderzucker und Zitronensaft einem dickflüssigen Guss herstellen. Den Guss in einen kleinen Gefrierbeutel füllen, dann eine kleine Spitze abschneiden.

11. Auf die Hälfte der Küchlein mit je einem Tropfen vom Guss die Schokolinsen, Marzipan-Möhren oder Deko-Blüten ankleben.

12. Kuvertüre nach Packungsanleitung schmelzen, ebenfalls in einen kleinen Gefrierbeutel geben und eine kleine Spitze abschneiden. Restliche Küchlein mit Kuvertüre überziehen und ebenfalls dekorieren. Kuvertüre trocknen lassen.

Tipp: Schneller geht's, wenn Sie die fertigen, kalten Küchlein mit einem Silikonpinsel oder einem kleinen Löffel mit Zuckerguss oder Kuvertüre bestreichen und anschließend die Deko daraufstreuen. Dann Guss oder Kuvertüre vor dem Aufstreuen zunächst leicht antrocknen lassen.

Apfel-Möhren-Salat

Klassisch
4 Portionen

Pro Portion: E: 1 g, F: 4 g, Kh: 11 g, kJ: 371, kcal: 89, BE: 0,5

Für die Salatsauce:

1–2 EL Zitronensaft
Salz
Zucker
1–2 EL neutrales Speiseöl, z. B. Sonnenblumenöl

500 g Möhren
250 g Äpfel, z. B. Braeburn

Zubereitungszeit: 20 Minuten

1. Für die Sauce Zitronensaft mit Salz und Zucker verrühren, Speiseöl unterschlagen.

2. Möhren putzen, schälen, abspülen und abtropfen lassen. Äpfel schälen, vierteln und entkernen.

3. Möhren und Apfelviertel auf einer Haushaltsreibe raspeln und in eine Schüssel geben.

4. Die Sauce zu den Möhren- und Apfelraspeln geben und untermengen.

5. Den Salat mit Salz und Zucker abschmecken und etwas durchziehen lassen.

Rezeptvariante: Für einen **Möhren-Orangen-Salat** 500 g Möhren putzen, schälen, abspülen und abtropfen lassen. Die Möhren auf einer Haushaltsreibe raspeln. 3 Orangen so schälen, dass die weiße Haut mitentfernt wird. Die Orangenfilets über einer Schüssel herausschneiden, dabei den Saft auffangen. Die Möhrenraspel mit den Orangenfilets und dem aufgefangenen Saft vermischen. 1 Esslöffel Nuss- oder Rapsöl, 1 Esslöffel flüssigen Honig und 1 Esslöffel Zitronensaft verrühren und unter den Salat mischen. Den Salat nach Belieben zusätzlich mit 50 g gehackten Nusskernen bestreuen.

Apfel-Möhren-Salat mit Honig-Sesam-Dressing

Für größere Kinder (ohne Foto)
4 Portionen

Pro Portion: E: 4 g, F: 8 g, Kh: 30 g, kJ: 890, kcal: 213, BE: 2,0

Für die Salatsauce:

1 Zitrone
1 Orange
2–3 TL flüssiger Akazienhonig
1 Prise gem. Zimt
1 EL Rapsöl

2 Äpfel
500 g Möhren
3 Sesam-Krokant-Riegel (je 25 g, Fertigprodukt aus dem Reformhaus oder Drogerie-Markt)

Zubereitungszeit: 20 Minuten

1. Für die Salatsauce die Zitrone und Orange halbieren, jeweils den Saft auspressen. Zitronen- und Orangensaft in eine Schüssel geben. Honig und Zimt hinzufügen, mit einem Schneebesen gut verrühren. Rapsöl unterschlagen.

2. Die Äpfel waschen, abtrocknen, vierteln, entkernen und in dünne Spalten oder Streifen schneiden. Apfelspalten oder -streifen zu dem Dressing in die Schüssel geben.

3. Die Möhren putzen, schälen, abspülen, abtropfen lassen und in dünne Scheiben oder Streifen schneiden. Möhrenscheiben oder -streifen ebenfalls in die Schüssel geben und gut unterrühren.

4. Den Salat in eine Salatschüssel geben. Krokant-Riegel zerbröseln und kurz vor dem Servieren auf den Salat streuen.

Tipp: Der Salat lässt sich, ohne die Krokantbrösel, in gut verschließbaren Kunststoffdosen prima zur Schule mitnehmen.

Apfelmus

Beliebt (ohne Foto)
4 Portionen

Pro Portion: E: 0 g, F: 1 g, Kh: 30 g, kJ: 537, kcal: 129, BE: 2,5

750 g säuerliche Äpfel, z. B. Boskop oder Elstar
5 EL Wasser
etwa 50 g Zucker
evtl. 1–2 TL Zitronensaft

Zubereitungszeit: 15 Minuten
Garzeit: etwa 15 Minuten

1. Äpfel schälen, vierteln, entkernen und in Stücke schneiden. Die Apfelstücke mit Wasser in einem Topf zum Kochen bringen und zugedeckt bei schwacher Hitze etwa 15 Minuten kochen.

2. Die Apfelmasse grob zerdrücken oder pürieren. Apfelmus mit Zucker und evtl. Zitronensaft abschmecken.

Tipps: Möchten Sie das Apfelmus als Dessert mit Zimt-Zucker servieren, verzichten Sie auf den Zucker zum Abschmecken. Apfelmus schmeckt sehr gut zu Kartoffelpuffern oder Kaiserschmarren. Sie können auch 1 Stange Zimt oder 1–2 Gewürznelken mitkochen.

Apfelmusgrieß mit Mandelsplittern

Für zwischendurch
4 Portionen

Pro Portion: E: 7 g, F: 4 g, Kh: 34 g, kJ: 852, kcal: 204, BE: 3,0

500 ml Milch (1,5 % Fett)
1 Prise Salz
1 EL Zucker
1 Prise gem. Zimt
50 g Hartweizengrieß
1 geh. EL gestiftelte Mandeln
etwa 350 g Apfelmus

Zubereitungszeit: 20 Minuten

1. Milch mit Salz, Zucker und Zimt in einem Topf unter Rühren zum Kochen bringen. Topf von der Kochstelle nehmen. Den Grieß einstreuen und unter gelegentlichem Umrühren bei schwacher Hitze nach Packungsanleitung in 5–10 Minuten ausquellen lassen.

2. Inzwischen Mandeln in einer Pfanne ohne Fett leicht bräunen. Mandeln auf einen Teller geben. Apfelmus vorsichtig marmorartig unter den Grieß ziehen. Apfelmusgrieß portionsweise anrichten, die Mandeln daraufstreuen und sofort servieren.

Tipp: Soll der Apfelmusgrieß ein süßes Hauptgericht sein, verdoppeln Sie die Menge.

Apfelreis | Preiswert – auch zum Mitnehmen

4 Portionen

Pro Portion: E: 3 g, F: 1 g, Kh: 57 g, kJ: 1035, kcal: 247, BE: 4,5

750 ml Wasser
1 Prise Salz
50 g Zucker
1 Pck. Dr. Oetker Finesse Geriebene Zitronenschale
150 g Milchreis (Rundkornreis)
450 g Äpfel
1 TL Zitronensaft
etwas Zucker

Zum Garnieren und Bestreuen:
einige Minzeblättchen
1 EL Zimt-Zucker

Zubereitungszeit: 10 Minuten
Garzeit: 25–30 Minuten

1. Wasser mit Salz, der Hälfte des Zuckers und Zitronenschale in einem Topf zum Kochen bringen. Milchreis hinzugeben und zugedeckt etwa 15 Minuten bei schwacher Hitze quellen lassen.

2. In der Zwischenzeit einen Apfel abspülen, abtrocknen, vierteln und entkernen. Ein Apfelviertel mit Zitronensaft beträufeln und zum Garnieren beiseitelegen.

3. Die restlichen Äpfel schälen, vierteln, entkernen und in Stücke schneiden.

4. Die Apfelstücke zu dem Reis in den Topf geben, unterrühren und vorsichtig unter gelegentlichem Rühren nochmals erhitzen. Weitere 10–15 Minuten zugedeckt bei schwacher Hitze quellen und garen lassen. Apfelreis mit Zucker abschmecken.

5. Beiseitegelegtes Apfelviertel in dünne Scheiben schneiden. Den Apfelreis mit Apfelscheiben und abgespülten, trocken getupften Minzeblättchen anrichten und mit Zimt-Zucker bestreuen.

Apfel-Zimt-Muffins

Schnell – einfach

12 Stück

Pro Stück: E: 3 g, F: 5 g, Kh: 22 g, kJ: 600, kcal: 143, BE: 2,0

Zum Marinieren:

Saft von
1 Zitrone
1 gestr. TL gem. Zimt
20 g brauner Zucker
2 Äpfel (je etwa 150 g)

Für den All-in-Teig:

200 g Weizenmehl
2 gestr. TL Dr. Oetker Backin
80 g brauner Zucker
1 Pck. Dr. Oetker Vanillin-Zucker
1 Prise Salz
2 Eier (Größe M)
100 ml Buttermilch
4 EL Sonnenblumenöl

Zubereitungszeit: 20 Minuten, ohne Abkühlzeit
Backzeit: etwa 25 Minuten

1. Zum Marinieren Zitronensaft mit Zimt und Zucker verrühren. Äpfel schälen, vierteln, entkernen und in sehr kleine Würfel schneiden. Die Apfelwürfel mit der Zitronenmischung verrühren und zugedeckt beiseitestellen.

2. Den Backofen vorheizen.
Ober-/Unterhitze: etwa 180 °C
Heißluft: etwa 160 °C

3. Für den Teig das Mehl mit Backpulver in einer Rührschüssel mischen. Restliche Teigzutaten hinzufügen und alles mit einem Mixer (Rührstäbe) erst kurz auf niedrigster, dann auf höchster Stufe in etwa 2 Minuten zu einem Teig verarbeiten.

4. Die marinierten Apfelwürfel kurz in einem Sieb abtropfen lassen und bis auf 2 Esslöffel unter den Teig rühren.

5. Den Teig in eine Muffinform (für 12 Muffins, mit Papierbackförmchen ausgelegt) geben. Dabei darauf achten, dass die Förmchen nur zu zwei Dritteln mit Teig gefüllt sind. Restliche Apfelwürfel gleichmäßig auf den Muffins verteilen.

6. Die Form auf dem Rost auf mittlerer Einschubleiste in den vorgeheizten Backofen schieben. Die Muffins **etwa 25 Minuten backen.**

7. Muffins etwa 10 Minuten in der Form stehen lassen, danach aus der Form lösen und auf einem Kuchenrost erkalten lassen.

Tipp: Die Muffins lassen sich gut einfrieren. Vor dem Servieren eventuell nochmals einige Minuten bei Backtemperatur aufbacken.

Arme Ritter | Schnell – preiswert

6 Stück

Pro Stück: E: 6 g, F: 11 g, Kh: 25 g, kJ: 953, kcal: 228, BE: 2,0

300 ml Milch (3,5 % Fett)
2 Eier (Größe M)
50 g Zucker
6 Scheiben Kastenweißbrot (etwa 1 1/2 cm dick, 2–5 Tage alt)
5 EL Speiseöl, z. B. Sonnenblumenöl

Zubereitungszeit: 20 Minuten

1. Milch mit Eiern und Zucker verschlagen. Weißbrotscheiben in eine Schale legen, mit der Eiermilch übergießen, einweichen lassen (dabei 1–2-mal vorsichtig wenden), bis die Milch aufgesogen ist (die Scheiben dürfen nicht zu weich werden).

2. Etwas Öl in einer beschichteten Pfanne zerlassen. Die Brotscheiben darin portionsweise bei mittlerer Hitze von beiden Seiten etwa 8 Minuten knusprig braun braten. Die armen Ritter heiß servieren.

Tipp: Arme Ritter z. B. mit Apfelmus oder Kirschgrütze, mit Zimt-Zucker oder mit etwas Puderzucker bestäubt servieren.

Asiapfanne „Karate King"

Leicht

4 Portionen

Pro Portion: E: 36 g, F: 9 g, Kh: 60 g, kJ: 1995, kcal: 477, BE: 5,0

250 g	*Basmatireis*
	Salz
500 g	*Seelachsfilet*
	Saft von
½	*Zitrone*
1 TL	*Austernsauce*
1 Stange	*Porree (Lauch)*
1	*kleiner Spitzkohl (etwa 500 g)*
1	*rote Paprikaschote*
2	*Möhren*
1 Stück	*frischer Ingwer (walnussgroß)*
2	*Knoblauchzehen*
2 EL	*Sonnenblumenöl*
125 ml	*Sojasauce*
	Fünf-Gewürze-Pulver

Zubereitungszeit: 30 Minuten
Garzeit: etwa 15 Minuten

1. Reis in Salzwasser nach Packungsanleitung garen.

2. In der Zwischenzeit das Seelachsfilet kurz unter fließendem kalten Wasser abspülen, trocken tupfen und in Streifen schneiden. Die Fischstreifen mit Zitronensaft und Austernsauce beträufeln und zugedeckt beiseitestellen.

3. Porree putzen, die Stange längs halbieren, gründlich waschen, abtropfen lassen und in feine Streifen schneiden. Den Spitzkohl vierteln, den Strunk herausschneiden. Kohlviertel in Streifen schneiden. Paprikaschote halbieren, entstielen, entkernen und die weißen Scheidewände entfernen. Schotenhälften in feine Streifen schneiden. Möhren putzen, schälen, abspülen, abtropfen lassen und in dünne Stifte schneiden. Ingwer schälen. Den Knoblauch abziehen. Ingwer und Knoblauch in sehr kleine Stücke schneiden und zum Gemüse geben.

4. Jeweils die Hälfte des Sonnenblumenöls in einer großen Pfanne oder in einem Wok erhitzen. Das vorbereitete Gemüse in 2 Portionen jeweils etwa 5 Minuten unter Rühren darin braten. Gemüse herausnehmen, mit Sojasauce und Fünf-Gewürze-Pulver würzen.

5. Die Fischstreifen in die Pfanne oder den Wok geben und unter vorsichtigem Rühren etwa 3 Minuten garen. Gemüse wieder hinzugeben, vorsichtig unterheben und kurz erhitzen, evtl. nochmals mit den Gewürzen abschmecken.

6. Den Reis in ein Sieb geben, gut abtropfen lassen und zu der Asiapfanne servieren.

Backfisch | Beliebt

4 Portionen

Pro Portion: E: 27 g, F: 18 g, Kh: 10 g, kJ: 1297, kcal: 309, BE: 1,0

600 g Seelachsfilet
Salz, gem. Pfeffer

Für den Ausbackteig:
100 g Weizenmehl
1 Ei (Größe M)
125 ml Milch (3,5 % Fett)
1 EL Speiseöl, z. B. Sonnenblumenöl

Zum Ausbacken:
etwa 1 l Speiseöl, z. B. Sonnenblumenöl

Zubereitungszeit: 30 Minuten
Ausbackzeit: etwa 10 Minuten je Portion

1. Fischfilet unter fließendem kalten Wasser abspülen, trocken tupfen und in Portionsstücke schneiden. Die Fischstücke mit Salz und Pfeffer würzen.

2. Für den Ausbackteig Mehl in eine Rührschüssel geben und in die Mitte eine Vertiefung drücken. Ei mit Salz und Milch verschlagen. Etwas von der Eiermilch in die Vertiefung geben. Von der Mitte aus Eiermilch und Mehl mit einem Schneebesen verrühren. Nach und nach die restliche Eiermilch und das Speiseöl hinzugeben. Darauf achten, dass keine Klümpchen entstehen.

3. Zum Ausbacken das Speiseöl oder Ausbackfett in einer großen tiefen Pfanne oder einem Topf auf etwa 175 °C erhitzen, sodass sich um einen in das Fett gehaltenen Holzlöffelstiel Bläschen bilden.

4. Die Fischfiletstücke mit einer Gabel in den Ausbackteig tauchen, abtropfen lassen und portionsweise schwimmend in dem siedenden Speiseöl oder Ausbackfett etwa 10 Minuten braun und knusprig braten. Den gebackenen Fisch mit einem Schaumlöffel herausnehmen und auf Küchenpapier abtropfen lassen. Die Fischstücke bis zum Servieren warm stellen.

Dazu schmeckt: Kartoffelsalat von Seite 133.

Tipps: Überraschen Sie Ihre Lieben mal mit „Fish & Chips". Die klassische Beilage sind dann große, knusprige Pommes Frites. Abgeschmeckt wird traditionell mit Malzessig. Servieren Sie als Vorspeise einen frischen Salat.

Backfisch auf Rahmgurken

Knuspergenuss

4 Portionen

Pro Portion: E: 29 g, F: 30 g, Kh: 18 g, kJ: 1917, kcal: 459, BE: 1,5

1 ½ Salatgurken
150 g Crème fraîche
1 TL milder Senf
2 EL gehackter Dill oder 25 g TK-Dill
Salz, gem. Pfeffer

80 g Weizenmehl (Type 1050)
20 g gesiebte Speisestärke
1 gestr. TL Salz
1 Ei (Größe M)
125 ml Milch (3,5 % Fett)
1 EL Speiseöl, z. B. Sonnenblumenöl
500–600 g festes Fischfilet, z. B. Seelachs, Tilapia, Lachsforelle (frisch oder TK)
etwa 750 ml Speiseöl

Zubereitungszeit: 20 Minuten
Garzeit: etwa 15 Minuten

1. Gurken waschen, abtrocknen, eventuell halbieren, Kerne mit einem Löffel herausschaben (Gurken nach Belieben schälen). Gurken in feine Scheiben schneiden oder hobeln.

2. Crème fraîche mit Senf und Dill verrühren. Mit Salz und Pfeffer würzen. Die Gurkenscheiben untermischen. Rahmgurken kurz durchziehen lassen.

3. Das Mehl mit Speisestärke und Salz in einer Rührschüssel vermischen. Ei, Milch und Speiseöl verschlagen, zu der Mehlmischung geben, mit einem Mixer (Rührstäbe) gut unterrühren. Den Teig kurz quellen lassen.

4. Fischfilets (TK-Fischfilet vorher auftauen lassen) kurz unter fließendem kalten Wasser abspülen, trocken tupfen, in Streifen schneiden, eventuell vorhandene Gräten entfernen.

5. Speiseöl in einer Fritteuse oder einer tiefen Pfanne auf etwa 175 °C erhitzen.

6. Teig nochmals umrühren. Falls der Teig zu fest geworden ist, etwas Wasser unterrühren. Die Fischstreifen portionsweise mit einer Gabel durch den Teig ziehen, am Schüsselrand abstreifen und in dem heißen Fett unter mehrmaligem Wenden knusprig ausbacken.

7. Die Fischstreifen mit einer Schaumkelle herausnehmen, auf Küchenpapier legen und abtropfen lassen. Den Backfisch mit den Rahmgurken anrichten.

Dazu schmeckt: Kartoffelpüree oder Salzkartoffeln.

Tipps: Achten Sie darauf, ein hitzestabiles Öl zum Ausbacken zu verwenden. Sie können zum Ausbacken auch Butterschmalz nehmen, das spritzt etwas weniger. Bevor der Dill unter den Salat gemischt wird, eventuell einmal in die Runde fragen, ob jemand den Salat lieber ohne Dill essen möchte. Mischen Sie ein paar Löffel von der Gurkensalat-Sauce mit gegarten Kartoffeln und etwas Butter auf dem Teller und zermusen Sie diese Mischung. Das lieben dann auch die Kleinsten.

Bananen-Quark-Creme | Schnell

4 Portionen

Pro Portion: E: 17 g, F: 0 g, Kh: 24 g, kJ: 743, kcal: 178, BE: 2,0

2 reife Bananen
1 EL Zitronensaft
1–2 EL Zucker
1 Pck. Dr. Oetker Vanillin-Zucker
500 g Magerquark
2–3 EL Mineralwasser mit Kohlensäure
1 EL Zitronensaft

Zubereitungszeit: 10 Minuten

1. Bananen schälen. 1/2 Banane beiseitelegen, die restlichen Bananen in Stücke schneiden. Bananenstücke mit Zitronensaft, Zucker und Vanillin-Zucker pürieren. Den Quark mit dem Mineralwasser in eine Schüssel geben und glatt rühren. Das Bananenpüree unterrühren.

2. Beiseitegelegte Bananenhälfte in Scheiben schneiden und mit Zitronensaft beträufeln.

3. Die Bananen-Quark-Creme in Portionsgläser füllen und mit Bananenscheiben garnieren.

Tipps: Bananen, die sehr reif sind, werden häufig abgelehnt, weil sie so weich sind. Für dieses Dessert sind sie allerdings genau richtig, weil sie sehr aromatisch und süß sind. Je nach Reife der Bananen können Sie die Zuckermenge reduzieren. Ist Ihnen die Bananen-Quark-Creme zu fest, rühren Sie etwas Mineralwasser oder Milch darunter.

Basilikum-Kartoffel-Salat

Sommerlich

4 Portionen

Pro Portion: E: 18 g, F: 23 g, Kh: 61 g, kJ: 2235, kcal: 533, BE: 4,5

1,2 kg festkochende Kartoffeln
200 g Zuckerschoten
Saft von
½ Zitrone
150 ml Wasser
Salz
1 Bund Frühlingszwiebeln
125 ml Gemüsebrühe
1 Bund Basilikum
4 EL Weißweinessig
2 EL flüssiger Honig
6 EL Olivenöl
gem. Pfeffer
6 Eier (Größe M)
100 g Cocktailtomaten

Zubereitungszeit: 30 Minuten, ohne Durchziehzeit
Garzeit: etwa 25 Minuten

1. Die Kartoffeln waschen, in einem Topf mit Wasser bedeckt zum Kochen bringen und in etwa 25 Minuten gar kochen, kalt abspülen und heiß pellen. Kartoffeln etwas abkühlen lassen, dann in Scheiben schneiden.

2. Zuckerschoten abspülen, die Enden abschneiden, evtl. abfädeln. Schoten mit Zitronensaft, Wasser und etwas Salz in einen Topf geben und etwa 1 Minute kochen. Dann abgießen, abtropfen lassen und zu den Kartoffelscheiben in eine Schüssel geben. Die Kartoffelscheiben und Zuckerschoten mischen.

3. Frühlingszwiebeln putzen, abspülen und in Scheiben schneiden, ebenfalls untermischen. Die Gemüsebrühe erhitzen und den Kartoffel-Gemüse-Mix damit begießen.

4. Basilikumblättchen abspülen, trocken tupfen und die Blättchen von den Stängeln zupfen. Etwa 10 Blättchen zum Garnieren beiseitelegen, den Rest in einen Mixbecher geben.

5. Essig, Honig, Olivenöl und Gewürze ebenfalls in den Mixbecher geben. Zutaten pürieren. Basilikumdressing zum Salat geben, vorsichtig mischen und mindestens 30 Minuten durchziehen lassen. Nochmals mit Salz, Pfeffer und evtl. Essig abschmecken.

6. In der Zwischenzeit die Eier wachsweich kochen (etwa 6 Minuten), abschrecken, pellen und halbieren. Tomaten abspülen, abtrocknen, halbieren und die Stängelansätze herausschneiden. Den Kartoffelsalat mit den Eier- und Tomatenhälften auf einer Platte anrichten. Mit den beiseitegelegten Basilikumblättchen garnieren.

Beerengrütze mit Vanille-Joghurt-Sauce I

Gut vorzubereiten

4 Portionen

Pro Portion: E: 5 g, F: 2 g, Kh: 42 g, kJ: 955, kcal: 228, BE: 3,5

Für die Grütze:

750 g gemischte Früchte, z. B. Johannisbeeren, Himbeeren, Erdbeeren, Brombeeren, Stachelbeeren, Kirschen (ersatzweise TK-Früchte)
1 Bio-Orange (unbehandelt, ungewachst)
1 leicht geh. EL Speisestärke
375 ml roter Traubensaft

Für die Vanille-Joghurt-Sauce:

1 Vanilleschote
1–2 EL Zucker
300 g Joghurt (1,5 % Fett)

Zubereitungszeit: 30 Minuten, ohne Abkühlzeit

1. Die Früchte verlesen, abspülen und gut abtropfen lassen. Früchte putzen, bzw. von den Rispen streifen.

2. Die Orange heiß abwaschen, abtrocknen und die Schale dünn abschälen. Orange halbieren und den Saft auspressen.

3. Speisestärke mit Orangensaft und 2–3 Esslöffeln Traubensaft glatt rühren. Übrigen Saft und Orangenschale in einem Topf aufkochen lassen.

4. Topf von der Kochstelle nehmen. Die angerührte Speisestärke unter Rühren hinzufügen und unter Rühren aufkochen lassen. Vorbereitete Früchte unterrühren und alles nochmals kurz aufkochen lassen. Grütze in eine Schale umfüllen und abkühlen lassen.

5. Für die Vanille-Joghurt-Sauce Vanilleschote längs aufschneiden und das Mark mit einem Messer herausschaben. Vanillemark, Zucker und Joghurt mit einem Schneebesen gründlich verrühren, bis sich der Zucker gelöst hat.

6. Die Grütze mit der Vanille-Joghurt-Sauce anrichten.

Tipp: Garnieren Sie die Beerengrütze mit vorbereiteten Minzeblättchen.

Birnen-Möhren-Salat mit Putenmedaillons

Einfach

4 Portionen

Pro Portion: E: 43 g, F: 18 g, Kh: 40 g, kJ: 2114, kcal: 505, BE: 3,5

4 EL	*gehobelte Mandeln*
100 g	*getrocknete Aprikosen*
3	*Birnen*
1–2 EL	*Zitronensaft*
2 Bund	*Möhren*
2 EL	*Obstessig*
1 Prise	*Salz*
1–2 TL	*Honig*
	gem. Pfeffer
2–3 EL	*Traubenkernöl*
12	*Putenmedaillons (je etwa 50 g)*
2 EL	*Rapsöl*
1 Kästchen	*Kresse*

Zubereitungszeit: 30 Minuten

1. Die Mandeln in einer Pfanne ohne Fett unter Wenden anrösten und dann auf einen Teller geben. Aprikosen in feine Streifen schneiden.

2. Birnen abspülen, abtrocknen, den Stiel und den Blütenansatz entfernen. Die Birnen bis auf das Kerngehäuse grob raspeln oder in feine Streifen schneiden. Die Birnenraspel oder -streifen mit dem Zitronensaft vermischen.

3. Möhren putzen, schälen, abspülen, abtropfen lassen und ebenfalls grob raspeln oder in feine Streifen schneiden. Möhren, Aprikosen und Birnen vermischen.

4. Für das Dressing Obstessig mit Salz verrühren, Honig und Pfeffer unterrühren. Das Traubenkernöl mit einem Schneebesen unterschlagen. Das Dressing mit den Salatzutaten vermischen.

5. Die Putenmedaillons unter fließendem kalten Wasser abspülen und mit Küchenpapier trocken tupfen. Das Rapsöl in einer Pfanne erhitzen. Die Putenmedaillons darin anbraten und bei mittlerer Hitze unter mehrmaligem Wenden fertig braten. Die Medaillons mit Salz und Pfeffer würzen.

6. Kresse abspülen, trocken tupfen und vom Beet schneiden. Zum Servieren den Salat auf eine Platte geben und die Medaillons darauf anrichten. Die Kresse mit den Mandelblättchen daraufstreuen.

Dazu schmeckt: Kartoffelpüree.

Blitzwaffeln | Einfach

6–8 Waffeln

Pro Stück: E: 8 g, F: 17 g, Kh: 47 g, kJ: 1543, kcal: 370, BE: 4,0

300 g	*sehr gut gekühlte Crème fraîche*
100 g	*Zucker*
1 Pck.	*Dr. Oetker Vanillin-Zucker*
1 TL	*Dr. Oetker Finesse Geriebene Zitronenschale*
1 Prise	*Salz*
3	*Eier (Größe M)*
175 g	*Weizenmehl*
75 g	*feine Haferflocken*
1 gestr. TL	*Dr. Oetker Backin*
3 EL	*Speiseöl fürs Waffeleisen*

Zum Bestäuben:

3–4 EL	*Puderzucker*

Zubereitungszeit: 10 Minuten
Backzeit: 2–3 Minuten pro Waffel

1. Crème fraîche, Zucker, Vanillin-Zucker, Zitronenschale und Salz in eine Rührschüssel geben und mit einem Mixer (Rührstäbe) zuerst auf niedrigster, dann auf höchster Stufe cremig aufschlagen.

2. Jedes Ei etwa ½ Minute unter die Crème-fraîche-Masse rühren. Mehl, Haferflocken und Backpulver gründlich mischen und in 2 Portionen auf mittlerer Stufe kurz unterrühren.

3. Das Waffeleisen auf höchster Stufe erhitzen. Dann auf mittlere Stufe zurückstellen und dünn mit Öl einfetten.

4. Pro Waffel etwa 2 Esslöffel Teig in die Mitte des Waffeleisens geben und etwas verteilen. Die Waffel goldbraun backen (dauert 2–3 Minuten).

5. Die fertige Waffel mit einer Gabel oder Kuchenzange herausnehmen und auf einem Kuchenrost abkühlen lassen.

6. Die Waffeln mit Puderzucker bestäuben und servieren.

Tipp: Statt mit Haferflocken schmecken die Waffeln auch sehr lecker mit der gleichen Menge gemahlener Nüsse oder Mandeln.

Bologneser Reistopf

Preiswert

4 Portionen

Pro Portion: E: 35 g, F: 27 g, Kh: 65 g, kJ: 2695, kcal: 643, BE: 5,0

2 EL Sonnenblumenöl
500 g Gehacktes (halb Rind-, halb Schweinefleisch)
2 mittelgroße Zwiebeln
Salz
gem. Pfeffer
Paprikapulver edelsüß
gerebelter Oregano
250 g Langkornreis
35 g Tomatenmark
750 ml Fleischbrühe
je 1 kleine rote und gelbe Paprikaschote
300 g TK-Erbsen

Zum Garnieren:
evtl. einige Majoranblättchen

Zubereitungszeit: 30 Minuten
Garzeit: etwa 25 Minuten

1. Öl in einem Topf erhitzen. Gehacktes hinzufügen und anbraten. Dabei gelegentlich umrühren und die Fleischklümpchen mit einer Gabel zerdrücken.

2. Zwiebeln abziehen, in kleine Würfel schneiden, zu dem Gehackten geben und mit andünsten. Gehacktes mit Salz, Pfeffer, Paprika und Oregano würzen.

3. Den Reis hinzufügen und kurz mit andünsten. Tomatenmark unterrühren und Brühe hinzugießen. Alles zum Kochen bringen, dann zugedeckt bei schwacher Hitze etwa 15 Minuten kochen lassen.

4. In der Zwischenzeit Paprika halbieren, entstielen, entkernen und die weißen Scheidewände entfernen. Die Schotenhälften abspülen, abtropfen lassen und in kleine Würfel schneiden.

5. Paprikawürfel und Erbsen in den Reistopf geben und unterrühren. Wieder zum Kochen bringen. Den Reistopf anschließend bei schwacher Hitze weitere etwa 10 Minuten garen lassen. Reistopf mit Salz, Pfeffer und Paprika abschmecken, evtl. noch etwas Brühe hinzufügen.

6. Den Bologneser Reistopf nach Belieben mit Majoranblättchen garniert servieren.

Bratfisch mit Kartoffelpüree |

Beliebt

4 Portionen

Pro Portion: E: 31 g, F: 9 g, Kh: 39 g, kJ: 1541, kcal: 358, BE: 3,0

1 kg mehligkochende Kartoffeln
1 gestr. TL Salz
600 g Seelachsfilet
1 Bio-Zitrone (unbehandelt, ungewachst)
Salz
gem. Pfeffer
50 g Weizenvollkornmehl
2 EL Olivenöl
150 ml heiße Milch (1,5 % Fett)
ger. Muskatnuss
½ rote Paprikaschote
1 Bund Schnittlauch

Zubereitungszeit: 30 Minuten
Garzeit: etwa 30 Minuten

1. Kartoffeln schälen, abspülen und halbieren. Kartoffeln in einen Topf geben, knapp mit Wasser bedeckt, zugedeckt zum Kochen bringen. Das Salz hinzugeben. Die Kartoffeln in 15–20 Minuten gar kochen.

2. In der Zwischenzeit Fisch unter fließendem kalten Wasser abspülen, gut trocken tupfen. Zitrone heiß abwaschen, abtrocknen und halbieren. Eine Hälfte in dünne Scheiben schneiden und zum Garnieren beiseitelegen. Die andere Hälfte auspressen. Fischfilets mit Zitronensaft beträufeln, salzen und pfeffern. Mehl in einen tiefen Teller geben und die Fischfilets darin wenden.

3. Öl in einer großen Pfanne erhitzen. Fischfilets hineingeben und von jeder Seite, je nach Dicke, 3–5 Minuten knusprig braun braten.

4. In der Zwischenzeit die Kartoffeln abgießen. Kartoffeln mit dem Stampfer zerdrücken. Milch nach und nach hinzugeben, dabei mit einem Schneebesen gut umrühren, bis das Püree die gewünschte Konsistenz hat. Püree mit Muskatnuss würzen.

5. Paprika und Schnittlauch abspülen und trocken tupfen. Paprika halbieren, entstielen, die weißen Scheidewände entfernen. Paprikahälften in kleine Würfel und Schnittlauch in Röllchen schneiden. Das Kartoffelpüree damit bestreuen.

6. Fisch aus der Pfanne nehmen und sofort dazu servieren. Mit den beiseitegelegten Zitronenscheiben garnieren.

Dazu schmeckt: Grüner Salat. Dafür 400 g grünen Salat (z. B. Kopfsalat, Eisbergsalat, Lollo bionda) putzen und die äußeren, welken Blätter entfernen. Den Strunk keilförmig mit einem Messer aus dem Salat schneiden. Die Salatblätter gründlich waschen, gut abtropfen lassen oder trocken schleudern. Große Blätter kleiner zupfen. Für die Vinaigrette 2 Esslöffel Obstessig oder Zitronensaft mit 1 Prise Salz, 4 Esslöffeln Mineralwasser und 2 Teelöffeln mittelscharfem Senf verrühren. 4–5 Esslöffel Speiseöl unterschlagen. ½ Bund Schnittlauch und ½ Kästchen Kresse abspülen und trocken tupfen. Den Schnittlauch in Röllchen schneiden. Die Kresse vom Beet schneiden. 1 kleine Zwiebel abziehen, fein würfeln und mit der Kresse und den Schnittlauchröllchen unter die Vinaigrette rühren, mit Salz, Pfeffer und Zucker würzen. Den Salat mit der Vinaigrette vermengen und sofort servieren.

Tipps: Kartoffelpüree nie mit einem Mixer rühren, da es dann „verkleistert". Verfeinern Sie das Kartoffelpüree, indem Sie etwas Butter oder Schlagsahne unterrühren.

Brathähnchen | Das mögen alle gern

4 Portionen

Pro Portion: E: 39 g, F: 18 g, Kh: 5 g, kJ: 1425, kcal: 341, BE: 0,5

1 küchenfertiges Hähnchen (etwa 900 g)
Salz
gem. Pfeffer
Paprikapulver edelsüß
1 Zwiebel
2 Möhren
2 Tomaten
1–2 Lorbeerblätter
125 ml Hühnerbrühe

Zubereitungszeit: 20 Minuten
Bratzeit: etwa 60 Minuten

1. Den Backofen vorheizen.
Ober-/Unterhitze: etwa 200 °C
Heißluft: etwa 180 °C

2. Hähnchen innen und außen unter fließendem kalten Wasser abspülen, trocken tupfen, mit Salz, Pfeffer und Paprika einreiben.

3. Zwiebel abziehen und fein würfeln. Möhren putzen, schälen, abspülen, abtropfen lassen und in Scheiben schneiden.

4. Die Tomaten abspülen, abtropfen lassen, kreuzweise einschneiden und kurz in kochendes Wasser legen. Tomaten mit kaltem Wasser abschrecken, enthäuten und halbieren. Die Stängelansätze herausschneiden. Tomaten vierteln.

5. Vorbereitetes Gemüse, Lorbeerblätter, Hühnerbrühe und Hähnchen in einen Bräter geben. Bräter auf dem Rost im unteren Drittel in den vorgeheizten Backofen schieben. Das Hähnchen **etwa 60 Minuten braten.**

6. Den Backofengrill (etwa 240 °C) vorheizen.

7. Das Hähnchen aus dem Bräter nehmen und warm stellen. Oder das Hähnchen auf eine hitzebeständige Platte legen. Diese auf dem Rost in den Backofen schieben. Das Hähnchen unter dem vorgeheizten Backofengrill (etwa 240 °C) 5–10 Minuten knusprig grillen. Dabei das Hähnchen einmal wenden.

8. In der Zwischenzeit den Bratensud evtl. mit etwas Hühnerbrühe auffüllen, zum Kochen bringen. Lorbeerblätter entfernen.

9. Die Sauce nach Belieben pürieren oder durch ein Sieb passieren, mit Salz, Pfeffer und Paprikapulver abschmecken. Das Hähnchen mit einer Geflügelschere in Stücke teilen und mit der Sauce servieren.

Dazu schmecken: Naturreis und Erbsen-Möhren-Gemüse oder Pommes-Frites und grüner Salat.

Bratreis mit Eiern und Shrimps I

Schnell

4 Portionen

Pro Portion: E: 24 g, F: 16 g, Kh: 46 g, kJ: 1784, kcal: 427, BE: 3,5

- *1 Stange Porree (Lauch)*
- *2 Möhren*
- *evtl. 2 rote Pfefferschoten*
- *1 Stück frischer Ingwer (walnussgroß)*
- *1 Schalotte*
- *2 EL Sonnenblumenöl*
- *250 g TK-Shrimps (geschälte Tiefseekrabben)*
- *4–5 EL Sojasauce*
- *560 g gegarter Langkornreis (etwa 200 g Rohgewicht)*
- *mildes Currypulver*
- *1 EL Butter oder Margarine*
- *4 Eier (Größe M)*
- *Salz*
- *1 Bund Schnittlauch*

Zubereitungszeit: 20 Minuten
Garzeit: 15– 20 Minuten

1. Porree putzen, die Stange längs halbieren, gründlich waschen, abtropfen lassen und in Streifen schneiden. Möhren putzen, schälen, abspülen, abtropfen lassen und in dünne Scheiben schneiden. Pfefferschoten längs aufschneiden und entkernen. Die Schotenhälften abspülen, trocken tupfen und in sehr dünne Streifen schneiden. Ingwer schälen. Schalotte abziehen. Ingwer und Schalotte sehr fein würfeln.

2. Das Sonnenblumenöl in einer großen Pfanne oder einem Wok erhitzen. Ingwer- und Schalottenwürfel darin anbraten. Porreestreifen, Möhrenscheiben und Pfefferschotenstreifen hinzugeben und unter Wenden kurz anbraten. Gefrorene Shrimps unterheben und mit anbraten. Mit 3 Esslöffeln Wasser und Sojasauce ablöschen. Die Zutaten umrühren und unter Wenden etwa 4 Minuten braten.

3. Den Reis vorsichtig untermischen und weitere etwa 3 Minuten mitbraten lassen. Mit Curry und evtl. etwas Sojasauce würzen. Den Bratreis kurz warm stellen.

4. Butter oder Margarine in einer Pfanne zerlassen. Die Eier vorsichtig aufschlagen und nebeneinander in das Fett gleiten lassen. Eiweiß mit Salz bestreuen. Die Eier etwa 5 Minuten bei mittlerer Hitze braten, bis das Eiweiß fest ist.

5. Schnittlauch abspülen, trocken tupfen und in Röllchen schneiden. Den bunten Bratreis mit den Eiern anrichten und mit Schnittlauchröllchen bestreuen.

Breakfast-Smoothies I

Für zwischendurch

je 1–2 Portionen

Pfirsich-Bananen-Smoothie

(im Foto vorne)

Pro Portion: E: 8 g, F: 1 g, Kh: 35 g, kJ: 787, kcal: 186, BE: 3,0

1/2 Pfirsich
1/2 Banane
150 g Vanillejoghurt (0,1 % Fett)
100 ml Orangensaft
1 EL kernige Haferflocken

Zubereitungszeit: 10 Minuten

1. Pfirsich abspülen, abtrocknen und den Stein herausnehmen. Die Pfirsichhälfte in Stücke schneiden. Banane schälen und ebenfalls in Stücke schneiden.

2. Pfirsich-, Bananenstücke, Joghurt und Orangensaft in einen hohen Rührbecher geben und mit einem Pürierstab pürieren. Die Haferflocken unterrühren.

3. Den Pfirsich-Bananen-Smoothie nach Belieben vor dem Servieren einige Zeit zugedeckt in den Kühlschrank stellen. Pfirsich-Bananen-Smoothie in ein Glas füllen und servieren.

Tipp: Wenn Sie die Haferflocken lieber etwas kerniger mögen, dann streuen Sie sie erst kurz vor dem Servieren auf den Smoothie.

Orangen-Smoothie mit Ingwer

(im Foto hinten)

Pro Portion: E: 4 g, F: 2 g, Kh: 20 g, kJ: 499, kcal: 119, BE: 2,0

1 große Orange
1/2 Banane
1 Stück frischer Ingwer (haselnussgroß) oder 1 Prise gem. Ingwer
100–150 ml Sojamilch

Zubereitungszeit: 15 Minuten

1. Die Orange so schälen, dass die weiße Haut mitentfernt wird. Orange in Scheiben schneiden.

2. Die Banane schälen und in Stücke schneiden.

3. Den Ingwer schälen und ebenfalls in sehr kleine Stücke schneiden.

4. Orangenscheiben, Bananen- und Ingwerstücke mit der Sojamilch in einen großen Rührbecher geben und mit einem Pürierstab pürieren.

5. Den Orangen-Smoothie nach Belieben vor dem Servieren einige Zeit zugedeckt in den Kühlschrank stellen. Orangen-Smoothie in ein Glas füllen und mit Strohhalmen servieren.

Tipps: Statt Sojamilch können Sie auch Sojamilch mit Fruchtgeschmack, z. B. mit Orangengeschmack, verwenden. Schmecken Sie den Orangen-Smoothie nach Belieben mit etwas Orangensaft oder flüssigem Honig ab. Auch mit Kuhmilch ist der Orangen-Smoothie sehr lecker.

Brokkoli-Reis-Pfanne

Aus dem Wok

4 Portionen

Pro Portion: E: 30 g, F: 11 g, Kh: 42 g, kJ: 1636, kcal: 391, BE: 3,0

175 g Naturreis
400 ml Salzwasser
300 g Putenbrustfilet
1 kleine Zwiebel
1 Knoblauchzehe
750 g Brokkoli
4 Fleischtomaten (etwa 800 g)
2 TL gehobelte Mandeln
1 EL Speiseöl, z. B. Olivenöl
Salz
gem. Pfeffer
200 ml Gemüsebrühe
100 g saure Sahne
½ Bund frisches Basilikum

Zubereitungszeit: 45 Minuten

1. Reis in kochendem Salzwasser nach Packungsanleitung garen.

2. In der Zwischenzeit Putenbrustfilet kurz unter fließendem kalten Wasser abspülen, trocken tupfen und in Streifen schneiden. Zwiebel und Knoblauch abziehen, klein würfeln.

3. Brokkoli putzen und in Röschen teilen. Dicke Stiele schälen und klein schneiden. Brokkoli abspülen und abtropfen lassen.

4. Tomaten abspülen, abtropfen lassen, vierteln, evtl. entkernen und die Stängelansätze herausschneiden. Tomatenviertel in Würfel schneiden.

5. Mandeln in einem Wok ohne Fett leicht bräunen, herausnehmen und auf einem Teller erkalten lassen.

6. Speiseöl in dem Wok erhitzen. Die Putenstreifen darin etwa 4 Minuten unter Wenden anbraten. Die Putenstreifen mit Salz und Pfeffer würzen, herausnehmen.

7. Zwiebel- und Knoblauchwürfel in dem verbliebenen Bratfett glasig dünsten. Brokkoliröschen und -stiele hinzugeben, kurz mit anbraten, Brühe hinzugießen. Brokkoli zugedeckt etwa 4 Minuten bei schwacher Hitze dünsten.

8. Den gegarten Reis evtl. abgießen. Reis, Putenstreifen und Tomatenwürfel vorsichtig unter den Brokkoli heben. Die Zutaten etwa 3 Minuten bei schwacher Hitze erhitzen. Mit Salz und Pfeffer abschmecken.

9. Die saure Sahne glatt rühren, mit etwas Salz und Pfeffer würzen.

10. Basilikum abspülen und trocken tupfen. Blättchen von den Stängeln zupfen. Basilikum in feine Streifen schneiden und unter die saure Sahne rühren.

11. Die Brokkoli-Reis-Pfanne mit der Basilikumsahne und den Mandeln anrichten, sofort servieren.

Tipp: Den Naturreis können Sie durch Langkornreis (parboiled) ersetzen.

Brotaufstriche, fruchtige I

Bananenaufstrich

Gut vorzubereiten (im Foto vorne)
10–12 Portionen

Pro Portion: E: 3 g, F: 2 g, Kh: 9 g,
kJ: 281, kcal: 67, BE: 1,0

2 Bananen
Saft von
1 Zitrone
250 g Magerquark
2 EL Kokosraspel
40 g Korinthen
1–2 EL Zucker

Zubereitungszeit: 15 Minuten
Haltbarkeit: gekühlt 3–4 Tage

1. Die Bananen schälen, der Länge nach vierteln und in kleine Würfel schneiden. Die Bananenwürfel mit Zitronensaft verrühren.

2. Den Magerquark mit Kokosraspeln, Korinthen und Zucker verrühren, die Bananenwürfel untermischen. Den Aufstrich in 1–2 gründlich gereinigte, gespülte und getrocknete Gläser füllen. Die Gläser mit Deckeln fest verschließen und in den Kühlschrank stellen.

Fruchtiger Kiwiaufstrich

Kernig (im Foto hinten)
8–10 Portionen

Pro Portion: E: 3 g, F: 3 g, Kh: 9 g,
kJ: 330, kcal: 79, BE: 1,0

2 Kiwis
2 EL Apfelkraut
2–3 EL Sanddorn-Fruchtzubereitung (ungesüßt, aus dem Reformhaus)
3 EL Weizenkeime
4 EL Haferflocken

Zubereitungszeit: 15 Minuten
Haltbarkeit: gekühlt 3–4 Tage

1. Die Kiwis schälen, halbieren und in kleine Würfel schneiden.

2. Apfelkraut mit Sanddorn verrühren und Kiwiwürfel unterrühren. Weizenkeime und Haferflocken ebenfalls unterrühren.

3. Den Kiwiaufstrich in 1–2 gründlich gereinigte, gespülte und getrocknete Gläser füllen. Die Gläser mit Deckeln fest verschließen und in den Kühlschrank stellen.

Brotteller | Bunt und gesund

4 Portionen

Pro Portion: E: 18 g, F: 12 g, Kh: 38 g, kJ: 1409, kcal: 337, BE: 3,0

4 Scheiben	*Vollkorntoast*
4 Scheiben	*Vollkornbrot*
40 g	*Butter oder Margarine (zimmerwarm)*
4 TL	*Erdbeerkonfitüre*
einige	*frische Erdbeeren*
4 Scheiben	*Kochschinken ohne Fettrand*
1	*rote Paprikaschote*
1 Bund	*Schnittlauch*

Zubereitungszeit: 15 Minuten

1. Toastbrot toasten. Brot- und Toastscheiben dünn mit Butter oder Margarine bestreichen. Toastscheiben mit Konfitüre bestreichen. Erdbeeren abspülen, trocken tupfen und evtl. halbieren.

2. Vollkornbrote dünn mit Schinken belegen.

3. Die Paprikaschoten halbieren, entstielen, entkernen und die weißen Scheidewände entfernen. Schoten abspülen, abtropfen lassen und in Streifen schneiden.

4. Schnittlauch abspülen, trocken tupfen, in Röllchen schneiden. Paprikastreifen und Schnittlauchröllchen auf den Schinkenbroten verteilen.

5. Die Brote auf Tellern anrichten und mit den Erdbeeren garnieren.

Tipps: Statt Kochschinken schmeckt auch Hähnchenbrust- oder Kasseleraufschnitt sehr gut. Essen Vegetarier mit, ersetzen Sie den Kochschinken durch Gouda oder milden Camembert.

Bunte Hühner-Nudel-Suppe I

Beliebt

4 Portionen

Pro Portion: E: 34 g, F: 8 g, Kh: 0 g, kJ: 888, kcal: 212, BE: 0,0

1 Zwiebel
1 Lorbeerblatt
2 Gewürznelken
4 Pfefferkörner
Salz
1,2 l Wasser
1 Hähnchenbrust mit Knochen (etwa 450 g)
4 mittelgroße Möhren
1 mittelgroße Stange Porree (Lauch)
150 g Suppennudeln, z. B. Hörnchen
200 g TK-Erbsen

Zubereitungszeit: 45 Minuten
Garzeit: etwa 35 Minuten

1. Die Zwiebel abziehen und in 4 Stücke schneiden. Zwiebel, Lorbeerblatt, Gewürznelken, Pfefferkörner, 1 1/2 Teelöffel Salz und das Wasser in einen Suppentopf geben und alles kräftig aufkochen.

2. Die Hähnchenbrust mit kaltem Wasser abspülen und in die kochende Brühe geben.

3. Die Brühe etwa 20 Minuten bei mittlerer Hitze köcheln lassen, evtl. abschäumen.

4. Möhren putzen, schälen, abspülen und in Scheiben schneiden. Porree putzen, längs halbieren und gründlich waschen. Porree abtropfen lassen und in dünne Streifen schneiden.

5. Das Fleisch mit einer Schaumkelle aus dem Fond nehmen und gut abtropfen lassen. Möhren und Porree in den Fond geben und alles etwa 1 Minute köcheln lassen.

6. Die Nudeln dazugeben, einmal kräftig aufkochen und alles unter Rühren etwa 10 Minuten auf niedrigster Stufe köcheln lassen.

7. In der Zwischenzeit die Haut von der Hähnchenbrust ablösen. Das Fleisch vom Knochen lösen und in Stücke schneiden.

8. Erbsen und Fleisch in die Suppe geben, nochmals alles vorsichtig durchrühren und mit Salz und Pfeffer abschmecken. Noch etwa 2 Minuten köcheln lassen und servieren.

Tipps: Für **Hühnersuppe asiatisch** die Suppe mit Zitronengras und Limettenblättern (aus dem Asialaden) zubereiten. Dafür Zitronengras und Limettenblätter abspülen und mitgaren. Sie geben der Suppe einen feinen, frischen Zitronengeschmack. Dann die Suppe mit Sojasauce abschmecken. Oder statt Wasser für den Fond 400 ml ungesüßte Kokosmilch (aus der Dose) und 500 ml Gemüsebrühe verwenden. Statt Nudeln dann einfach gegarten Vollkornreis dazureichen.

Cakepops I

Für den Kindergeburtstag

8–10 Stück

Pro Portion: E: 2 g, F: 15 g, Kh: 25 g, kJ: 1031, kcal: 246, BE: 2,0

Für den Bröselteig:

70 g Butter oder Margarine (zimmerwarm)
150 g Butterkekse
1 EL Himbeer- oder Aprikosenkonfitüre

Für die Glasur:

125 g Kuchenglasur (Haselnuss)

Zum Dekorieren (für je 2 Cakepops):

1 EL Schokostreusel
1 EL Krokantstreusel
1 EL bunte Zuckerstreusel
1 EL Schokoperlen
1 EL Kokosraspel

Außerdem:

8–10 Holzspieße

Zubereitungszeit: 45 Minuten, ohne Kühlzeit

1. Für den Bröselteig Butter oder Margarine in einem kleinen Topf zerlassen. Anschließend etwas abkühlen lassen.

2. Die Butterkekse in einen Gefrierbeutel geben. Beutel fest verschließen und die Butterkekse mit einer Teigrolle fein zerbröseln.

3. Die Brösel in eine Schüssel geben. Abgekühlte, zerlassene Butter oder Margarine und Konfitüre hinzufügen. Die Zutaten gut miteinander verrühren. Mit den Händen kurz durchkneten, bis ein glatter und formbarer Teig entstanden ist. Den Teig etwa 30 Minuten in den Kühlschrank legen.

4. Bröselteig in 8–10 gleich große Portionen teilen. Jede Portion mit den Händen zu einer kleinen Kugel (Ø etwa 4 cm) formen. Die Kekskugeln wieder in den Kühlschrank legen.

5. Die Kuchenglasur nach Packungsanleitung erwärmen. Die Holzspieße nacheinander 2–3 cm tief in die flüssige Glasur eintauchen und vorsichtig jeweils in 1 Kekskugel stecken.

6. Kekskugeln nochmals etwa 30 Minuten in den Kühlschrank legen, dabei darauf achten, dass die Stiele möglichst gerade bleiben.

7. In der Zwischenzeit die Streusel und Raspel getrennt nach Sorten in kleinen Schälchen verteilen.

8. Kuchenglasur nochmals erwärmen und in eine Tasse geben. Nacheinander die Kekskugeln in die Kuchenglasur eintauchen, drehen und anschließend abtropfen lassen.

9. Die noch feuchten Schoko-Kugeln portionsweise von allen Seiten in Streuseln wälzen und zum Trocknen in ein mit Zucker gefülltes Glas stecken.

Tipps: Ist Ihnen Himbeer- oder Aprikosenkonfitüre zu süß, probieren Sie die Cakepops einmal mit Orangen- oder Zitronenmarmelade (ohne Fruchtstücke). Statt der Butterkekse können Sie auch Löffelbiskuits oder fein gemahlenen Zwieback verwenden.

Cheesecake im Glas

Erfrischend – ohne zu backen

6 Portionen

Pro Portion: E: 9 g, F: 53 g, Kh: 48 g, kJ: 2977, kcal: 712, BE: 4,0

Für den Bröselboden:

120 g Butter oder Margarine (zimmerwarm)
150 g Butterkekse

Für die Creme:

1 Beutel aus
1 Pck. Götterspeise Zitronen-Geschmack
200 ml Wasser
200 g Doppelrahm-Frischkäse
80 g Puderzucker
1 Pck. Dr. Oetker Vanillin-Zucker
3 EL Zitronensaft
400 g Schlagsahne (mind. 30 % Fett)
1 Pck. Dr. Oetker Vanillin-Zucker

Zum Garnieren nach Belieben:

Mini-Zitronen- oder Orangengeleefrüchte
Schoko-Ornamente
weiße, gelbe und rosa Drageeperlen
Schokoladen-Dekor-Stäbchen

Zubereitungszeit: 40 Minuten, ohne Kühlzeit

1. Für den Bröselboden die Butter oder Margarine in einem kleinen Topf zerlassen. Anschließend etwas abkühlen lassen. Die Butterkekse in einen Gefrierbeutel geben. Beutel fest verschließen und die Butterkekse mit einer Teigrolle fein zerbröseln. Einen Esslöffel der Keksbrösel beiseitelegen.

2. Die restlichen Keksbrösel in eine Schüssel geben. Butter oder Margarine hinzufügen und die Zutaten mit einer Gabel gut vermengen. Mischung gleichmäßig in die Gläser verteilen und mit einem Teelöffel zu flachen Böden andrücken. Gläser in den Kühlschrank stellen.

3. Für die Creme das Götterspeisepulver mit Wasser in einem kleinen Topf anrühren und etwa 5 Minuten quellen lassen. Mischung unter Rühren bei mittlerer Hitze erhitzen, bis die Götterspeise aufgelöst ist. Den Topf von der Kochstelle nehmen. Götterspeise etwas abkühlen lassen.

4. Frischkäse mit Puderzucker, Vanillin-Zucker und Zitronensaft verrühren und die fast abgekühlte Götterspeise zügig unterrühren. Die Masse in den Kühlschrank stellen.

5. Die Sahne steif schlagen, dabei Vanillin-Zucker unterrühren. Die Sahne in den Kühlschrank stellen. Sobald die Frischkäse-Götterspeise-Masse beginnt dicklich zu werden, die Sahne in 2–3 Portionen mit einem Teigschaber unterheben.

6. Die Sahnecreme mit einem Löffel gleichmäßig auf die Keksböden verteilen und die Oberfläche mit einem Teelöffel glatt streichen. Die Gläser wieder in den Kühlschrank stellen, bis die Creme fest geworden ist.

7. Vor dem Servieren die beiseitegestellten Keksbrösel an den Rand streuen. Mit den Geleefrüchten, Schoko-Ornamenten, Drageeperlen und Schokostäbchen garnieren.

Chili con Carne | Klassisch

6 Portionen

Pro Portion: E: 27 g, F: 15 g, Kh: 19 g, kJ: 1347, kcal: 321, BE: 1,3

50 g durchwachsener Speck
2–3 Zwiebeln
1–2 Knoblauchzehen
500 g Rindergehacktes
800 g geschälte Tomaten (aus der Dose)
800 g Chili-Bohnen (aus der Dose)
2–3 EL Chilisauce
1 Lorbeerblatt
1–2 gestr. TL Chilipulver
Salz
1 Prise Zucker

Zum Bestreuen:
2 EL vorbereitete Petersilie

Zubereitungszeit: 30 Minuten
Garzeit: etwa 20 Minuten

1. Speck in Würfel schneiden und in einem Topf unter Rühren anbraten. Zwiebeln und Knoblauch abziehen, ebenfalls klein würfeln und in dem Speckfett glasig dünsten lassen.

2. Rindergehacktes hinzufügen und unter ständigem Rühren etwa 5 Minuten anbraten. Dabei die Fleischklümpchen mit einer Gabel zerdrücken.

3. Tomaten in der Dose grob zerkleinern. Tomaten mit der Flüssigkeit, Chili-Bohnen mit der Flüssigkeit, Chilisauce und Lorbeerblatt zum Gehackten geben. Das Ganze mit Chili, Salz und Zucker würzen, zum Kochen bringen und zugedeckt etwa 15 Minuten garen, dabei gelegentlich umrühren.

4. Das fertige Chili con Carne nochmals mit den Gewürzen abschmecken und das Lorbeerblatt entfernen. Mit Petersilie bestreuen und servieren.

Tipps: Essen kleinere Kinder mit, sollten Sie unbedingt vorsichtig würzen. Ersetzen Sie die Chilisauce einfach durch Tomatenketchup. Besonders gut schmeckt das Chili con Carne, wenn es am Vortag zubereitet und am nächsten Tag erhitzt wird.

Chili con Sojaschnetzel | Vegetarisch

4–6 Portionen

Pro Portion: E: 25 g, F: 16 g, Kh: 30 g, kJ: 1566, kcal: 373, BE: 2,5

150 g	*feine Sojaschnetzel*
950 ml	*Gemüsebrühe*
100 g	*Zwiebeln*
2	*Knoblauchzehen*
½–1	*rote Chilischote*
je 300 g	*rote und grüne Paprikaschoten*
4 EL	*Olivenöl*
1 gestr. TL	*gem. Kreuzkümmel (Cumin)*
1 gestr. TL	*Paprikapulver edelsüß*
500 g	*passierte Tomaten (aus der Dose)*
285 g	*abgetropfter Gemüsemais (aus der Dose)*
250 g	*abgetropfte Kidneybohnen (aus der Dose)*
	Salz
5 Stängel	*glatte Petersilie*
3 Stängel	*Koriander*
150 g	*saure Sahne*

Zubereitungszeit: 35 Minuten, ohne Quellzeit
Garzeit: etwa 15 Minuten

1. Sojaschnetzel in einer großen Schüssel mit 450 ml kochender Gemüsebrühe übergießen. Sojaschnetzel etwa 30 Minuten quellen lassen.

2. Zwiebeln und Knoblauch abziehen. Die Zwiebeln in kleine Würfel und Knoblauch in dünne Scheiben schneiden. Chilischote entstielen, abspülen, trocken tupfen und mit den Kernen in dünne Ringe schneiden. Paprikaschoten halbieren, entstielen, entkernen und die weißen Scheidewände entfernen. Schoten abspülen, abtropfen lassen und in etwa 2 cm große Stücke schneiden.

3. Olivenöl in einem weiten Topf erhitzen. Zwiebelwürfel und Knoblauchscheiben darin andünsten. Cumin und Paprika unterrühren, ganz kurz mitrösten lassen. Chilischotenringe unterrühren. Die restliche Gemüsebrühe mit den passierten Tomaten hinzugeben. Sojaschnetzel und die Paprikastücke unterheben. Chili zum Kochen bringen und zugedeckt etwa 15 Minuten bei schwacher Hitze kochen lassen.

4. Mais und Kidneybohnen in ein Sieb geben, mit kaltem Wasser abspülen und gut abtropfen lassen.

5. Mais und Kidneybohnen nach etwa 10 Minuten Garzeit zum Chili in den Topf geben und mitkochen lassen. Chili mit Salz abschmecken.

6. Petersilie und Koriander abspülen und trocken tupfen. Petersilie und Koriander getrennt klein schneiden. Petersilie unter das Chili mischen.

7. Das Chili auf Tellern anrichten und je einen Klecks saure Sahne hineingeben. Mit Koriander bestreuen.

Tipps: Essen kleine Kinder mit, sollten Sie vorsichtig würzen. Lassen Sie dann einfach die Chilischote weg. Servieren Sie zu dem Chili Taco-Chips oder warme Tortillafladen.

Chili sin Carne | Beliebt

4 Portionen

Pro Portion: E: 18 g, F: 8 g, Kh: 38 g, kJ: 1264, kcal: 301, BE: 2,0

1	*kleine rote Chilischote*
1	*Gemüsezwiebel*
2	*Knoblauchzehen*
1	*große Möhre*
je 1	*rote, gelbe und grüne Paprikaschote*
1	*kleine Aubergine*
1	*Zucchini*
2–3 EL	*Olivenöl*
	Salz, gem. Pfeffer
125 ml	*Gemüsebrühe*
800 g	*geschälte Tomaten (aus Dosen)*
500 g	*Kidneybohnen (aus Dosen)*
1 Stängel	*Rosmarin*
1 kleines Bund	*Thymian*
evtl. ½ Bund	*Petersilie*

Zubereitungszeit: 20 Minuten
Garzeit: etwa 35 Minuten

1. Chilischote längs aufschneiden, entkernen. Schote abspülen, trocken tupfen, in feine Streifen schneiden. Zwiebel abziehen, halbieren, klein würfeln. Knoblauch abziehen, klein würfeln. Möhre putzen, schälen, abspülen, abtropfen lassen, in kleine Würfel schneiden. Paprikaschoten waschen, abtropfen lassen, vierteln, entstielen, entkernen, weiße Scheidewände entfernen. Aubergine und Zucchini waschen, abtrocknen, Enden bzw. Stängelansätze entfernen. Aubergine und Zucchini in ½–1 cm große Würfel schneiden.

2. Olivenöl in einem großen Topf erhitzen. Zuerst Chilistreifen, dann Zwiebel- und Möhrenwürfel darin bei mittlerer Hitze leicht anbraten. Die Paprikaviertel, Knoblauch- und zuletzt Auberginen- und Zucchiniwürfel hinzugeben, mitdünsten lassen. Mit Salz und Pfeffer würzen. Brühe hinzugießen, zum Kochen bringen, etwa 5 Minuten kochen lassen.

3. Tomaten pürieren, mit den Kidneybohnen (mit der Flüssigkeit) zu dem angedünsteten Gemüse geben, zum Kochen bringen, zugedeckt etwa 20 Minuten bei schwacher Hitze kochen lassen, ab und zu umrühren.

4. Rosmarin und Thymian abspülen, trocken tupfen. Nadeln bzw. Blättchen von den Stängeln zupfen und klein schneiden.

5. Etwa 10 Minuten vor Ende der Garzeit die Kräuter in den Eintopf geben und Chili sin carne fertig garen. Nochmals mit Salz und Pfeffer abschmecken.

Tipps: Essen kleine Kinder mit, sollten Sie vorsichtig würzen. Lassen Sie dann einfach die Chilischote weg. Mit Nudeln, Reis oder frischem Baguette angerichtet einfach unschlagbar lecker. Deshalb am besten gleich die doppelte Portion zubereiten und einfrieren.

Chinakohleintopf | Einfach

4 Portionen

Pro Portion: E: 37 g, F: 8 g, Kh: 35 g, kJ: 1511, kcal: 361, BE: 2,5

4	*Zwiebeln (etwa 200 g)*
1–2	*Knoblauchzehen*
800 g	*Kartoffeln*
1 EL	*Speiseöl, z. B. Sonnenblumenöl*
500 g	*Tatar (Schabefleisch)*
	Salz
	gem. Pfeffer
2 gestr. TL	*Instant-Gemüsebrühe*
200 ml	*heißes Wasser*
800 g	*stückige Tomaten (aus Dosen)*
1 1/4 kg	*Chinakohl*
1/2 Bund	*Schnittlauch*

Zubereitungszeit: 25 Minuten
Garzeit: etwa 20 Minuten

1. Zwiebeln und Knoblauch abziehen und fein würfeln. Kartoffeln schälen, abspülen, abtropfen lassen und in etwa 1 1/2 cm große Würfel schneiden.

2. Öl in einem Suppentopf erhitzen. Zwiebel-, Knoblauch und Kartoffelwürfel hinzufügen und unter Rühren anbraten.

3. Tatar hinzufügen und unter Rühren mit anbraten, evtl. mit einer Gabel etwas zerdrücken. Mit Salz, Pfeffer und Brühe würzen.

4. Das Wasser hinzugießen, alles unter Rühren zum Kochen bringen und etwa 5 Minuten bei schwacher Hitze kochen lassen. Tomaten unterrühren. Die Zutaten wieder zum Kochen bringen.

5. Chinakohl putzen, vierteln und den Strunk herausschneiden. Chinakohl abspülen, abtropfen lassen, in feine Streifen schneiden und unter die Tatar-Tomaten-Mischung rühren.

6. Chinakohleintopf nochmals kurz aufkochen lassen und etwa 8 Minuten bei schwacher Hitze unter gelegentlichem Rühren kochen lassen.

7. Schnittlauch abspülen, trocken tupfen und in Röllchen schneiden. Den Eintopf vor dem Servieren nochmals abschmecken und mit Schnittlauchröllchen bestreut servieren.

Cola-Lychee-Eis | Exotisch

12 kleine Portionen

Pro Portion: E: 0 g, F: 0 g, Kh: 7 g, kJ: 120, kcal: 29, BE: 0,5

1 Blatt weiße Gelatine
500 ml Cola
100 g abgetropfte Lychees (aus der Dose)
1–2 TL Zitronensaft
1 TL Traubenzucker

Außerdem:

12 Mini-Eisformen
12 Eisstiele (Holzstiele)

Zubereitungszeit: 15 Minuten, ohne Abkühlzeit
Gefrierzeit: 4–5 Stunden

1. Gelatine in kaltem Wasser nach Packungsanleitung einweichen.

2. Cola in einem weiten Topf zum Kochen bringen und etwa 10 Minuten bei mittlerer Hitze auf etwa 350 ml Flüssigkeit einkochen lassen. Die Gelatine ausdrücken und in der heißen Flüssigkeit unter Rühren auflösen. Die Cola-Gelatine-Mischung erkalten lassen.

3. In der Zwischenzeit Lychees auf Küchenpapier legen und trocken tupfen. Lychees sehr fein hacken und mit der entstandenen Flüssigkeit zur Cola-Gelatine-Mischung geben. Die Mischung mit Zitronensaft und Traubenzucker abschmecken.

4. Die Cola-Lychee-Mischung in 12 Mini-Eisformen (je etwa 35 ml Inhalt) füllen. Die Eisformen in den Gefrierschrank stellen. Cola-Lychee-Eis etwa 2 Stunden gefrieren lassen.

5. Anschließend in jede Form einen Holzstiel stecken und Cola-Lychee-Eis weitere 2–3 Stunden gefrieren lassen.

6. Die Eisformen kurz in heißes Wasser tauchen und das Eis herausziehen.

Tipps: Sie können die Cola-Lychee-Mischung auch in einer vorbereiteten Eismaschine in etwa 45 Minuten gefrieren lassen. Für dieses Eis können Sie ebenfalls andere Limonaden oder Fruchtnektare verwenden. Das schmeckt auch sehr gut.

Cookies, Grundrezept I

Wunderbar wandelbar

8–9 große Cookies

Pro Stück: E: 3 g, F: 14 g, Kh: 20 g, kJ: 912, kcal: 218, BE: 1,5

100 g Butter (zimmerwarm)
100 g brauner Zucker
1 Prise Salz
1 Ei (Größe M)
100 g Weizenmehl
1 Msp. Natron
50 g abgezogene, gem. Mandeln

Zubereitungszeit: 35 Minuten
Backzeit: 12–15 Minuten

1. Den Backofen vorheizen.
Ober-/Unterhitze: etwa 200 °C
Heißluft: etwa 180 °C

2. Für den Teig Butter mit Zucker und Salz in eine Rührschüssel geben. Die Zutaten mit einem Mixer (Rührstäbe) zunächst kurz auf niedrigster, dann auf höchster Stufe schaumig schlagen. Das Ei hinzugeben und etwa 1 Minute unterschlagen.

3. Das Mehl mit dem Natron und den Mandeln gut vermischen. Die Mehl-Mandel-Mischung auf die Butter-Ei-Masse geben und mit einem Teigschaber unterheben.

4. Den Cookieteig am besten mit einem Eisportionierer oder zwei Esslöffeln in gleich großen runden Häufchen auf ein Backblech (gefettet, mit Backpapier belegt) setzen, dabei genügend Abstand zwischen den Teighäufchen lassen.

5. Die Teighäufchen mit einem in Wasser getauchten Löffel zu flachen Cookies verstreichen. Das Backblech in den vorgeheizten Backofen schieben. Die Cookies **12–15 Minuten backen.**

6. Die Cookies mit dem Backpapier auf einen Kuchenrost ziehen und erkalten lassen.

Tipp: Sie können in diesen Teig nach Belieben 100 g Schoko-Tröpfchen, 75 g gehackte Nüsse oder 75 g sehr fein gehackte getrocknete Früchte geben.

Curryhähnchen | Schnell

4 Portionen

Pro Portion: E: 39 g, F: 14 g, Kh: 8 g, kJ: 1324, kcal: 317, BE: 0,5

600 g	*Hähnchenbrustfilet*
	Salz
1 Prise	*gem. Piment*
1 mittelgroße Stange	*Porree (Lauch)*
3	*mittelgroße Möhren*
1 Stück	*frischer Ingwer (walnussgroß)*
2 EL	*Butterschmalz*
	gem. Pfeffer
1–2 TL	*mildes Currypulver*
150 ml	*Gemüsebrühe*
	Saft von
½	*Limette*
1 TL	*flüssiger Honig*
250 g	*Joghurt (3,5 % Fett)*

Zubereitungszeit: 20 Minuten
Brat- und Garzeit: etwa 15 Minuten

1. Die Hähnchenbrustfilets kurz unter fließendem kalten Wasser abspülen, trocken tupfen und in Streifen schneiden. Mit etwas Salz und Piment würzen.

2. Porree putzen, die Stange längs halbieren, gründlich waschen und abtropfen lassen.

3. Möhren putzen, schälen, abspülen und abtropfen lassen. Porree in Streifen und Möhren in feine Scheiben schneiden. Ingwer schälen und in kleine Würfel schneiden.

4. Butterschmalz in einer Pfanne erhitzen. Die Fleischstreifen darin von allen Seiten knusprig braun braten. Porreestreifen, Möhrenscheiben und Ingwerwürfel hinzufügen. Mit Salz, Pfeffer und Curry würzen, kurz mit anbraten. Gemüsebrühe hinzugießen. Limettensaft und Honig unterrühren.

5. Die Zutaten zum Kochen bringen und zugedeckt 5–7 Minuten bei schwacher Hitze kochen lassen. Die Pfanne von der Kochstelle nehmen. Joghurt unter die Hähnchenpfanne rühren (nicht mehr kochen lassen), mit Curry, Salz und Piment würzig abschmecken.

Dazu schmeckt: Vollkorn-Reis.

Tipps: Wenn in Ihrer Familie Milchprodukte nicht so gut vertragen werden, reichern Sie das Curryhähnchen einfach mit einem Sojaprodukt an. Statt Porree schmecken auch rote Paprikaschoten, tiefgekühlte Erbsen oder Brokkoliröschen in diesem Curryhähnchen.

Dinkel-Rosinen-Brötchen I

Zum Frühstück

12 Stück

Pro Stück: E: 6 g, F: 3 g, Kh: 27 g, kJ: 698, kcal: 165, BE: 2,5

30 g	*Butter oder Margarine (zimmerwarm)*
150 ml	*lauwarmes Wasser*
375 g	*Dinkelmehl*
20 g	*Weizenkleie*
1 Pck.	*Hefeteig Garant*
1 gestr. TL	*Zucker*
1 gestr. TL	*Salz*
175 g	*Magerquark*
75 g	*Rosinen*

Zubereitungszeit: 30 Minuten, ohne Teiggehzeit
Backzeit: etwa 25 Minuten

1. Die Butter oder Margarine in das lauwarme Wasser geben und zerlassen.

2. Mehl in eine Rührschüssel geben, mit Weizenkleie und Hefeteig Garant sorgfältig vermischen. Zucker, Salz, Quark und das Wasser-Fett-Gemisch hinzufügen. Die Zutaten mit einem Mixer (Knethaken) zunächst kurz auf niedrigster, dann auf höchster Stufe in etwa 5 Minuten zu einem glatten Teig verarbeiten. Die Rosinen kurz unterarbeiten.

3. Auf einer leicht bemehlten Arbeitsfläche aus dem Hefeteig eine Rolle formen. Die Teigrolle in 12 gleich große Scheiben teilen.

4. Aus den Scheiben Brötchen formen. Dafür eine Hand kuppelförmig über die Teigscheiben legen, den Teig darin kreisen lassen, bis aus dem Teig eine Kugel entstanden ist. Aus den Teigkugeln herausstehende Rosinen in den Teig drücken.

5. Die Teigkugeln auf ein Backblech (mit Backpapier belegt) setzen. Die Kugeln zugedeckt an einem warmen Ort etwa 15 Minuten ruhen lassen.

6. Den Backofen vorheizen.
Ober-/Unterhitze: etwa 200 °C
Heißluft: etwa 180 °C

7. Teigkugeln mit etwas Wasser bestreichen. Das Backblech in den vorgeheizten Backofen schieben. Die Brötchen **etwa 25 Minuten backen.**

8. Die Brötchen vom Backpapier nehmen und auf einem Kuchenrost erkalten lassen.

Doppeldecker-Sandwiches

Einfach

2 Stück (4 Hälften)

Pro Stück: E: 26 g, F: 14 g, Kh: 55 g, kJ: 1902, kcal: 455, BE: 4,5

2	*mittelgroße Tomaten*
2–3 Blätter	*Eisbergsalat*
½ Kästchen	*Kresse*
6 Scheiben	*Vollkorn-Sandwichbrot*
4 EL	*Crème légère*
4 Scheiben	*Scheibletten-Käse*
4–6 dünne Scheiben	*Puten-Lachsfleisch*
2 TL	*Tomatenketchup*

Zubereitungszeit: 10 Minuten

1. Tomaten abspülen, abtrocknen, vierteln und die Stängelansätze herausschneiden. Tomaten entkernen und in Stücke oder Scheiben schneiden.

2. Salatblätter abspülen, trocken tupfen und in feine Streifen schneiden. Kresse abspülen, trocken tupfen und vom Beet scheiden.

3. Die Sandwichscheiben jeweils auf einer Seite mit Crème légère bestreichen. 4 der Scheiben mit jeweils einigen Salatstreifen, Tomatenstücken oder -scheiben, Käse und Lachsfleisch belegen und mit Kresse bestreuen.

4. Jeweils 2 belegte Sandwichscheiben aufeinandersetzen. Die restlichen beiden Sandwichscheiben noch mit Ketchup bestreichen und mit der Ketchupseite nach unten auf die belegten Scheiben legen.

5. Die Sandwichscheiben leicht zusammendrücken. Die Sandwiches nach Belieben diagonal durchschneiden und in Papierservietten anrichten.

Rezeptvariante: Für **Doppeldecker-Sandwiches mit Frischkäse-Füllung** (2 Stück) 30 g Rucola (Rauke) abspülen, trocken schleudern und in grobe Stücke zupfen. 2 Frühlingszwiebeln putzen, abspülen, abtropfen lassen und in feine Scheiben schneiden. Beides mit 100 g Frischkäse verrühren. Nach Belieben mit Salz und Pfeffer abschmecken. 4 der Sandwichscheiben damit bestreichen, jeweils 2 Scheiben aufeinandersetzen. Die beiden restlichen Scheiben darauflegen, leicht andrücken. Nach Belieben diagonal halbieren.

Dorsch mit zweierlei Gemüseschuppen I

Raffiniert

4 Portionen

Pro Portion: E: 42 g, F: 26 g, Kh: 21 g, kJ: 2044, kcal: 488, BE: 1,5

2 große Möhren
4 Petersilienwurzeln
4 dicke Dorschfilets (je etwa 180 g)
2 EL Rapsöl
Salz
1 kg Wirsing
1 Zwiebel
2 EL Butter
125 ml Gemüsebrühe
75 g Schlagsahne
1 Bund glatte Petersilie
1 geh. EL Weizenmehl
1 EL Butter
gem. Pfeffer
ger. Muskatnuss

Zubereitungszeit: 60 Minuten

1. Die Möhren und Petersilienwurzeln putzen, schälen, abspülen, abtropfen lassen, in dünne Scheiben hobeln.

2. Die Fischstücke unter fließendem kalten Wasser abspülen und mit Küchenpapier trocken tupfen. Die silbrig glänzende Seite der Fischfilets ganz dünn mit etwas von dem Rapsöl bepinseln und mit Salz bestreuen.

3. Die Fischstücke gleichmäßig schuppenartig mit den Möhren- und Petersilienwurzelscheiben belegen (dabei möglichst gleich große Scheiben auswählen) und zugedeckt in den Kühlschrank stellen. Die restlichen Gemüsescheiben beiseitestellen.

4. In der Zwischenzeit vom Wirsing die äußeren Blätter entfernen. Den Wirsing vierteln und den Strunk herausschneiden. Den Wirsing abspülen, abtropfen lassen und in Streifen schneiden.

5. Salzwasser in einem Topf zum Kochen bringen und die Wirsingstreifen evtl. portionsweise darin blanchieren. Die Wirsingstreifen in ein Sieb geben, mit kaltem Wasser abschrecken und abtropfen lassen.

6. Die Zwiebel abziehen und fein würfeln. Die Butter in einem Topf zerlassen. Die Zwiebelwürfel darin andünsten.

7. Die Wirsingstreifen hinzufügen. Gemüsebrühe unterrühren. Das Ganze aufkochen lassen. Den Wirsing 8–10 Minuten garen.

8. Anschließend die Sahne und die beiseitegestellten Gemüsescheiben unterrühren und bei schwacher Hitze weitere etwa 5 Minuten garen, bis eine leichte Bindung entsteht.

9. Petersilie abspülen, trocken tupfen und die Blättchen von den Stängeln zupfen. Einige Blättchen zum Garnieren beiseitelegen. Die restlichen Blättchen fein hacken.

10. Restliches Rapsöl in einer Pfanne erhitzen. Die Gemüseschuppen auf den Fischstücken ganz leicht mit Mehl bestäuben.

11. Die Fischstücke in der Pfanne bei mittlerer Hitze zuerst auf der Schuppenseite braten. Sobald die Gemüseschuppen beginnen braun zu werden, Butter zugeben und die Fischstücke vorsichtig mit zwei Pfannenwendern wenden. Die Fischstücke fertig braten, mit Pfeffer und Salz würzen.

12. Den Rahmwirsing mit der gehackten Petersilie, etwas Muskat, Salz und Pfeffer abschmecken.

13. Fischfilets mit zweierlei Gemüseschuppen und den Rahmwirsing mit den beiseitegelegten Petersilienblättchen garniert servieren.

Tipps: Wenn Sie möchten, servieren Sie Salzkartoffeln dazu. Sie können statt Möhren und Petersilienwurzeln auch dünne Sellerie- und Hokkaido-Kürbisscheiben verwenden. Der Dorsch schmeckt auch gut mit Kartoffelpüree und gedünstetem Blattspinat. Statt Dorsch können Sie auch Zanderfilets zubereiten.

Eier in Senfsauce I

Preiswert

4 Portionen

Pro Portion: E: 17 g, F: 38 g, Kh: 7 g, kJ: 1833, kcal: 438, BE: 0,5

8	*Eier (Größe M)*
25 g	*Butter*
20 g	*Weizenmehl*
125 ml	*Gemüsebrühe*
250 g	*Schlagsahne*
1–2 EL	*mittelscharfer Senf*
	Salz
	gem. Pfeffer
evtl. 1–2 EL	*Estragon- oder Kräuteressig*

Zubereitungszeit: 20 Minuten

1. Eier an der Unterseite einpicken, in kochendes Wasser geben und in etwa 8 Minuten hart kochen. Eier mit kaltem Wasser abschrecken, damit die Eier nicht nachgaren.

2. In der Zwischenzeit Butter in einem Topf zerlassen. Das Mehl dazugeben und unter Rühren so lange darin erhitzen, bis es goldgelb ist.

3. Brühe und Sahne nach und nach unter Rühren mit dem Schneebesen hinzugeben, dabei darauf achten, dass keine Klümpchen entstehen.

4. Die Sauce zum Kochen bringen und unter Rühren 3–5 Minuten bei schwacher Hitze kochen lassen. Den Senf unterrühren. Die Sauce mit Salz und Pfeffer würzen, evtl. zusätzlich mit Essig abschmecken. Eier pellen, nach Belieben halbieren und kurz vor dem Servieren vorsichtig in die Sauce geben.

Dazu schmecken: Kartoffelpüree mit Schnittlauch und Gurkensalat.

Rezeptvariante: Statt der Senfsauce können Sie eine **Béchamelsauce** zubereiten. Dafür 1 gewürfelte Zwiebel in 30 g Butter oder Margarine etwa 3 Minuten andünsten und 40 g rohen, gewürfelten Schinken darunterrühren. 20 g Weizenmehl hinzugeben und so lange erhitzen, bis es hellgelb ist. Nach und nach 125 ml Gemüsebrühe und 250 g Schlagsahne unterrühren. Gut umrühren, damit sich keine Klümpchen bilden. Die Sauce unter Rühren aufkochen lassen. Bei schwacher Hitze im offenen Topf etwa 5 Minuten leicht kochen lassen, dabei gelegentlich umrühren. Béchamelsauce mit Salz, Pfeffer und geriebener Muskatnuss abschmecken.

Eisbergsalat, pikant-fruchtiger

Schnell

4 Portionen

Pro Portion: E: 4 g, F: 10 g, Kh: 39 g, kJ: 1135, kcal: 271, BE: 3,0

Für den Salat:

1 kleiner Eisbergsalat (etwa 400 g)
340 g abgetropfte Ananasscheiben (aus der Dose)
250 g blaue Weintrauben
175 g abgetropfte Mandarinen (aus der Dose)

Für die Sauce:

100 g Schlagsahne
150 g Joghurt (3,5 % Fett)
1 Prise Zucker
Salz
gem. Pfeffer
etwas Currypulver
etwas Zitronensaft

Zubereitungszeit: 20 Minuten

1. Für den Salat Eisbergsalat putzen, vierteln, abspülen und gut abtropfen lassen. Salat in Streifen schneiden.

2. Ananasscheiben in kleine Stücke schneiden. Die Weintrauben waschen, abtrocknen, halbieren und entkernen. Die Salatzutaten in eine Schüssel geben.

3. Für die Sauce Sahne mit Joghurt verrühren und mit Zucker, Salz, Pfeffer und Currypulver würzen. Die Sauce mit Zitronensaft abschmecken und vorsichtig mit den Salatzutaten mischen. Den Eisbergsalat sofort servieren.

Tipp: Heben Sie nach Belieben 50 g gehackte Walnusskerne unter.

Rezeptvariante: Für einen **Eisberg-Camembert-Salat** 2 Esslöffel gehackte Haselnusskerne in einer Pfanne ohne Fett hellbraun rösten, herausnehmen und erkalten lassen. Für das Dressing 150 g Joghurt mit 2 Esslöffeln Zitronensaft und 1–2 Esslöffeln Senf verrühren. 1–2 Esslöffel Sonnenblumenöl unterschlagen. Das Dressing mit Salz, Pfeffer und Zucker abschmecken. 1 Kopf Eisbergsalat putzen, vierteln, abspülen und gut abtropfen lassen. Salat in mundgerechte Stücke schneiden. 2 Möhren putzen, schälen, abspülen, abtropfen lassen und in feine Streifen schneiden oder grob raspeln. 250 g Camembert in Scheiben oder Stücke schneiden. Eisbergsalat mit Möhren und Käse vorsichtig vermischen. Das Dressing daraufgeben. Den Salat mit Nüssen und 1–2 Esslöffeln Kresse oder gehackter Petersilie bestreut servieren.

Erbseneintopf mit geräucherten Tofuwürstchen I

Vegetarisch

4 Portionen

Pro Portion: E: 22 g, F: 11 g, Kh: 27 g, kJ: 1257, kcal: 301, BE: 2,0

2 Zwiebeln
400 g Möhren
200 g Staudensellerie
2 EL Pflanzenöl
600 g frisch gepalte Erbsen oder TK-Erbsen
Salz
gem. Pfeffer
1,2 l Gemüsebrühe
4 Stängel Liebstöckel
4 geräucherte Tofuwürstchen

Zubereitungszeit: 30 Minuten
Garzeit: etwa 15 Minuten

1. Zwiebeln abziehen und in kleine Würfel schneiden. Möhren putzen, schälen, abspülen, abtropfen lassen und in Scheiben schneiden. Staudensellerie putzen und die harten Außenfäden abziehen. Sellerie abspülen, abtropfen lassen und in Würfel schneiden.

2. Pflanzenöl in einem Topf erhitzen. Möhrenscheiben, Selleriewürfel und die Erbsen hinzugeben. Mit Salz und Pfeffer würzen. Gemüsebrühe hinzugießen und zum Kochen bringen. Den Eintopf zugedeckt etwa 15 Minuten kochen lassen.

3. Liebstöckel abspülen und trocken tupfen. Die Blättchen von den Stängeln zupfen, klein schneiden.

4. Die Tofuwürstchen in den Eintopf geben und miterhitzen. Liebstöckel unterrühren. Den Erbseneintopf anrichten und servieren.

Tipp: Geben Sie vorbereitete, fein gehackte Petersilie, Schnittlauchröllchen oder einen Klecks Joghurt auf den Eintopf.

Erbsen- und Möhrengemüse

Beliebt

4 Portionen

Pro Portion: E: 6 g, F: 5 g, Kh: 13 g, kJ: 496, kcal: 118, BE: 0,5

500 g Möhren
20 g Butter
50 ml Gemüsebrühe
Salz
250 g TK-Erbsen
gem. Pfeffer
1 EL fein gehackte Petersilie

Zubereitungszeit: 15 Minuten
Garzeit: etwa 10 Minuten

1. Möhren putzen, schälen, abspülen, abtropfen lassen und in dünne Scheiben schneiden oder hobeln. Butter in einem Topf zerlassen. Möhrenscheiben darin kurz andünsten.

2. Brühe hinzugießen, mit wenig Salz würzen. Die Möhren zugedeckt etwa 5 Minuten garen, dabei gelegentlich umrühren. Die gefrorenen Erbsen hinzufügen, weitere etwa 5 Minuten mitdünsten lassen.

3. Erbsen- und Möhrengemüse mit Salz und Pfeffer abschmecken. Petersilie unterrühren.

Dazu schmecken: Salzkartoffeln, Kartoffelpüree und ein kleines Hacksteak oder Fischstäbchen.

Rezeptvariante: Auch das mögen Kinder gern: **Zuckerschotengemüse.** Dazu etwa 2 Liter Wasser in einem Topf zum Kochen bringen. Von 500 g Zuckerschoten die Enden abschneiden und die Schoten evtl. abfädeln. Schoten abspülen, abtropfen lassen und mit 2 Teelöffeln Salz in das kochende Wasser geben. Die Zuckerschoten zugedeckt 2–3 Minuten kochen. Die Schoten dann in ein Sieb abgießen, mit kaltem Wasser abschrecken und abtropfen lassen. 20 g Butter zerlassen und die Zuckerschoten darin schwenken. Mit Salz und Pfeffer abschmecken.

Erbsen-Paprika-Gemüse mit Hirse I

Vegetarisch – preiswert

4 Portionen

Pro Portion: E: 19 g, F: 6 g, Kh: 72 g, kJ: 1785, kcal: 427, BE: 5,5

250 g	*Hirse*
500 ml	*Wasser*
½ TL	*Salz*
250 ml	*Wasser*
½ TL	*Salz*
600 g	*TK-Erbsen*
1	*Zwiebel*
2	*rote Paprikaschoten*
1 Bund	*Frühlingszwiebeln*
6 Stängel	*glatte Petersilie oder 1 EL TK-Petersilie*
1 EL	*Speiseöl, z. B. Rapsöl*
1–1 ½ EL	*Zitronensaft*
1 Msp.	*Currypulver*
	Cayennepfeffer

Zubereitungszeit: 30 Minuten
Gar- und Quellzeit: etwa 20 Minuten

1. Die Hirse mit Wasser zugedeckt in einem Topf zum Kochen bringen. Salz unterrühren. Hirse etwa 5 Minuten bei mittlerer Hitze kochen lassen. Dann bei schwacher Hitze etwa 10 Minuten ausquellen lassen.

2. In der Zwischenzeit in einem zweiten Topf Wasser zugedeckt zum Kochen bringen. Salz und die Erbsen hinzugeben, wieder zum Kochen bringen. Die Erbsen zugedeckt etwa 3 Minuten bei mittlerer Hitze garen. Dabei gelegentlich umrühren. Die Erbsen in ein Sieb abgießen, dabei etwas Kochwasser auffangen. Die Erbsen mit kaltem Wasser abschrecken und abtropfen lassen.

3. Die Zwiebel abziehen und fein würfeln. Die Paprikaschoten halbieren, entstielen, entkernen und die weißen Scheidewände entfernen. Schotenhälften abspülen, abtropfen lassen und in kleine Stücke schneiden. Die Frühlingszwiebeln putzen, abspülen, abtropfen lassen und in 4–5 cm lange Stücke schneiden. Petersilie abspülen, trocken tupfen, die Blättchen von den Stängeln zupfen und in Streifen schneiden.

4. Öl in einer großen Pfanne erhitzen. Zwiebelwürfel, Paprika- und Frühlingszwiebelstücke darin bei mittlerer Hitze unter gelegentlichem Rühren etwa 3 Minuten andünsten. Erbsen und 3–4 Esslöffel der aufgefangenen Kochflüssigkeit unterrühren. Das Gemüse zugedeckt bei mittlerer Hitze etwa 2 Minuten garen.

5. Paprika-Erbsen-Gemüse mit Zitronensaft, Curry und Cayennepfeffer abschmecken, etwas Petersilie unterrühren. Das Gemüse mit Hirse anrichten. Übrige Petersilie auf die Hirse streuen.

Tipps: Hirse kann man gut in Gemüsebrühe garen. Oder anstelle von Hirse die gleiche Menge Amaranth oder Bulgur verwenden. Beides bekommen Sie im Bioladen oder im Reformhaus. Gemüse sowie Getreideprodukte liefern uns Ballaststoffe. Pro Portion nimmt man bei diesem Gericht etwa 15 g Ballaststoffe zu sich – das entspricht etwa der Hälfte des empfohlenen Tagesbedarfes für Erwachsene. Wenn öfters fettarm zubereitete Gemüse und Vollkornprodukte statt Fleisch auf dem Speisezettel stehen, ernährt man sich vollwertig und gesund – so kann man auf Dauer einige „Fett-Kalorien“ beim Essen einsparen.

Erdbeer-Bananen-Teller mit Cornflakes I

Fruchtig – knusprig

4 Portionen

Pro Portion: E: 11 g, F: 10 g, Kh: 32 g, kJ: 1131, kcal: 271, BE: 2,5

500 g Erdbeeren
1–2 EL Zucker
1 Banane
1 kg Dickmilch oder Naturjoghurt (3,5 % Fett)
8 EL Cornflakes

Zubereitungszeit: 10 Minuten

1. Die Erdbeeren abspülen, gut abtropfen lassen, entstielen und vierteln.

2. Erdbeerviertel in eine Schüssel geben, mit Zucker bestreuen und vorsichtig vermischen.

3. Die Banane schälen, in dünne Scheiben schneiden.

4. Dickmilch oder Joghurt glatt rühren und in 4 Portionen in tiefe Teller verteilen.

5. Erdbeerstücke und Bananenscheiben darauf verteilen.

6. Vor dem Servieren mit Cornflakes bestreuen.

Tipp: Gut schmeckt auch die Mischung **Erdbeer/Kiwi** oder **Banane/Kiwi.** Geben Sie das Obst dann erst unmittelbar vor dem Servieren auf die Dickmilch oder den Joghurt. Kiwis enthalten ein Enzym, das Milchprodukte nach einiger Zeit bitter schmecken lässt.

Erdbeer-Smoothies I

Süßer Genuss

je 4–6 Portionen

Erdbeer-Himbeer-Smoothie

(im Foto rechts)

Pro Portion: E: 4 g, F: 3 g, Kh: 11 g, kJ: 433, kcal: 104, BE: 1,0

200 g Erdbeeren
400 g Himbeeren
200 g Joghurt (3,5 % Fett)
200 ml kalte Milch (3,5 % Fett)
200 ml Zitronensaft

etwas gem. Zimt

Zubereitungszeit: 20 Minuten

1. Erdbeeren abspülen, trocken tupfen und entstielen. Erdbeeren in Stücke schneiden. Die Himbeeren verlesen, evtl. kurz abspülen und gut abtropfen lassen. Einige Himbeeren zum Garnieren beiseitelegen.

2. Die Erdbeerstücke und restliche Himbeeren mit Joghurt und Milch in einen hohen Rührbecher geben und mit einem Pürierstab pürieren.

3. Zitronensaft nach und nach während des Pürierens hinzugeben. Smoothie nach Belieben einige Zeit zugedeckt in den Kühlschrank stellen.

4. Den Smoothie vor dem Servieren umrühren, eventuell nochmals kurz pürieren, dann in Gläser füllen. Mit den beiseitegelegten Himbeeren garnieren und mit Zimt bestäuben.

Erdbeer-Mint-Smoothie

(im Foto links)

Pro Portion: E: 2 g, F: 2 g, Kh: 14 g, kJ: 370, kcal: 88, BE: 1,0

4–6 Zweige Minze
600 g Erdbeeren
150 g Joghurt (3,5 % Fett)
4 TL flüssiger Honig
100 ml Limettensaft

Zubereitungszeit: 25 Minuten

1. Die Minze abspülen, trocken tupfen und die Spitzen beiseitelegen. Blättchen von den Stängeln zupfen. Die Minzeblättchen klein schneiden.

2. Erdbeeren abspülen, trocken tupfen und entstielen. Die Erdbeeren in Stücke schneiden.

3. Minze, Erdbeerstücke, Joghurt und Honig und in einen hohen Rührbecher geben und mit einem Pürierstab pürieren. Limettensaft nach und nach während des Pürierens hinzugeben.

4. Den Erdbeer-Mint-Smoothie nach Belieben einige Zeit zugedeckt in den Kühlschrank stellen.

5. Smoothie vor dem Servieren umrühren, eventuell nochmals kurz pürieren, dann in Gläser füllen. Mit den beiseitegelegten Minzespitzen garnieren und servieren.

Tipp: Sind Ihnen die Smoothies zu dickflüssig, geben Sie etwas mehr Joghurt oder Milch hinein, bis sie die gewünschte Konsistenz haben.

Farfalle mit Tomaten-Pesto-Ragout | Macht richtig satt

4 Portionen

Pro Portion: E: 42 g, F: 26 g, Kh: 57 g, kJ: 2700, kcal: 644, BE: 4,0

2 ½ l	*Wasser*
2 ½ gestr. TL	*Salz*
250 g	*Farfalle (Schmetterlingsnudeln)*
300 g	*Hähnchenbrustfilet*
	Salz
	gem. Pfeffer
½ Bund	*Frühlingszwiebeln*
4	*Fleischtomaten*
1	*Aubergine (etwa 300 g)*
2 EL	*Olivenöl*
1 Prise	*Zucker*
3 EL	*Basilikum-Pesto (aus dem Glas)*
125 g	*abgetropfter Mozzarella*
4–5 EL	*ger. Parmesan*

Zubereitungszeit: 30 Minuten
Backzeit: 15–20 Minuten

1. Das Wasser in einem großen Topf zugedeckt zum Kochen bringen. Dann Salz und Farfalle hinzugeben. Die Farfalle im geöffneten Topf bei mittlerer Hitze nach Packungsanleitung kochen lassen, dabei gelegentlich umrühren.

2. Anschließend die Farfalle in ein Sieb geben, mit heißem Wasser abspülen und abtropfen lassen.

3. In der Zwischenzeit Hähnchenbrustfilet kurz unter fließendem kalten Wasser abspülen, trocken tupfen und in schmale Streifen schneiden. Hähnchenstreifen mit Salz und Pfeffer würzen.

4. Die Frühlingszwiebeln putzen, abspülen, abtropfen lassen und in Scheiben schneiden. Einige Scheiben zum Garnieren beiseitelegen. Die Tomaten abspülen, trocken tupfen, halbieren und die Stängelansätze herausschneiden. Die Tomatenhälften in grobe Stücke schneiden. Aubergine abspülen, abtrocknen und den Stängelansatz abschneiden. Die Aubergine in Würfel schneiden.

5. Den Backofen vorheizen.
Ober-/Unterhitze: etwa 180 °C
Heißluft: etwa 160 °C

6. Einen Esslöffel Olivenöl in einer Pfanne erhitzen. Die Filetstreifen und die Frühlingszwiebelscheiben darin unter Rühren anbraten und herausnehmen. Restliches Olivenöl zum verbliebenen Bratfett in die Pfanne geben und erhitzen. Auberginenwürfel darin kräftig anbraten. Tomatenstücke hinzugeben und mit den Auberginenwürfeln etwa 4 Minuten unter Rühren dünsten, mit Salz, Pfeffer und Zucker würzen. Pesto unterrühren.

7. Die Farfalle mit den Hähnchenfleischstreifen, Frühlingszwiebelscheiben und dem Tomaten-Ragout in eine flache Auflaufform (gefettet) geben, gut vermischen. Mozzarella in möglichst dünne Scheiben schneiden und darauf verteilen. Den Parmesan daraufstreuen.

8. Die Form auf dem Rost auf mittlerer Einschubleiste in den vorgeheizten Backofen schieben. Den Auflauf **15–20 Minuten überbacken.** Vor dem Servieren mit den beiseitegestellten Frühlingszwiebelscheiben garnieren.

Tipp: Falls Sie sich den Arbeitsgang des Bratens ersparen möchten, einfach 200 g gekochten Schinken oder Putenbrustaufschnitt in Streifen unter das Tomaten-Ragout mischen.

Feuerwehrkuchen

Für den Kindergeburtstag
12 Stücke

Pro Stück: E: 5 g, F: 19 g, Kh: 69 g, kJ: 1971, kcal: 471, BE: 6,0

Für den All-in-Teig:
- *200 g Weizenmehl*
- *1 Pck. Dr. Oetker Pudding-Pulver Vanille-Geschmack*
- *3 gestr. TL Dr. Oetker Backin*
- *150 g Zucker*
- *200 g weiche Butter oder Margarine*
- *3 Eier (Größe M)*
- *100 ml Milch (3,5 % Fett)*
- *75 g Raspelschokolade (Vollmilch oder Zartbitter)*

Zum Dekorieren:
- *300 g Puderzucker*
- *2–3 EL heiße Aprikosenkonfitüre (ohne Fruchtstücke)*
- *etwa 25 g Marzipan-Rohmasse*
- *etwas blaue Speisefarbe*
- *etwas rote Speisefarbe*
- *einige Mini-Butterkekse*
- *5 Lakritz-Schnecken*
- *2 gelbe Schokolinsen*
- *einige Schoko-Gebäckstäbchen*

Zubereitungszeit: 45 Minuten, ohne Abkühlzeit
Backzeit: etwa 60 Minuten

1. Den Backofen vorheizen.
Ober-/Unterhitze: etwa 180 °C
Heißluft: etwa 160 °C

2. Für den Teig Mehl mit Pudding-Pulver und Backpulver in einer Rührschüssel mischen. Zucker, Butter oder Margarine, Eier und Milch hinzufügen.

3. Die Zutaten mit einem Mixer (Rührstäbe) erst kurz auf niedrigster, dann auf höchster Stufe in etwa 2 Minuten zu einem glatten Teig verarbeiten. Die Raspelschokolade zuletzt kurz unterrühren.

4. Den Teig in eine Kastenform (25 x 11 cm, gefettet, gemehlt) geben und glatt streichen.

5. Die Form auf dem Rost in den vorgeheizten Backofen schieben. Den Kuchen **etwa 60 Minuten backen.**

6. Die Form auf einen Kuchenrost stellen. Kuchen zunächst vom Rand, dann aus der Form lösen und auf dem Kuchenrost erkalten lassen.

7. Den Kuchen auf der Oberseite gerade schneiden, umdrehen und in 2 sehr ungleiche Teile schneiden (etwa ⅓ und ⅔).

8. Anschließend 1 Esslöffel Puderzucker mit etwas Wasser zu einer dickflüssigen Masse verrühren. Das kleinere Kuchenstück damit auf das große Kuchenstück kleben.

9. Die Kuchenstücke mit der Konfitüre bestreichen (aprikotieren).

10. Marzipan mit blauer Speisefarbe einfärben und gut durchkneten. Das Marzipan zu zwei Blaulichtern rollen.

11. Den restlichen Puderzucker mit etwas Wasser zu einem dickflüssigen Guss verarbeiten und so viel rote Speisefarbe unterrühren, dass der Guss leuchtend rot ist. Guss auf den Kuchen geben und gleichmäßig verteilen.

12. Kleine Butterkekse als Fenster auf den leicht angetrockneten Guss drücken. Lakritz-Schnecken als Räder und Stoßstange verwenden. Schokolinsen als Scheinwerfer ankleben.

13. Marzipan-Blaulichter aufsetzen. Gebäckstäbchen als Leiter auf das Feuerwehrauto legen. Guss vollständig trocknen lassen.

Tipps: Soll es schneller gehen, verwenden Sie eine Backmischung „Schokinokuchen“. Die genaue Menge der Speisefarbe zum Einfärben des Gusses hängt vom verwendeten Produkt ab. Beachten Sie die Hinweise des Herstellers.

Filettopf | Echtes Sonntagsessen

4 Portionen

Pro Portion: E: 40 g, F: 20 g, Kh: 2 g, kJ: 1501, kcal: 358, BE: 0,0

600 g	*Schweinefilet*
1 TL	*milder Senf*
6 Scheiben	*geräucherter Schinkenspeck (Bacon)*
230 g	*abgetropfte Champignons in Scheiben (aus Dosen)*
	Salz
	gem. Pfeffer
je 1/2 TL	*gerebelter Majoran, frische Dillspitzen und Petersilienstreifen*

Für die Sauce:

200 g	*Schlagsahne*
100 ml	*heiße Fleischbrühe*
1/2 TL	*Paprikapulver edelsüß*
1 Prise	*Currypulver*

Zubereitungszeit: 20 Minuten
Garzeit: etwa 45 Minuten

1. Den Backofen vorheizen.
Ober-/Unterhitze: etwa 180 °C
Heißluft: etwa 160 °C

2. Schweinefilet mit Küchenpapier trocken tupfen. Das Filet in 6 gleich große Scheiben (Medaillons) schneiden.

3. Die Medaillons mit Senf bestreichen und mit je 1 Scheibe Schinkenspeck umwickeln. Die Medaillons nicht zu dicht nebeneinander in eine große Auflaufform (gefettet) legen.

4. Champignonscheiben in die Zwischenräume der Medaillons geben. Die Medaillons und Champignonscheiben mit Salz, Pfeffer, Majoran, Dill und Petersilie bestreuen.

5. Für die Sauce Sahne mit der heißen Brühe verrühren. Mit Paprika und Curry würzen. Die Medaillons und Champignonscheiben mit der Sauce übergießen.

6. Die Form zugedeckt auf dem Rost in den vorgeheizten Backofen schieben und den Filettopf **etwa 45 Minuten garen.**

Fischgratin | Macht richtig satt

4 Portionen

Pro Portion: E: 34 g, F: 8 g, Kh: 43 g, kJ: 1592, kcal: 380, BE: 3,5

750 ml Salzwasser
180 g Naturreis
700 g Brokkoli
Salz
4 Stücke festes Fischfilet, z. B. Seelachs (etwa 500 g)
Saft von
1 Zitrone
2 Tomaten

Für die Sauce:

1 EL Weizenmehl (Type 1050)
200 ml Gemüsebrühe
150 ml Milch (3,5 % Fett)
2 EL mittelscharfer Senf
gem. weißer Pfeffer
etwas frische Petersilie, Dill und Liebstöckel oder 25 g TK-Kräuter

Zubereitungszeit: 30 Minuten
Garzeit: 15–20 Minuten

1. Salzwasser zugedeckt zum Kochen bringen. Reis hinzugeben und zugedeckt bei schwacher Hitze etwa 30 Minuten ausquellen lassen.

2. In der Zwischenzeit von dem Brokkoli die Blätter entfernen. Brokkoli abspülen, abtropfen lassen und in kleine Röschen teilen. Brokkolistängel schälen und in Würfel schneiden. Brokkoliröschen und -würfel in einem Topf mit etwas Salzwasser zugedeckt etwa 5 Minuten dünsten. Reis und Brokkoli getrennt in je einem Sieb gut abtropfen lassen.

3. Fischfilets kurz unter fließendem kalten Wasser abspülen und trocken tupfen. Filets mit Zitronensaft beträufeln und in Stücke schneiden. Tomaten abspülen, abtrocknen, halbieren und die Stängelansätze herausschneiden. Tomaten vierteln oder achteln.

4. Den Backofen vorheizen.
Ober-/Unterhitze: etwa 200 °C
Heißluft: etwa 180 °C

5. Für die Sauce Mehl in einem Topf unter Rühren bei mittlerer Hitze so lange erhitzen, bis es goldgelb ist. Brühe und Milch nach und nach hinzugießen und mit einem Schneebesen kräftig durchschlagen. Dabei darauf achten, dass keine Klümpchen entstehen. Die Sauce kurz aufkochen lassen, mit Senf und Pfeffer würzen.

6. Reis, Fischfiletstücke, Brokkoli und Tomatenwürfel in eine flache Auflaufform (gefettet) schichten. Mit Salz und Pfeffer würzen. Die Sauce darauf verteilen. Die Form auf dem Rost in den vorgeheizten Backofen schieben. Das Gratin **15–20 Minuten garen.**

7. Frische Kräuter abspülen und trocken tupfen. Die Blättchen bzw. Spitzen von den Stängeln zupfen. Die Blättchen und Spitzen klein schneiden und zugedeckt beiseitestellen. Vor dem Servieren das Fischgratin mit den Kräutern bestreuen.

Fischstäbchen mit Brokkoli und Kartoffelecken

Einfach

4 Portionen

Pro Portion: E: 19 g, F: 25 g, Kh: 47 g, kJ: 2079, kcal: 496, BE: 4,0

450 g	*TK-Kartoffelecken (kleine Rösti)*
12–15	*TK-Fischstäbchen*
750 g	*Brokkoli*
1	*Zwiebel*
3 EL	*Butter*
	Jodsalz
	gem. Pfeffer
150 ml	*Gemüsebrühe*
	ger. Muskatnuss

Zubereitungszeit: 20 Minuten
Garzeit: etwa 25 Minuten

1. Den Backofen vorheizen.
Ober-/Unterhitze: etwa 200 °C
Heißluft: etwa 180 °C

2. Auf einer Seite eines Backblechs (mit Backpapier belegt) die Kartoffelecken verteilen. Das Backblech in den vorgeheizten Backofen schieben und die Kartoffelecken **etwa 7 Minuten vorbacken.**

3. Das Backblech aus dem Ofen nehmen und die unaufgetauten Fischstäbchen auf der anderen Seite des Blechs verteilen. Das Backblech wieder in den heißen Backofen schieben und alles weitere **etwa 10 Minuten backen.**

4. Brokkoli waschen und abtropfen lassen. Die Röschen von den Stielen schneiden. Dicke Stiele schälen und in Stücke schneiden. Zwiebel abziehen und in feine Würfel schneiden.

5. Einen Esslöffel Butter in einem Topf erhitzen, die Zwiebel darin goldbraun anbraten. Brokkoli dazugeben und mit Salz und etwas Pfeffer würzen. Gemüsebrühe dazugießen und alles aufkochen lassen. Den Brokkoli im geschlossenen Topf bei mittlerer Stufe etwa 5 Minuten dünsten.

6. Das Backblech aus dem Backofen nehmen und die Fischstäbchen und die Kartoffelecken mit einem Pfannenwender wenden. Das Backblech wieder in den heißen Backofen schieben und alles weitere **etwa 5 Minuten knusprig braun backen.**

7. Brokkoli in ein Sieb gießen und kurz abtropfen lassen. Brokkoli zurück in den heißen Topf geben und die restliche Butter dazugeben. Brokkoli mit etwas Muskatnuss würzen. Fischstäbchen, Kartoffelecken und Brokkoli anrichten.

Fit-Brötchen

Auch zum Mitnehmen
4 Stück

Pro Stück: E: 23 g, F: 22 g, Kh: 42 g, kJ: 1923, kcal: 459, BE: 3,5

1	*kleine Zwiebel*
300 g	*Gehacktes (halb Rind-, halb Schweinefleisch)*
1	*Ei (Größe M)*
2 EL	*blütenzarte Haferflocken*
1 EL	*Semmelbrösel*
1 gestr. TL	*Salz*
	gem. Pfeffer
1 TL	*mittelscharfer Senf*
1 EL	*Speiseöl, z. B. Rapsöl*
2	*Tomaten*
4 Blätter	*Eisbergsalat*
4	*Hafer-Vollkorn-Baguette-brötchen*
8 TL	*Joghurt-Salatcreme*
4 TL	*Tomatenketchup*
8 dünne Scheiben	*Salatgurke*

Zubereitungszeit: 30 Minuten
Bratzeit: etwa 7 Minuten

1. Die Zwiebel abziehen und in kleine Würfel schneiden. Gehacktes in eine Schüssel geben. Zwiebelwürfel, Ei, Haferflocken und Semmelbrösel hinzufügen. Alles mit Salz, Pfeffer und Senf würzen. Die Zutaten zu einem glatten Teig verkneten.

2. Den Hackfleischteig in 4 Portionen teilen und daraus mit leicht angefeuchteten Händen flache, glatte Hacksteaks formen.

3. Das Speiseöl in einer großen Pfanne erhitzen. Die Hacksteaks darin etwa 4 Minuten bei mittlerer Hitze braten. Anschließend wenden und weitere etwa 3 Minuten bei schwacher Hitze fertig braten. Aus der Pfanne nehmen und abkühlen lassen.

4. In der Zwischenzeit die Tomaten abspülen, abtrocknen und die Stängelansätze herausschneiden. Tomaten in dünne Scheiben schneiden. Salatblätter abspülen und mit Küchenpapier trocken tupfen.

5. Die Brötchen waagerecht auf- aber nicht durchschneiden. Die Brötchen vorsichtig aufklappen. Obere Brötchenhälften jeweils mit 2 Teelöffeln Salatcreme bestreichen. Dann den Ketchup auf die Brötchenunterhälften streichen.

6. Den Salat auf den Brötchenunterhälften verteilen und je 1 Hacksteak (evtl. halbieren) daraufsetzen. Tomaten- und vorbereitete Gurkenscheiben darauflegen und die Brötchen wieder zuklappen.

Tipp: Damit während des Transports nichts herunterpurzelt, packen Sie die Fit-Brötchen zunächst fest in Pergamentpapier ein. Dann möglichst in eine Frühstücksdose geben, damit nichts zerdrückt wird.

Fleischbällchen in Mischgemüse

Beliebt

4 Portionen

Pro Portion: E: 28 g, F: 21 g, Kh: 14 g, kJ: 1517, kcal: 363, BE: 0,5

1	*Vollkorn-Brötchen (Semmel) vom Vortag*
500 g	*Möhren*
500 g	*Chinakohl*
400 g	*Rindergehacktes*
1	*Ei (Größe M)*
1 TL	*mittelscharfer Senf*
100 g	*Magerquark*
1 EL	*gerebelter Oregano*
	Salz
	gem. Pfeffer
	Paprikapulver edelsüß
	ger. Muskatnuss
2 EL	*Olivenöl*
einige Stängel	*Petersilie*

Zubereitungszeit: 30 Minuten
Garzeit: etwa 20 Minuten

1. Brötchen in kaltem Wasser einweichen. Möhren putzen, schälen, abspülen und abtropfen lassen. Den Chinakohl putzen, den Kohl vierteln und den Strunk herausschneiden. Die Kohlviertel abspülen und abtropfen lassen.

2. Möhren und Chinakohl in etwa gleich große Streifen schneiden.

3. Gehacktes in eine Schüssel geben. Brötchen gut ausdrücken und hinzugeben. Ei, Senf, Quark und Oregano hinzufügen. Die Zutaten gut unterkneten. Mit Salz, Pfeffer, Paprika und Muskat kräftig würzen.

4. Aus der Hackfleischmasse mit angefeuchteten Händen kleine Bällchen formen. Das Olivenöl in einer großen Pfanne erhitzen.

5. Fleischbällchen darin von allen Seiten etwa 10 Minuten braun braten, herausnehmen und warm stellen.

6. Die Möhren- und Kohlstreifen in die Pfanne geben und in dem verbliebenen Bratfett unter mehrmaligem Wenden andünsten. Gemüse mit Salz, Pfeffer, Paprika und Muskatnuss würzen.

7. Das Gemüse zugedeckt bei schwacher Hitze etwa 10 Minuten garen, evtl. etwas Wasser hinzugießen.

8. Die Petersilie abspülen und trocken tupfen. Die Blättchen von den Stängeln zupfen. Die Blättchen klein schneiden.

9. Die warm gestellten Fleischbällchen und Petersilie zu dem Gemüse geben und untermischen. Evtl. nochmals mit den Gewürzen abschmecken und servieren.

Dazu schmecken: Spätzle oder Salzkartoffeln.

Tipps: Wer es etwas herzhafter liebt, gibt 2–3 Stangen vorbereiteten, in Scheiben geschnittenen Staudensellerie mit zum Gemüse. Je nach Vorliebe der Kinder schmeckt auch Mischgemüse aus Kohlrabi-, Frühlingszwiebel- und Möhrenstreifen oder eine Mischung aus Wirsingstreifen und Champignonstücken. Oder Sie versuchen es einmal mit kleinen Hokkaido-Kürbiswürfeln und Zuckerschoten-Streifen, über die Sie noch einige in einer trockenen Pfanne geröstete Kürbiskerne oder Sonnenblumenkerne streuen.

Folienkartoffeln mit Kräuterquark | Vegetarisch

4 Portionen

Pro Portion: E: 24 g, F: 7 g, Kh: 59 g, kJ: 1694, kcal: 404, BE: 5,0

10–12 mittelgroße Kartoffeln
Salz

Für die Füllung:

500 g Magerquark
2 EL Crème fraîche
1 Zwiebel
1–2 EL Schnittlauchröllchen
1–2 EL gehackte Kräuter, z. B. Pimpinelle oder Kerbel
evtl. etwas Mineralwasser
gem. Pfeffer

Außerdem:

8 Bögen Alufolie
1 EL Speiseöl zum Bestreichen

Zubereitungszeit: 20 Minuten
Garzeit: etwa 40 Minuten

1. Den Backofengrill vorheizen. Kartoffeln unter fließendem kalten Wasser sehr gründlich abbürsten, trocken tupfen und schräg einschneiden. Die Einschnitte mit Salz bestreuen.

2. Acht Bögen Alufolie mit Speiseöl bestreichen. Die Kartoffeln einzeln in der Folie einwickeln und unter dem vorgeheizten Backofengrill etwa 40 Minuten unter mehrmaligem Wenden garen.

3. Für die Füllung Quark mit Crème fraîche verrühren. Zwiebel abziehen, sehr klein würfeln und mit Schnittlauchröllchen und Kräutern unter die Quark-Crème-fraîche-Masse rühren, eventuell mit Mineralwasser glatt rühren. Mit Salz und Pfeffer würzen.

4. Sobald die Kartoffeln gar sind, die Alufolie öffnen. Die Kartoffeln mit zwei Gabeln aufbrechen und den Kräuterquark darauf verteilen.

Tipps: Sie können die Kartoffeln auch zunächst etwa 15 Minuten als Pellkartoffeln kochen. Anschließend packen Sie sie in Alufolie ein. Die Kartoffeln müssen dann nur noch 10–15 Minuten unter dem Grill liegen. Reichen Sie geriebenen Käse, frische Krabben oder fein geschnittene Schinkenstreifen dazu.

Frikadellen mit Möhrengemüse

Einfach

4 Portionen

Pro Portion: E: 30 g, F: 28 g, Kh: 25 g, kJ: 1986, kcal: 475, BE: 2,0

Zum Vorbereiten:

1 Bund Möhren

Für die Frikadellen:

1 Brötchen (Semmel) vom Vortag
2 Zwiebeln
1 EL Sonnenblumenöl
500 g Gehacktes (halb Rind-, halb Schweinefleisch)
1 Ei (Größe M)
Salz
gem. Pfeffer
Paprikapulver edelsüß
1 EL Sonnenblumenöl

Für das Möhrengemüse:

50 ml Wasser
½ gestr. TL Zucker
1 TL Butter oder Margarine
½ Bund glatte Petersilie

Zubereitungszeit: 20 Minuten, ohne Abkühlzeit
Garzeit: 10–15 Minuten

1. Zum Vorbereiten Möhren putzen, schälen, abspülen, abtropfen lassen und schräg in mundgerechte Stücke schneiden.

2. Für die Frikadellen das Brötchen in kaltem Wasser einweichen. Zwiebeln abziehen und fein würfeln. Öl in einer Pfanne erhitzen. Die Zwiebelwürfel darin unter Rühren glasig dünsten, dann aus der Pfanne nehmen, auf Küchenpapier abtropfen und etwas abkühlen lassen.

3. Brötchen gut ausdrücken, mit Gehacktem, Zwiebelwürfeln und Ei vermengen. Masse mit Salz, Pfeffer und Paprikapulver würzen. Aus der Masse mit angefeuchteten Händen 8 Frikadellen formen.

4. Öl in der Pfanne erhitzen. Die Frikadellen darin von beiden Seiten unter gelegentlichem Wenden bei mittlerer Hitze 10–15 Minuten braun und gar braten.

5. Für das Möhrengemüse in der Zwischenzeit Möhrenstücke in einen Topf geben. Wasser, Salz, Zucker und Butter oder Margarine hinzugeben und die Zutaten zugedeckt zum Kochen bringen. Möhrengemüse 8–10 Minuten bei mittlerer Hitze dünsten lassen. Evtl. etwas Wasser nachgießen.

6. In der Zwischenzeit die Petersilie abspülen, trocken tupfen und die Blättchen von den Stängeln zupfen. Petersilienblättchen klein schneiden und zuletzt unter das Möhrengemüse heben.

7. Die Frikadellen mit Möhrengemüse auf Tellern anrichten und servieren.

Dazu schmeckt: Kartoffelpüree von Seite 102.

Fruchtmilch I

Für zwischendurch

4 Portionen

Pro Portion: E: 9 g, F: 4 g, Kh: 20 g, kJ: 662, kcal: 158, BE: 1,5

Für die Fruchtmilch:

100 g Banane
50 g Himbeeren
500 ml kalte Milch (1,5 % Fett)

Zubereitungszeit: 10 Minuten

1. Die Banane schälen und in Stücke schneiden. Himbeeren verlesen, evtl. kurz abspülen und gut abtropfen lassen. Bananenstücke und Himbeeren in einen hohen Rührbecher geben und mit einem Pürierstab pürieren.

2. Nach und nach die gekühlte Milch hinzugießen. Die Zutaten kräftig durchschlagen.

3. Die Fruchtmilch in Gläser füllen und gut gekühlt servieren.

Tipp: Wenn Sie es lieber etwas süßer mögen, geben Sie noch 1–2 Teelöffel Zucker mit in die Milch.

Frühstück „Schokotraum" I

Macht richtig satt

4 Portionen

Pro Portion: E: 11 g, F: 8 g, Kh: 51 g, kJ: 1357, kcal: 323, BE: 4,5

150 g Schoko-Müsli
500 ml Milch (1,5 % Fett)
4 Scheiben Vollkorntoast
2 Bananen
1 TL Kakao-Getränkepulver

Zubereitungszeit: 10 Minuten

1. Das Schoko-Müsli und Milch auf vier Schälchen verteilen.

2. Toast im Toaster toasten. Bananen schälen und in Scheiben schneiden. Die Bananenscheiben auf die Toastbrote legen und dünn mit Kakaopulver bestäuben.

Dazu schmeckt: Eine Kanne Malventee mit dem Saft von 2 Orangen verfeinert.

Frühstücksbrötchen | Einfach

4 Portionen

Pro Portion: E: 14 g, F: 12 g, Kh: 29 g, kJ: 1180, kcal: 282, BE: 2,5

4 Eier (Größe M)
4 Roggenbrötchen
1 EL Butter
2 TL mittelscharfer Senf
4 kleine Gewürzgurken
50 g Lachsschinken

Zubereitungszeit: 15 Minuten

1. Eier in kochendem Wasser etwa 6 Minuten kochen, mit kaltem Wasser abschrecken und pellen.

2. Brötchen aufschneiden. Wahlweise mit Butter oder Senf bestreichen. Gurken in dünne Scheiben schneiden. Brötchenhälften mit Lachsschinken und Gewürzgurken belegen.

3. Die Eier halbieren und dazureichen.

Tipps: Dazu schmeckt Kakao, warm oder kalt. Wer möchte, kann die Brötchen mit klein geschnittenen Petersilienblättchen garnieren. Das sorgt für einige Extra-Vitamine.

Fußballkuchen

Für den Kindergeburtstag

12 Stücke

Pro Stück: E: 3 g, F: 14 g, Kh: 53 g, kJ: 1476, kcal: 353, BE: 4,5

Für den All-in-Teig:

200 g Weizenmehl
1 Pck. Dr. Oetker Pudding-Pulver Vanille-Geschmack
3 gestr. TL Dr. Oetker Backin
150 g Zucker
200 g Butter oder Margarine (zimmerwarm)
3 Eier (Größe M)
100 ml Milch (3,5 % Fett)
75 g Raspelschokolade (Vollmilch oder Zartbitter)

Zum Dekorieren:

2–3 EL heiße Aprikosenkonfitüre (ohne Fruchtstücke)
300 g Rollfondant
rote, blaue und grüne Speisefarbe
braune Zuckerschrift

Zubereitungszeit: 50 Minuten, ohne Abkühlzeit
Backzeit: 25–30 Minuten

1. Den Backofen vorheizen.
Ober-/Unterhitze: etwa 180 °C
Heißluft: etwa 160 °C

2. Für den Teig das Mehl mit Pudding-Pulver und Backpulver in einer Rührschüssel mischen. Zucker, Butter oder Margarine, Eier und Milch hinzufügen. Alles mit einem Mixer (Rührstäbe) erst kurz auf niedrigster, dann auf höchster Stufe in etwa 2 Minuten zu einem glatten Teig verarbeiten. Raspelschokolade zuletzt kurz unterrühren. Den Teig in eine Springform (Ø 24 cm gefettet, Boden mit Backpapier belegt) geben und glatt streichen.

3. Die Form auf dem Rost in den vorgeheizten Backofen schieben. Den Kuchen **25–30 Minuten backen.**

4. Die Form auf einen Kuchenrost stellen. Kuchen zunächst vom Rand, dann aus der Form lösen und auf dem Kuchenrost erkalten lassen. Anschließend das Backpapier vorsichtig abziehen.

5. Den Kuchen an den Rändern mit einem scharfen Messer so abrunden, dass eine halbrunde Fußballform entsteht. Kuchen mit der flachen Seite nach unten auf eine Tortenplatte legen. Dann den Kuchen mit der Aprikosenkonfitüre bestreichen (aprikotieren).

6. Den Fondant ausrollen und den Kuchen damit überziehen. Die überlappende Zuckermasse abschneiden.

7. Den restlichen Fondant wieder ausrollen, Fünfecke ausschneiden und schwarz einfärben. Dazu die rote, blaue und grüne Speisefarbe mischen und auf den Fondant-Fünfecken verstreichen. Die Fünfecke auf dem Fußball anordnen und mit der braunen Zuckerschrift verbinden. Die weißen Felder des Fußballs sind nun sechseckig.

Geflügelburger | Beliebt
4 Stück

Pro Stück: E: 33 g, F: 20 g, Kh: 46 g, kJ: 2054, kcal: 491, BE: 3,5

2 kleine Möhren
1 Zwiebel
500 g Geflügelgehacktes (evtl. beim Metzger vorbestellen)
135 g abgetropfter Gemüsemais (aus der Dose)
1 Ei (Größe M)
Salz, gem. Pfeffer
1 kleiner Kopfsalat
4 Hamburger-Brötchen
2 EL Speiseöl, z. B. Sonnenblumenöl
180 ml Barbecue-Sauce

Zubereitungszeit: 30 Minuten
Grillzeit: etwa 15 Minuten

1. Möhren putzen, schälen, abspülen, abtropfen lassen und in kleine Würfel schneiden. Zwiebel abziehen und ebenfalls klein würfeln.

2. Das Geflügelgehackte in eine Schüssel geben. Möhren-, Zwiebelwürfel, Mais und Ei hinzufügen. Die Zutaten gut verkneten. Mit Salz und Pfeffer würzen. Aus der Hackfleischmasse mit angefeuchteten Händen 4 flache Burger in Größe der Brötchen formen und beiseitelegen.

3. Den Backofengrill vorheizen.

4. Von dem Salat die äußeren, welken Blätter entfernen. Salatblätter vorsichtig vom Strunk lösen, abspülen, gut abtropfen lassen und trocken tupfen. Die Brötchen waagerecht halbieren.

5. Die beiseitegelegten Burger mit Speiseöl bestreichen, evtl. in eine Aluschale legen und unter dem heißen Grillrost etwa 10 Minuten unter Wenden grillen.

6. Brötchenhälften mit der Schnittfläche nach oben ebenfalls unter den heißen Grillrost legen und 3–5 Minuten grillen.

7. Untere Brötchenhälften zuerst mit den Salatblättern, dann mit den Burgern belegen. Jeweils 1 Esslöffel Barbecue-Sauce darauf verteilen. Die oberen Brötchenhälften darauflegen und sofort servieren. Restliche Sauce dazureichen.

Tipps: Geben Sie dünne Tomaten- und Gurkenscheiben mit auf den Burger. Wer's gern schärfer möchte, kann statt der Barbecue-Sauce Hot-Chili-Sauce verwenden.

Gemüse aus der Bratfolie

Vegetarisch

4 Portionen

Pro Portion: E: 10 g, F: 6 g, Kh: 37 g, kJ: 1019, kcal: 243, BE: 2,5

500 g junge Möhren
2 Kohlrabi (je etwa 200 g)
1 Fenchelknolle (etwa 300 g)
200 g Staudensellerie
200 g kleine grüne Bohnen, z. B. Prinzessbohnen
250 g Zuckerschoten
500 g neue kleine Kartoffeln
½ Bund Kerbel
2 Knoblauchzehen
2 EL Olivenöl
Salz, gem. Pfeffer

Außerdem:

1 Stück Bratfolie oder Bratschlauch

Zubereitungszeit: 30 Minuten
Garzeit: etwa 30 Minuten

1. Möhren putzen, das Grün bis auf 2 cm abschneiden. Möhren schälen, abspülen und abtropfen lassen.

2. Kohlrabi schälen, abspülen und abtropfen lassen. Kohlrabi zuerst in Scheiben und danach in Stifte schneiden.

3. Von der Fenchelknolle den Stiel dicht oberhalb der Knolle abschneiden. Den Fenchel putzen, Wurzelende gerade schneiden. Fenchel abspülen, abtropfen lassen und in Spalten schneiden.

4. Staudensellerie putzen und die harten Außenfäden abziehen. Den Sellerie abspülen und abtropfen lassen. Sellerie in kleine Stücke schneiden. Von den Bohnen die Enden abschneiden, evtl. Fäden abziehen. Bohnen abspülen, abtropfen lassen und in Stücke schneiden.

5. Den Backofen vorheizen.
Ober-/Unterhitze: etwa 200 °C
Heißluft: etwa 180 °C

6. Von den Zuckerschoten die Enden abschneiden, evtl. abfädeln. Schoten abspülen und abtropfen lassen. Die Kartoffeln gründlich unter fließendem kalten Wasser waschen und abbürsten. Kerbel abspülen und trocken tupfen. Die Blättchen von den Stängeln zupfen. Blättchen grob zerkleinern.

7. Die vorbereiteten Gemüsezutaten in einer Schüssel mischen. Knoblauch mit der Haut in Scheiben schneiden und untermischen, Olivenöl hinzufügen, mit Salz und Pfeffer würzen.

8. Die Gemüsemischung auf ein großes Stück Bratfolie oder in den Bratschlauch geben, nach Packungsanleitung verschließen und auf ein Backblech legen.

9. Das Backblech auf mittlerer Einschubleiste in den vorgeheizten Backofen schieben. Das Gemüse **etwa 30 Minuten garen.**

10. Die Folie aufschneiden. Das Gemüse auf einer vorgewärmten Platte anrichten und servieren.

Gemüse-Cheeseburger

Vegetarisch

6 Stück

Pro Stück: E: 14 g, F: 15 g, Kh: 41 g, kJ: 1465, kcal: 351, BE: 3,0

150 g	*gegarte Salzkartoffeln (vom Vortag)*
1	*Möhre*
1	*abgetropfte Gewürzgurke*
1	*Ei (Größe M)*
1 geh. EL	*Weizenmehl*
	Salz
	gem. Pfeffer
evtl. 1 Prise	*gem. Piment*
2 EL	*Speiseöl, z. B. Sonnenblumenöl*
6	*Hamburger-Brötchen mit Sesam*
6 EL	*Sandwich-Creme*
6 kleine Scheiben	*Gouda*
6	*große Salatblätter*
1/2	*Salatgurke*

Zubereitungszeit: 30 Minuten
Gratinierzeit: 5–8 Minuten

1. Kartoffeln auf einer groben Gemüsereibe in eine Schüssel raspeln. Möhre putzen, schälen, abspülen und abtropfen lassen. Möhre und Gurke ebenfalls raspeln und zu den Kartoffelraspeln in die Schüssel geben. Ei, Mehl, Salz, Pfeffer und eventuell Piment hinzufügen und gut untermengen.

2. Den Backofengrill bzw. Backofen vorheizen.
Ober-/Unterhitze: etwa 220 °C
Heißluft: etwa 200 °C

3. Speiseöl in einer Pfanne erhitzen. Von dem Teig mit einem Esslöffel 6 große Teigplätzchen eventuell in 2 Portionen in die Pfanne geben und etwas glatt streichen.

4. Die Bratlinge von einer Seite knusprig braun braten, dann mit einem Pfannenwender umdrehen und die zweite Seite weitere etwa 3 Minuten bei mittlerer Hitze braten.

5. Brötchen halbieren. Die unteren Brötchenhälften auf ein Backblech (mit Backpapier belegt) setzen und dünn mit jeweils etwas von der Sandwich-Creme bestreichen. Jeweils 1 Gemüseburger und 1 Scheibe Käse darauf verteilen.

6. Das Backblech in den vorgeheizten Backofen bzw. unter den vorgeheizten Backofengrill schieben. Die Cheeseburger **5–8 Minuten goldbraun gratinieren.**

7. Salatblätter und Gurke waschen und gut trocken tupfen. Gurke in Scheiben hobeln oder schneiden. Die oberen Brötchenhälften mit der restlichen Sandwich-Creme bestreichen. Die gratinierten Brötchenhälften aus dem Backofen nehmen. Mit den Salatblättern und Gurkenscheiben belegen. Die oberen Brötchenhälften darauflegen. Gemüse-Cheeseburger sofort servieren.

Tipps: Schneiden Sie verschiedene geputzte, gewaschene und trocken getupfte Gemüsesorten, z. B. Gurken, Tomaten, Radieschen oder Möhren, in Scheiben und stellen Sie verschiedene Saucen (z. B. Fertigsaucen aus dem Glas) bereit. Dann kann jeder seinen individuellen Burger zubereiten. Wenn Sie gleich die doppelte Menge der Bratlinge zubereiten, können Sie am folgenden Tag daraus ein schnelles Gratin zubereiten. Dazu die vorgebratenen Bratlinge in einer Auflaufform verteilen. 1 große, gewaschene, trocken getupfte und in Scheiben geschnittene Fleischtomate darauflegen. 125 g Mozzarella-Scheiben oder 150 g Gratin-Käseraspel darauf verteilen. Den Käse im vorgeheizten Backofen oder unter dem vorgeheizten Backofengrill kurz schmelzen lassen. Den Auflauf mit einem Tomatensalat oder Blitz-Eisbergsalat mit fruchtigem Dressing servieren.

Gemüsedreierlei mit pochiertem Ei | Preiswert

4 Portionen

Pro Portion: E: 14 g, F: 30 g, Kh: 27 g, kJ: 1869, kcal: 446, BE: 2,0

2 mittelgroße Kohlrabi
4 mittelgroße Kartoffeln
250 g Zuckerschoten
2 EL Butter oder Margarine
1 TL flüssiger Honig
1 EL Zitronensaft
Salz
gem. Pfeffer
ger. Muskatnuss
100 ml Wasser
200 g Schlagsahne
evtl. 1 Bund Kerbel
1 l Wasser
3 EL Weißweinessig
4 Eier (Größe M)

Zubereitungszeit: 20 Minuten
Garzeit: etwa 20 Minuten

1. Die Kohlrabi putzen, schälen, abspülen, abtropfen lassen und in kleine Würfel schneiden. Kartoffeln schälen, abspülen, abtropfen lassen und ebenfalls klein würfeln. Von den Zuckerschoten die Enden abschneiden, evtl. abfädeln. Zuckerschoten abspülen, trocken tupfen und halbieren.

2. Butter oder Margarine in einem weiten Topf zerlassen. Die Kohlrabi- und Kartoffelwürfel darin unter Rühren andünsten. Flüssigen Honig, Zitronensaft, Salz, Pfeffer und Muskat hinzugeben. Kohlrabi- und Kartoffelwürfel zugedeckt etwa 7 Minuten dünsten. Zuckerschotenhälften und Wasser hinzugeben, zum Kochen bringen und zugedeckt weitere etwa 5 Minuten garen.

3. Sahne unterrühren und etwas einkochen lassen. Nach Belieben Kerbel abspülen und trocken tupfen. Die Blättchen von den Stängeln zupfen. Blättchen klein schneiden und dann zum Gemüse geben. Das Gemüse nochmals mit den Gewürzen abschmecken.

4. Wasser mit Essig und 1 Esslöffel Salz in einem Topf aufkochen lassen. Die Temperatur reduzieren, sodass sich das Wasser nur leicht bewegt.

5. Die Eier einzeln in einer Tasse oder Suppenkelle aufschlagen und vorsichtig in das siedende Wasser gleiten lassen. Die Eier nach etwa 4 Minuten mit einer Schaumkelle aus dem Salzwasser heben und mit dem Gemüse servieren.

Dazu schmecken: Gnocchi.

Tipp: Ist Ihnen das Pochieren der Eier zu aufwendig, kochen Sie die Eier wie gewohnt und geben Sie sie halbiert zum Gemüse.

Gemüseeintopf | Vegetarisch

4 Portionen

Pro Portion: E: 7 g, F: 12 g, Kh: 22 g, kJ: 931, kcal: 222, BE: 1,0

375 g Möhren
375 g mehligkochende Kartoffeln
375 g grüne Bohnen
250 g Blumenkohl
250 g Tomaten
2 Zwiebeln
50 g Butter oder
4–5 EL Sonnenblumenöl
Salz
gem. Pfeffer
750 ml heiße Gemüsebrühe
2 EL gehackte Kräuter, z. B. Petersilie, Basilikum

Zubereitungszeit: 45 Minuten
Garzeit: etwa 25 Minuten

1. Möhren putzen, schälen, abspülen und abtropfen lassen. Kartoffeln schälen, abspülen und abtropfen lassen. Beide Zutaten in Würfel schneiden. Von den Bohnen die Enden abschneiden, evtl. Fäden abziehen. Bohnen abspülen, abtropfen lassen und in Stücke schneiden oder brechen.

2. Vom Blumenkohl die Blätter entfernen und den Strunk abschneiden. Den Blumenkohl in Röschen teilen, abspülen und abtropfen lassen.

3. Die Tomaten kreuzweise einschneiden und mit kochendem Wasser übergießen. Nach 1–2 Minuten herausnehmen und mit kaltem Wasser abschrecken. Tomaten enthäuten, vierteln und die Stängelansätze herausschneiden.

4. Zwiebeln abziehen und würfeln. Butter oder Öl in einem Topf erhitzen. Zwiebel-, Kartoffelwürfel und Bohnen darin etwa 5 Minuten unter Rühren dünsten, mit Salz und Pfeffer würzen. Brühe zufügen, zum Kochen bringen und zugedeckt etwa 5 Minuten bei mittlerer Hitze kochen.

5. Möhrenwürfel und Blumenkohlröschen zufügen, zugedeckt etwa 10 Minuten mitkochen.

6. Tomatenviertel zum Eintopf geben und noch etwa 2 Minuten miterhitzen. Den Eintopf mit Salz und Pfeffer abschmecken, mit Kräutern bestreut servieren.

Rezeptvariante: Für einen **Gemüseeintopf mit Fleischklößchen** etwa 300 g frische Bratwurstmasse aus der Haut drücken. Formen Sie die Masse zu kleinen Klößchen und garen Sie diese die letzten 5 Minuten im Eintopf mit.

Gemüse-Gyros in Pita-Brottaschen | Vegetarisch

4 Stück

Pro Stück: E: 10 g, F: 13 g, Kh: 49 g, kJ: 1497, kcal: 359, BE: 3,5

je 2 kleine rote und grüne Paprikaschoten
1–2 Zwiebeln
2 Knoblauchzehen
2 TL Olivenöl
evtl. 1 EL heißes Wasser
etwa 1 TL Gyros-Gewürzmischung
Salz, gem. Pfeffer
4 kleine Tomaten
4 Pita-Brottaschen
400 g Zaziki (aus dem Kühlregal)
einige Salatgurkenscheiben

Zubereitungszeit: 25 Minuten

1. Paprikaschoten halbieren, entstielen, entkernen und die weißen Scheidewände entfernen. Schotenhälften abspülen, abtropfen lassen und klein würfeln.

2. Zwiebeln und Knoblauch abziehen. Zwiebeln erst in Scheiben schneiden, dann in Ringe teilen. Knoblauch fein würfeln.

3. Das Öl in einer beschichteten Pfanne erhitzen. Die Knoblauchwürfel und die Hälfte der Zwiebelringe darin anbraten. Die Paprikawürfel zugeben und kurz unter Rühren anbraten, evtl. noch 1 Esslöffel heißes Wasser zufügen. Paprikagemüse mit Gyros-Gewürzmischung, Salz und Pfeffer abschmecken.

4. Tomaten abspülen, abtrocknen, halbieren und die Stängelansätze herausschneiden. Tomaten in Scheiben schneiden.

5. Pita-Brottaschen im Toaster nach Packungsanleitung toasten. Brottaschen mit Zaziki, Paprikagemüse, Tomaten- und Gurkenscheiben sowie den restlichen Zwiebelringen füllen. Die gefüllten Brottaschen sofort servieren.

Tipps: Kinder mögen manchmal keine Zwiebeln. Dann lassen Sie sie einfach weg. Lecker schmeckt es auch, wenn Sie Maiskörner (aus der Dose) mit in die Füllung geben.

Gemüse-Nudel-Salat | Gut vorzubereiten

4 Portionen

Pro Portion: E: 29 g, F: 14 g, Kh: 51 g, kJ: 1924, kcal: 459, BE: 4,0

Für den Salat:

400 ml Gemüsebrühe
300 g TK-Brokkoliröschen
300 g Kochschinken
4 Frühlingszwiebeln
215 g abgetropfte Maiskölbchen (aus dem Glas)
2 1/2 l Wasser
2 1/2 gestr. TL Salz
250 g Nudeln, z. B. Hütchen- oder Trulli-Nudeln

Für die Salatsauce:

150 ml Gemüsebrühe (von den Brokkoliröschen)
2 EL Essig, z. B. Estragon-Essig
4 EL Olivenöl
1 Prise Zucker
Salz
gem. Pfeffer

2 EL Schnittlauchröllchen

Zubereitungszeit: 45 Minuten, ohne Durchziehzeit

1. Für den Salat die Brühe in einem Topf zum Kochen bringen. Gefrorene Brokkoliröschen hinzugeben, wieder zum Kochen bringen und in etwa 6 Minuten gar kochen. Brokkoliröschen in ein Sieb geben, dabei die Brühe auffangen und 150 ml abmessen. Brokkoliröschen abtropfen lassen.

2. Schinken in Würfel schneiden. Frühlingszwiebeln putzen, abspülen, abtropfen lassen und in Scheiben schneiden. Maiskölbchen eventuell halbieren.

3. Wasser in einem großen Topf zugedeckt zum Kochen bringen. Dann Salz und Nudeln hinzugeben. Die Nudeln im geöffneten Topf bei mittlerer Hitze nach Packungsanleitung kochen lassen, dabei zwischendurch 4–5-mal umrühren.

4. Anschließend die Nudeln in ein Sieb geben, mit heißem Wasser abspülen und abtropfen lassen.

5. Für die Sauce die aufgefangene Brühe in einem Topf aufkochen lassen. Essig und Olivenöl unterschlagen. Mit Zucker, Salz und Pfeffer kräftig würzen.

6. Die Nudeln mit Brokkoliröschen, Schinkenwürfeln, Frühlingszwiebelscheiben und Maiskölbchen mischen und mit der heißen Salatsauce übergießen. Den Salat etwas durchziehen lassen.

7. Den warmen Nudelsalat mit Schnittlauchröllchen bestreut servieren.

Tipps: Lauwarm schmeckt dieser Salat besonders gut, aber auch abgekühlt und gut durchgezogen ist er ein Genuss. Da sich der Salat gut vorbereiten und transportieren lässt, können Sie ihn zum Picknick, zum Grillen oder für ein Schulfest einplanen. Wer es würziger mag, nimmt statt Schinken Salami und würzt das Dressing zusätzlich mit etwas grob geschrotetem Chili.

Gemüseplatte mit Käsesauce

Vegetarisch
4 Portionen

Pro Portion: E: 17 g, F: 12 g, Kh: 48 g, kJ: 1579, kcal: 376, BE: 3,0

800 g	*vorwiegend festkochende Kartoffeln*
	Salz
800 g	*Möhren*
1 Bund	*Frühlingszwiebeln*
500 g	*Brokkoli*
2 EL	*Sonnenblumenöl*
500 ml	*Gemüsebrühe*
einige	*Stängel Petersilie oder ½ EL TK-Petersilie*
250 ml	*Milch (3,5 % Fett)*
150 g	*Kräuter-Schmelzkäse*
2 geh. EL	*heller Saucenbinder*
	gem. Pfeffer
	ger. Muskatnuss

Zubereitungszeit: 30 Minuten
Garzeit: etwa 25 Minuten

1. Kartoffeln schälen, abspülen, abtropfen lassen, in einen Topf geben und so viel Wasser hinzufügen, dass die Kartoffeln knapp bedeckt sind. Kartoffeln zugedeckt zum Kochen bringen. Salz hinzugeben. Kartoffeln zugedeckt in 20–25 Minuten gar kochen.

2. Inzwischen die Möhren putzen, schälen, abspülen, gut abtropfen lassen und schräg in dünne Scheiben schneiden. Frühlingszwiebeln putzen, abspülen, abtropfen lassen, in etwa 5 cm lange Stücke schneiden. Vom Brokkoli die Blätter entfernen und die Röschen abschneiden. Röschen abspülen und abtropfen lassen.

3. Öl in einer großen Pfanne erhitzen. Möhren und Frühlingszwiebeln darin bei mittlerer Hitze unter gelegentlichem Rühren 3–4 Minuten andünsten. Brokkoli zugeben. Gemüsebrühe hinzugießen und alles zugedeckt aufkochen lassen. Das Gemüse zugedeckt bei mittlerer Hitze etwa 10 Minuten garen.

4. Petersilie abspülen, trocken tupfen, die Blättchen von den Stängeln zupfen und fein hacken. Gemüse aus dem Gemüsesud nehmen und warm stellen.

5. Milch in den Gemüsesud einrühren. Schmelzkäse hinzugeben und unter Rühren darin schmelzen lassen. Die Sauce kurz aufkochen und mit Saucenbinder binden. Käsesauce mit Salz, Pfeffer und Muskat abschmecken. Petersilie unterrühren.

6. Kartoffeln abgießen und mit dem Gemüse anrichten. Ein Teil der Käsesauce daraufgießen. Restliche Käsesauce dazureichen.

Tipps: Kartoffeln zählen zu unseren Grundnahrungsmitteln. Sie stecken voller Vitamine, Mineralstoffe und machen schön satt.

Gemüse-Reis-Pfanne I

Vegetarisch

4 Portionen

Pro Portion: E: 12 g, F: 8 g, Kh: 70 g, kJ: 1712, kcal: 409, BE: 5,0

250 g Vollkornreis
1 Bund Frühlingszwiebeln
3 Möhren
je 1 gelbe, grüne und rote Paprikaschote
350 g Zucchini
100 g Champignons
2 EL Sonnenblumenöl
1 Knoblauchzehe
285 g abgetropfter Gemüsemais (aus der Dose)
Salz
gem. Pfeffer
125 ml Gemüsebrühe

Zubereitungszeit: 55 Minuten

1. Reis nach Packungsanleitung zubereiten.

2. In der Zwischenzeit Frühlingszwiebeln putzen, abspülen, abtropfen lassen und in dünne Scheiben schneiden. Die Möhren, putzen, schälen, abspülen, abtropfen lassen und ebenfalls in dünne Scheiben schneiden.

3. Paprikaschoten, halbieren, entstielen, entkernen und die weißen Scheidewände entfernen. Paprikahälften abspülen, abtropfen lassen und in Stücke schneiden.

4. Zucchini abspülen, abtropfen lassen und die Enden abschneiden. Zucchini in dünne Scheiben schneiden.

5. Die Champignons putzen, evtl. kurz abspülen und gut abtropfen lassen. Die Champignons in Scheiben schneiden.

6. Das Öl in einer großen Pfanne erhitzen. Knoblauch abziehen und durch die Knoblauchpresse direkt in das Öl drücken.

7. Möhren und Frühlingszwiebeln in die Pfanne geben und unter Rühren etwa 4 Minuten anbraten.

8. Paprika, Zucchini, Champignons und Mais dazugeben. Gemüse mit Salz und Pfeffer würzen. Brühe hinzugießen und alles zugedeckt etwa 5 Minuten dünsten.

9. Reis in ein Sieb abgießen und abtropfen lassen. Den Reis mit in die Pfanne geben und unter das Gemüse mischen. Gemüsepfanne mit Salz und Pfeffer abschmecken.

Gemüseteller mit Schnittlauchdip

Gesunder Snack

6–8 Portionen

Pro Portion: E: 13 g, F: 4 g, Kh: 34 g, kJ: 947, kcal: 226, BE: 2,0

4 kleine Kohlrabi (je etwa 150 g)
2 Salatgurken
1 kg Möhren
je 2 rote und grüne Paprikaschote

Für den Dip:
500 g Joghurt (3,5 % Fett)
200 g Magerquark
2 TL mittelscharfer Senf
Salz, gem. Pfeffer
1–2 Bund Schnittlauch

4 Roggenbrötchen

Zubereitungszeit: 30 Minuten

1. Kohlrabi schälen, abspülen und abtropfen lassen. Die Gurken abspülen, abtrocknen und die Enden abschneiden. Kohlrabi und Gurken in Scheiben schneiden. Möhren putzen, schälen, abspülen und abtropfen lassen. Dickere Möhren längs vierteln.

2. Paprikaschoten halbieren, entstielen, entkernen und die weißen Scheidewände entfernen. Schotenhälften abspülen, abtropfen lassen und in Streifen schneiden. Klein geschnittenes Gemüse dekorativ anrichten.

3. Für den Dip Joghurt mit Quark und Senf verrühren, mit Salz und Pfeffer abschmecken. Schnittlauch abspülen, trocken tupfen und in sehr kleine Röllchen schneiden. Schnittlauchröllchen unter den Dip rühren. Gemüse mit dem Dip und den Brötchen servieren.

Tipps: Dieser Snack eignet sich bestens als gesunde Alternative zu Chips & Co. Kleineren Kindern sind Möhren oder Kohlrabi manchmal zu fest. Bieten Sie dann Zucchinistreifen an. Sie können einen Teil des Gemüses durch Obst, z. B. Äpfel, ersetzen.

Ernährungstipp: Gemüse sollte in einer ausgewogenen Ernährung der wichtigste Bestandteil sein, denn es verfügt über einen hohen Gehalt an Vitaminen, Mineralstoffen und Spurenelementen, sekundären Pflanzenstoffen und Ballaststoffen. Dabei ist es durch seinen hohen Wassergehalt auch noch sehr kalorienarm.

Gemüsetopf „Sterntaler"

Klassisch

4 Portionen

Pro Portion: E: 17 g, F: 15 g, Kh: 22 g, kJ: 1227, kcal: 294, BE: 1,5

500 g Blumenkohl
200 g Möhren
1 Petersilienwurzel
1 EL Sonnenblumenöl
1 Lorbeerblatt
1 1/2 l Gemüsebrühe
200 g TK-Erbsen
50 g Sternchennudeln
Salz, ger. Muskatnuss
4 kleine Geflügel-Wiener-Würstchen
einige Stängel Petersilie

Zubereitungszeit: 30 Minuten
Garzeit: etwa 20 Minuten

1. Vom Blumenkohl die Blätter entfernen und den Strunk abschneiden. Den Blumenkohl in Röschen teilen, abspülen und abtropfen lassen.

2. Die Möhren putzen, schälen, abspülen, abtropfen lassen und in dünne Scheiben schneiden. Petersilienwurzel putzen, schälen, abspülen, abtropfen lassen und fein würfeln.

3. Öl in einem Suppentopf erhitzen. Das Gemüse und das Lorbeerblatt kurz darin andünsten. Gemüsebrühe hinzugießen und zum Kochen bringen. Das Ganze etwa 10 Minuten köcheln lassen.

4. Erbsen und Nudeln hinzufügen und noch einmal 5–7 Minuten kochen. Den Gemüsetopf mit Salz und Muskatnuss kräftig würzen.

5. Würstchen in Scheiben schneiden, zufügen und etwa 2 Minuten miterhitzen. Petersilie abspülen und trocken tupfen. Die Blättchen von den Stängeln zupfen, fein hacken und zum Eintopf geben.

Glücksbringer I

Für den Kindergeburtstag
8 Stück

Pro Stück: E: 9 g, F: 20 g, Kh: 48 g, kJ: 1696, kcal: 407, BE: 4,0

Zum Vorbereiten:
1 Glas (Ø etwa 6 cm)
8 Bögen extra starke Alufolie (je etwa 15 x 15 cm)

Für den Biskuitteig:
3 Eier (Größe M)
75 g Zucker
1 Pck. Dr. Oetker Vanillin-Zucker
75 g Weizenmehl
15 g Speisestärke
1 leicht geh. TL gesiebtes Kakaopulver
1 gestr. TL Dr. Oetker Backin

Für die Füllung:
3 Blatt weiße Gelatine
500 g Sahnepudding (aus dem Kühlregal)

Für den Guss:
200 g Halbbitter-Kuvertüre
1 EL Sonnenblumenöl

Zum Garnieren und Verzieren:
50 g Marzipan-Rohmasse
10 g gesiebter Puderzucker
evtl. Speisefarbe
bunte Zuckerschrift

Zubereitungszeit: 60 Minuten, ohne Kühlzeit
Backzeit: etwa 20 Minuten

1. Zum Vorbereiten das Glas nacheinander auf die Alu-Quadrate stellen, die Alufolie darumlegen und gut andrücken.

2. Die so entstandenen Förmchen vorsichtig ablösen, innen einfetten und mit Mehl bestäuben. Die Förmchen auf ein Backblech stellen.

3. Den Backofen vorheizen.
Ober-/Unterhitze: etwa 180 °C
Heißluft: etwa 160 °C

4. Für den Teig Eier mit Mixer (Rührstäbe) auf höchster Stufe in etwa 1 Minute schaumig schlagen. Zucker und Vanillin-Zucker mischen, in etwa 1 Minute einstreuen, dann noch etwa 2 Minuten weiterschlagen. Mehl mit Speisestärke, Kakaopulver und Backpulver mischen, auf die Eiercreme sieben und kurz auf niedrigster Stufe unterrühren. Den Teig vorsichtig auf die Förmchen verteilen. Das Backblech in den vorgeheizten Backofen schieben und **etwa 20 Minuten backen.**

5. Die Gebäcke etwa 5 Minuten in den Förmchen abkühlen lassen, die Alufolienförmchen vorsichtig lösen und das Gebäck erkalten lassen.

6. Für die Füllung Gelatine nach Packungsanleitung einweichen, anschließend leicht ausdrücken und in einem kleinen Topf bei schwacher Hitze auflösen (nicht kochen). Aufgelöste Gelatine mit 1–2 Löffeln von dem Pudding verrühren, dann die Masse unter den restlichen Pudding rühren und in den Kühlschrank stellen.

7. Wenn die Puddingmasse beginnt dicklich zu werden, sie in einen Spritzbeutel mit Lochtülle füllen und von unten in die Gebäcke spritzen. Dazu die Lochtülle in das Gebäck stecken und vorsichtig die Creme einspritzen. Gebäcke kalt stellen.

8. Für den Guss die Kuvertüre grob hacken und mit Speiseöl in einem kleinen Topf im Wasserbad bei schwacher Hitze geschmeidig rühren. Die Glücksbringer damit überziehen und den Guss auf einem Kuchenrost fest werden lassen.

9. Zum Garnieren und Verzieren Marzipan mit Puderzucker verkneten, nach Belieben einfärben und jeden Glücksbringer „anziehen" (z. B. mit Fliege oder Hosenträger). Gesichter mit Zuckerschrift aufmalen und die Glücksbringer bis zum Servieren kalt stellen.

Tipp: Die Glücksbringer sind gut gekühlt 2 Tage haltbar.

Gnocchi-Auflauf mit Hähnchenbrust I

Macht richtig satt

4 Portionen

Pro Portion: E: 34 g, F: 28 g, Kh: 54 g, kJ: 2557, kcal: 610, BE: 4,0

1	*Zwiebel*
1 EL	*Butter*
500 g	*TK-Brokkoli*
	Salz, gem. Pfeffer
	ger. Muskatnuss
100 g	*Schlagsahne*
200 ml	*Milch (3,5 % Fett)*
100 ml	*Gemüsebrühe*
200 g	*Cocktailtomaten*
250 g	*Hähnchenbrust-Aufschnitt*
400 g	*Gnocchi (aus dem Kühlregal)*

Für die Sauce:

etwa 400 ml	*Brokkoli-Kochflüssigkeit*
2 TL	*Weizenmehl*
1 EL	*Butter*
75 g	*Schmelzkäse-Zubereitung, z. B. Champignon oder Kräuter*
2 EL	*Semmelbrösel*
75 g	*ger. Käse, z. B. Emmentaler, Greyerzer*

Zubereitungszeit: 30 Minuten
Garzeit: 15–18 Minuten

1. Zwiebel abziehen und in kleine Würfel schneiden. Butter in einem Topf zerlassen, Zwiebelwürfel darin andünsten. Gefrorenen Brokkoli hinzugeben, mit Salz, Pfeffer und Muskat würzen. Sahne, Milch und Gemüsebrühe hinzugießen. Den Brokkoli zugedeckt bei schwacher Hitze etwa 8 Minuten garen.

2. In der Zwischenzeit Tomaten abspülen, abtrocknen und halbieren. Hähnchenbrust in feine Streifen schneiden.

3. Den Backofen vorheizen.
Ober-/Unterhitze: etwa 200 °C
Heißluft: etwa 180 °C

4. Gegarten Brokkoli mit einer Schaumkelle herausnehmen, abtropfen lassen, mit Tomatenhälften, Hähnchenbruststreifen und Gnocchi in eine große, flache Auflaufform (gefettet) geben.

5. Für die Sauce die Brokkoli-Kochflüssigkeit (etwa 400 ml) in dem Topf aufkochen lassen. Mehl mit Butter verkneten, in Flöckchen in die Flüssigkeit rühren und bei mittlerer Hitze etwas köcheln lassen. Käse unter Rühren hinzugeben und schmelzen lassen.

6. Die Sauce auf dem Auflauf verteilen. Semmelbrösel und Käse daraufstreuen.

7. Die Form auf dem Rost auf mittlerer Einschubleiste in den vorgeheizten Backofen schieben. Den Auflauf **15–18 Minuten garen.**

Rezeptvariante: **Tortellini-Gemüse-Auflauf.** Statt der Gnocchi können Sie auch frische Tortellini (mit Fleisch- oder Käsefüllung) verwenden, die ebenfalls nicht vorgegart werden müssen. Bei fleischhaltigen Tortellini dann das Hähnchenbrustfilet weglassen und dafür etwas mehr Gemüse (z. B. 750 g Brokkoli) verwenden.

Gnocchi-Eintopf mit Wiener Würstchen

Gut vorzubereiten

4 Portionen

Pro Portion: E: 23 g, F: 27 g, Kh: 66 g, kJ: 2513, kcal: 603, BE: 5,5

2 Zwiebeln
1 Knoblauchzehe
2 gelbe Paprikaschoten
1 EL Olivenöl
300 g TK-Grüne Bohnen
400 ml Gemüsebrühe
Salz
gem. Pfeffer
1 TL gerebelter Thymian
500 g passierte Tomaten (Tetrapak)
600 g Gnocchi (aus dem Kühlregal)
8 Geflügel-Wiener-Würstchen

Zubereitungszeit: 30 Minuten
Garzeit: etwa 15 Minuten

1. Zwiebeln und Knoblauch abziehen, in kleine Würfel schneiden. Die Paprikaschoten halbieren, entstielen, entkernen und die weißen Scheidewände entfernen. Die Schotenhälften abspülen, abtropfen lassen und in grobe Würfel schneiden.

2. Olivenöl in einem Topf erhitzen. Die Zwiebel- und Knoblauchwürfel darin andünsten. Paprikawürfel hinzugeben und mitdünsten. Die gefrorenen Bohnen hinzugeben. Brühe hinzugießen. Das Ganze durchrühren, mit Salz, Pfeffer und Thymian würzen. Die Zutaten zum Kochen bringen und etwa 5 Minuten bei mittlerer Hitze köcheln lassen.

3. Passierte Tomaten hinzugeben und unterrühren. Den Eintopf nochmals mit Salz, Pfeffer und Thymian würzen. Den Eintopf wieder zum Kochen bringen und nochmals etwa 10 Minuten bei mittlerer Hitze köcheln lassen.

4. Würstchen und Gnocchi in den Eintopf geben, kurz miterhitzen oder die Würstchen getrennt vom Eintopf erhitzen. Den Eintopf mit den Würstchen anrichten und servieren.

Tipps: Unregelmäßige Essenszeiten sind mit diesem Gericht kein Problem. Jeder kann seinen Teller in der Mikrowelle in Sekunden erhitzen. Den Eintopf zum Servieren mit Thymianstängeln garniert servieren.

Gulasch, klassisch

Echtes Sonntagsessen

4 Portionen

Pro Portion: E: 29 g, F: 14 g, Kh: 7 g, kJ: 1137, kcal: 272, BE: 0,5

500 g Zwiebeln
500 g mageres Rindfleisch ohne Knochen (aus der Unterschale)
4 EL Speiseöl, z. B. Rapsöl
Salz, gem. Pfeffer
Paprikapulver edelsüß
2 EL Tomatenmark
250 ml Fleischbrühe
2 Stängel Petersilie

Zubereitungszeit: 20 Minuten
Garzeit: 1–1 1/2 Stunden

1. Die Zwiebeln abziehen, halbieren und in Scheiben schneiden. Das Rindfleisch mit Küchenpapier trocken tupfen. Das Fleisch in Würfel schneiden. Speiseöl in einem Bratentopf erhitzen. Rindfleischwürfel darin in 2 Portionen von allen Seiten gut anbraten. Zwiebeln hinzufügen und mitbräunen lassen.

2. Das Ganze mit Salz, Pfeffer und Paprika würzen. Tomatenmark unterrühren. Brühe hinzugießen. Die Zutaten wieder zum Kochen bringen. Zugedeckt 1–1 1/2 Stunden bei mittlerer Hitze schmoren lassen. Dabei gelegentlich umrühren und falls erforderlich etwas heißes Wasser hinzugeben. Gulasch mit Salz, Pfeffer und Paprika abschmecken.

3. Die Petersilie abspülen, trocken tupfen und das Gulasch damit garnieren.

Dazu schmecken: Frischer Salat, Kartoffeln, Semmelknödel oder Spätzle. So richtig klassisch wird es mit Rot- oder Rosenkohl.

Tipps: Anstelle von Salz, Pfeffer und Paprika kann auch ein fertiges Gulaschgewürz verwendet werden. Zusätzlich 210 g abgetropfte Champignons (aus dem Glas) unter das Gulasch rühren und kurz miterwärmen. Anstelle von Rindfleisch kann auch mageres Schweinefleisch verwendet werden. Die Schmorzeit verkürzt sich dann auf etwa 45 Minuten. Gulasch kann gut vorbereitet und portionsweise eingefroren werden.

Rezeptvariante: Für eine **Gulaschsuppe** jeweils nur 250 g Rindfleisch und Zwiebeln wie angegeben verarbeiten. Das Wasser oder die Brühe auf 1 Liter erhöhen. Etwa 30 Minuten vor dem Ende der Garzeit je 1 rote und gelbe, gewürfelte Paprikaschote in die Suppe geben und mitgaren.

Gurkenteller mit Tunfischcreme I

Schnell

4 Portionen

Pro Portion: E: 9 g, F: 6 g, Kh: 6 g, kJ: 507, kcal: 121, BE: 0,0

Für die Tunfischcreme:

130 g abgetropfter Tunfisch in Sonnenblumenöl (aus der Dose)
etwa 50 ml Gemüsebrühe
3 EL Zitronensaft
Salz, gem. Pfeffer
1 Knoblauchzehe
1/2 Zwiebel
5 EL Joghurt (3,5 % Fett)

Für den Gurkenteller:

2 mittelgroße Tomaten
1 1/2 mittelgroße Salatgurken

einige vorbereitete frische Basilikumblättchen oder Dillspitzen

Zubereitungszeit: 20 Minuten

1. Den Tunfisch in einem Sieb abtropfen lassen und mit einer Gabel grob zerzupfen. Tunfisch mit Brühe, Zitronensaft, etwas Salz und Pfeffer in einen hohen Rührbecher geben und pürieren.

2. Knoblauch abziehen und durch eine Knoblauchpresse drücken. Zwiebel abziehen, halbieren und sehr klein würfeln. Knoblauch und Zwiebelwürfel zu dem Tunfischpüree geben.

3. Joghurt unterrühren, evtl. etwas Brühe hinzugeben. Die Tunfischcreme mit Salz, Pfeffer und evtl. Zitronensaft abschmecken.

4. Tomaten abspülen, trocken tupfen, halbieren und die Stängelansätze herausschneiden. Tomatenhälften in kleine Würfel schneiden. Die Gurken abspülen, trocken tupfen und in feine Scheiben hobeln.

5. Gurkenscheiben auf die Salatteller geben. Die Tunfischcreme darauf verteilen, Tomatenwürfel daraufstreuen. Die Basilikumblättchen oder Dillspitzen von den Stängeln zupfen und klein schneiden. Die Gurkenteller damit garnieren.

Dazu schmeckt: Knuspriges Baguette.

Gyros im Pita-Brot I

Beliebt

6 Stück

Pro Stück: E: 29 g, F: 8 g, Kh: 43 g, kJ: 1508, kcal: 360, BE: 3,5

400 g magere Schweineschnitzel (etwa 3 dünne Schnitzel)
3 EL Olivenöl
1 1/2 EL Gyros-Gewürzmischung
2 Zwiebeln
4 kleine Tomaten
250 g Weißkohl

Für die Knoblauchsauce:

250 g Magerquark
250 g Joghurt (1,5 % Fett)
2–3 Knoblauchzehen
Salz
gem. Pfeffer

6 Pita-Brottaschen

Zubereitungszeit: 40 Minuten, ohne Marinierzeit

1. Die Schweineschnitzel mit Küchenpapier trocken tupfen. Das Fleisch in dünne Streifen schneiden.

2. Das Olivenöl mit der Gyros-Gewürzmischung verrühren und die Fleischstreifen darin etwa 20 Minuten marinieren lassen. Dabei die Fleischstreifen zwischendurch 2–3-mal wenden.

3. In der Zwischenzeit die Zwiebeln abziehen und in dünne Ringe schneiden.

4. Die Tomaten abspülen, abtrocknen und die Stängelansätze entfernen. Die Tomaten in dünne Scheiben schneiden.

5. Vom Weißkohl die äußeren Blätter entfernen. Den Kohl in feine Streifen schneiden. Die Kohlstreifen waschen, gut abtropfen lassen oder trocken schleudern.

6. Die Kohlstreifen mit Zwiebelringen und Tomatenscheiben mischen.

7. Eine große Pfanne erhitzen. Das marinierte Gyrosfleisch mit dem Würzöl in die Pfanne geben und darin unter gelegentlichem Wenden bei mittlerer bis starker Hitze in 8–10 Minuten braun braten.

8. Für die Knoblauchsauce in der Zwischenzeit den Quark mit dem Joghurt in einer Schüssel glatt rühren.

9. Den Knoblauch abziehen und durch eine Knoblauchpresse drücken oder sehr fein hacken.

10. Den Knoblauch unter den Joghurtquark rühren. Knoblauchsauce mit Salz und Pfeffer abschmecken.

11. Die Pita-Brottaschen im Toaster nach Packungsanleitung toasten.

12. Die Brottaschen mit dem vorbereiteten Gemüse, dem Gyros und der Knoblauchsauce füllen. Die gefüllten Brottaschen sofort servieren.

Tipps: Sie können den Weißkohl durch die gleiche Menge Eisbergsalat ersetzen. Weißkohl ist für einige Menschen besser bekömmlich, wenn Sie die Kohlstreifen mit gut 1/2 Teelöffel Salz gut verkneten und etwa 1 Stunde durchziehen lassen. Anschließend die entstandene Flüssigkeit abgießen und den Kohl weiterverarbeiten. Wenn Sie es nicht ganz so knoblauchlastig mögen, nehmen Sie nur 1 Knoblauchzehe für die Sauce.

Rezeptvariante: Für **vegetarische Pita-Brottaschen** (6 Stück, im Foto hinten) das Schweinefleisch weglassen. Dafür zusätzlich je 1 grüne und gelbe Paprikaschote (je etwa 200 g) halbieren, entstielen, entkernen und die weißen Scheidewände entfernen. Schotenhälften abspülen, abtropfen lassen und in dünne Streifen schneiden. In einer großen Pfanne 1 1/2 Esslöffel Olivenöl erhitzen. Die Paprikastreifen und die Hälfte der Zwiebelringe mit etwa 1/2 Esslöffel Gyros-Gewürzmischung darin unter gelegentlichem Rühren bei mittlerer bis großer Hitze in 3–4 Minuten bissfest garen. Die Zutaten kurz abkühlen lassen und mit dem vorbereiteten Gemüse (restliche Zwiebelringe, Tomatenscheiben und Salatstreifen) vermischen. Die getoasteten Pita-Brottaschen mit Gemüse und der Knoblauchsauce füllen.

Hackbraten auf Kartoffelgratin I

Beliebt

4 Portionen

Pro Portion: E: 32 g, F: 27 g, Kh: 38 g, kJ: 2196, kcal: 523, BE: 3,0

1 Brötchen (Semmel) vom Vortag
500 g Gehacktes (halb Rind-, halb Schweinefleisch)
1 Ei (Größe M)
1 TL mittelscharfer Senf
Salz, gem. Pfeffer
1 kg mehligkochende Kartoffeln
ger. Muskatnuss
200 ml Milch (3,5 % Fett)

Zubereitungszeit: 30 Minuten
Garzeit: etwa 60 Minuten

1. Brötchen in kaltem Wasser einweichen. Gehacktes in eine Schüssel geben. Brötchen gut ausdrücken, mit Ei und Senf zum Gehackten geben. Die Zutaten gut vermengen. Die Masse mit Salz und Pfeffer kräftig würzen, mit angefeuchteten Händen zu einem flachen, länglichen Laib formen.

2. Den Backofen vorheizen.
Ober-/Unterhitze: etwa 180 °C
Heißluft: etwa 160 °C

3. Die Kartoffeln schälen, abspülen, abtropfen lassen und in dünne Scheiben hobeln. Die Kartoffelscheiben mit Salz, Pfeffer und Muskat kräftig würzen.

4. Die Kartoffelscheiben in eine große Auflaufform (gefettet) einschichten. Die Milch zu den Kartoffelscheiben gießen.

5. Die Form auf dem Rost in den vorgeheizten Backofen schieben. Das Kartoffelgratin **etwa 15 Minuten vorgaren**.

6. Dann in die Mitte des Gratins mit einem Kochlöffel eine leichte, längliche Vertiefung eindrücken. Den Fleischlaib in die Vertiefung legen.

7. Die Form auf dem Rost wieder zurück in den heißen Backofen schieben und das Ganze **weitere etwa 45 Minuten garen.**

8. Den Hackbraten aus der Form nehmen und in Scheiben schneiden. Die Fleischscheiben wieder auf das Gratin legen und servieren.

Dazu schmeckt: Frischer Salat mit Kräutervinaigrette oder gedünstete Apfelstücke.

Tipp: Bestreuen Sie das Gratin nach etwa 40 Minuten Garzeit mit 100 g geriebenem Käse und garen Sie dann den Hackbraten zu Ende.

Hackbraten mit Quark

Raffiniert

4 Portionen

Pro Portion: E: 31 g, F: 23 g, Kh: 6 g, kJ: 1489, kcal: 355, BE: 0,5

- *½ Zwiebel*
- *500 g Gehacktes (halb Rind-, halb Schweinefleisch)*
- *125 g Magerquark*
- *1 TL Tomatenmark*
- *1 TL mittelscharfer Senf*
- *2 EL Semmelbrösel*
- *2 Eier (Größe M)*
- *Salz,*
- *gem. Pfeffer*
- *½ TL Paprikapulver edelsüß*

- *1 EL Tomatenmark*
- *250 ml Fleischbrühe*
- *1 TL gerebelter Oregano oder Thymian*

Zubereitungszeit: 30 Minuten
Garzeit: 45–50 Minuten

1. Den Backofen vorheizen.
Ober-/Unterhitze: etwa 200 °C
Heißluft: etwa 180 °C

2. Zwiebelhälfte abziehen und in kleine Würfel schneiden. Gehacktes in eine Schüssel geben. Zwiebelwürfel, Magerquark, Tomatenmark, Senf, Semmelbrösel und Eier hinzugeben. Die Zutaten gut unterkneten. Mit Salz, Pfeffer und Paprika würzen.

3. Die Hackfleischmasse mit angefeuchteten Händen zu einem flachen, länglichen Laib formen und in eine Auflaufform (gefettet) legen.

4. Die Form in den vorgeheizten Backofen (unteres Drittel) schieben. Den Hackbraten **25–30 Minuten garen.**

5. Tomatenmark mit Brühe und Oregano oder Thymian verrühren und zu dem Hackbraten in die Form geben. Hackbraten **weitere etwa 20 Minuten garen.**

6. Den Hackbraten herausnehmen und warm stellen.

7. Den Bratensaft durch ein Sieb streichen, evtl. nochmals mit Salz, Pfeffer und Paprika abschmecken. Die Hackbraten in Scheiben schneiden und mit der Sauce servieren.

Dazu schmeckt: Möhrengemüse von Seite 67.

Tipp: Reste vom Hackbraten schmecken sehr gut kalt als Aufschnitt auf dem Brot.

Hafer-Quark-Keulchen mit Kompott I

Schmeckt auch den ganz Kleinen

4 Portionen

Pro Portion: E: 14 g, F: 12 g, Kh: 55 g, kJ: 1648, kcal: 393, BE: 4,5

Für die Hafer-Quark-Keulchen:

2 Eigelb (Größe M)
50 g Zucker
200 g Magerquark
50 g kernige Haferflocken
2 geh. EL Weizenmehl (Type 550)
1 Bio-Zitrone (unbehandelt, ungewachst)
Salz
2 Eiweiß (Größe M)

Für das Erdbeer-Rhabarber-Kompott:

250 g Erdbeeren
500 g Rhabarber
3–4 EL Zucker
1 Pck. Dr. Oetker Pudding-Pulver Vanille-Geschmack

3 EL Speiseöl, z. B. Sonnenblumenöl
1 EL Puderzucker

Zubereitungszeit: 30 Minuten
Backzeit: etwa 12 Minuten

1. Eigelb, Zucker, Quark, Haferflocken und Mehl in eine Rührschüssel geben und mit einem Schneebesen oder einem Mixer (Rührstäbe) zu einer cremigen Masse verrühren. Die Zitrone heiß abwaschen, abtrocknen und die Schale abreiben. Von der Zitronenschale 1 Teelöffel abmessen. Die Zitrone halbieren.

2. Von einer Zitronenhälfte den Saft auspressen. Zitronenschale, -saft und 1 Prise Salz unter die Quarkmasse rühren. Den Quarkteig etwa 10 Minuten ruhen lassen. In der Zwischenzeit für das Kompott Erdbeeren putzen, abspülen, abtropfen lassen, entstielen und halbieren. Rhabarber putzen, abziehen, abspülen und abtropfen lassen. Die Stangen in fingerdicke Stücke schneiden.

3. Erdbeerhälften und Rhabarberstücke in einem Topf vermischen. Gut 250 ml Wasser hinzugießen, zum Kochen bringen und etwa 4 Minuten bei schwacher Hitze kochen lassen. Zucker unterrühren und Kompott abschmecken. Pudding-Pulver mit 4 Esslöffeln Wasser anrühren, unter das Kompott rühren und unter Rühren kurz aufkochen lassen. Kompott in eine Schüssel füllen und erkalten lassen.

4. Eiweiß steif schlagen und unter den Quarkteig ziehen.

5. Jeweils etwas Speiseöl in einer großen Pfanne erhitzen. Von dem Quarkteig mit einem Esslöffel Teighäufchen abnehmen und in die Pfanne setzen. Die Keulchen portionsweise bei mittlerer Hitze leicht bräunen lassen, dann vorsichtig wenden, insgesamt etwa 3 Minuten backen.

6. Die Keulchen auf einer vorgewärmten Platte mit Puderzucker bestäuben und mit dem Erdbeer-Rhabarber-Kompott anrichten.

Hähnchenbrust mit Mozzarella überbacken |

Leicht

4 Portionen

Pro Portion: E: 42 g, F: 9 g, Kh: 1 g, kJ: 1077, kcal: 258, BE: 0,0

4	*Hähnchenbrustfilets (je etwa 150 g)*
	Salz, gem. Pfeffer
2	*mittelgroße Tomaten*
125 g	*abgetropfter Mozzarella*
3 EL	*Speiseöl, z. B. Sonnenblumenöl*
einige	*Basilikumblättchen*

Zubereitungszeit: 15 Minuten
Brat- und Grillzeit: 15–20 Minuten

1. Die Hähnchenbrustfilets unter fließendem kalten Wasser abspülen, trocken tupfen, mit Salz und Pfeffer würzen.

2. Tomaten abspülen, trocken tupfen und halbieren. Die Stängelansätze herausschneiden. Tomaten jeweils in 4 Scheiben schneiden. Mozzarella in 8 Scheiben schneiden.

3. Öl in einer ofenfesten Pfanne erhitzen. Die Hähnchenbrustfilets darin etwa 5 Minuten von jeder Seite braten.

4. In der Zwischenzeit den Backofengrill vorheizen.

5. Jedes Filet zuerst mit 2 Tomatenscheiben belegen und mit Pfeffer bestreuen, dann je 2 Mozzarellascheiben darauflegen und ebenfalls mit Pfeffer bestreuen.

6. Die Pfanne auf dem Rost unter den vorgeheizten Grill in den Backofen schieben. Die Filets 5–10 Minuten übergrillen, bis der Käse zerläuft (wer keine ofenfeste Pfanne hat, kann die Filets nach dem Anbraten in eine Auflaufform umfüllen).

7. Basilikumblättchen abspülen und trocken tupfen. Die übergrillten Filets mit den Basilikumblättchen garnieren und servieren.

Dazu schmeckt: Knoblauchtoast oder Tomatenreis.

Tipp: Wenn Sie keinen Backofengrill haben, die Pfanne (Auflaufform) bei etwa 220 °C (Ober-/Unterhitze), bzw. etwa 200 °C (Heißluft) auf dem Rost in den vorgeheizten Backofen schieben. Die Filets 5–10 Minuten überbacken, bis der Käse zerläuft.

Hähnchenragout mit Basmatireis I

Fettarm

4 Portionen

Pro Portion: E: 31 g, F: 5 g, Kh: 42 g, kJ: 1456, kcal: 346, BE: 3,0

Zum Vorbereiten:

400 ml Wasser
200 g Basmatireis
2 gestr. TL Salz

Für das Ragout:

400 g Hähnchenbrustfilet
600 g Brokkoli
2 Zwiebeln (130 g)
2 TL Speiseöl, z. B. Rapsöl
Salz
gem. Pfeffer
1 TL Zitronensaft
100 ml heißes Wasser
50 g saure Sahne
2 TL Currypulver

Zubereitungszeit: 30 Minuten

1. Wasser in einem Topf zum Kochen bringen. Reis und Salz hinzufügen, wieder zum Kochen bringen. Reis nach Packungsanleitung bei schwacher Hitze in etwa 20 Minuten ausquellen lassen.

2. In der Zwischenzeit Hähnchenbrustfilet unter fließendem kalten Wasser abspülen, trocken tupfen und in etwa 1 1/2 cm dicke Streifen schneiden.

3. Brokkoli putzen, in kleine Röschen teilen, abspülen und abtropfen lassen. Zwiebeln abziehen, fein würfeln.

4. Öl in einer Pfanne erhitzen. Hähnchenstreifen unter Rühren darin anbraten, mit Salz und Pfeffer würzen. Brokkoli und Zwiebelwürfel hinzufügen und kurz mit anbraten. Zitronensaft und Wasser unterrühren und die Zutaten zugedeckt etwa 5 Minuten garen.

5. Saure Sahne einrühren und das Ragout mit Salz, Pfeffer und Currypulver abschmecken. Hähnchenragout mit dem Reis servieren.

Tipp: Geben Sie dem Gericht eine besondere Geschmacksnote, indem Sie einige Blättchen Thai-Basilikum fein schneiden und unter das Hähnchenragout rühren.

Hick-Hack-Pfanne | Beliebt

4 Portionen

Pro Portion: E: 25 g, F: 26 g, Kh: 5 g, kJ: 1461, kcal: 348, BE: 0,5

200 g Zucchini
1 Knoblauchzehe
2 Stängel Thymian
2 EL Sonnenblumenöl
500 g Gehacktes (halb Rind-, halb Schweinefleisch)
Salz
gem. Pfeffer
400 g stückige Tomaten (aus der Dose)
2 EL Tomatenketchup

Zubereitungszeit: 35 Minuten

1. Zucchini abspülen, abtrocknen und die Enden abschneiden. Zucchini in dünne Scheiben schneiden oder hobeln. Knoblauch abziehen und fein hacken.

2. Thymian abspülen, trocken tupfen. Die Blättchen von den Stängeln zupfen.

3. Öl in einer großen Pfanne erhitzen. Gehacktes und Knoblauch hinzufügen und unter Rühren darin anbraten. Dabei die Klümpchen mit einer Gabel zerdrücken, mit Salz und Pfeffer würzen.

4. Zucchini hinzufügen und kurz mitbraten lassen. Tomatenstücke und Thymianblättchen hinzufügen und unter Rühren erwärmen. Hick-Hack-Pfanne mit Salz, Pfeffer und Ketchup abschmecken.

Dazu schmeckt: Ciabatta.

Tipps: Die Hick-Hack-Pfanne können Sie bereits am Vortag zubereiten. Sie schmeckt aufgewärmt sehr gut. Statt der Zucchini können Sie etwa 200 g geputzte, in Scheiben geschnittene Champignons und 1 Bund geputzte, in Stücke geschnittene Frühlingszwiebeln verarbeiten. Rühren Sie dann statt des Ketchups 100 ml Gemüse- oder Fleischbrühe unter und lassen das Ganze kurz aufkochen.

Himbeer-Joghurt-Whoopies

Fruchtig
18 Stück

Pro Stück: E: 3 g, F: 7 g, Kh: 28 g, kJ: 791, kcal: 189, BE: 2,5

Zum Vorbereiten für die Füllung:
100 g TK-Himbeeren
3 Bögen Backpapier

Für den Rührteig:
80 g Butter oder Margarine (zimmerwarm)
150 g Zucker
1 Pck. Dr. Oetker Bourbon-Vanille-Zucker
1 Prise Salz
1 Ei (Größe M)
200 g Weizenmehl
1 gestr. TL Dr. Oetker Backin
150 ml Buttermilch

Für die Füllung:
3 Blatt weiße Gelatine
150 g Schlagsahne (mind. 30 % Fett)
125 g Joghurt (3,5 % Fett)
25 g Puderzucker
1 TL Zitronensaft

Zum Dekorieren:
150 g Puderzucker
etwa 2 TL Zitronensaft
1–2 Tropfen rote Speisefarbe
braune Zuckerschrift

Zubereitungszeit: 45 Minuten, ohne Kühl- und Trockenzeit
Backzeit: etwa 14 Minuten je Backblech

1. Zum Vorbereiten für die Füllung die TK-Himbeeren nach Packungsanleitung auftauen lassen. Auf jeden Bogen Backpapier mit einem Bleistift 12 Kreise (Ø etwa 4 cm) mit gleichmäßigem Abstand aufzeichnen.

2. Die Backbleche leicht einfetten und mit dem Backpapier (unbemalte Seite nach oben) belegen.

3. Den Backofen vorheizen.
Ober-/Unterhitze: etwa 200 °C
Heißluft: etwa 180 °C

4. Für den Teig Butter oder Margarine in einer Rührschüssel mit einem Mixer (Rührstäbe) auf höchster Stufe geschmeidig rühren. Nach und nach Zucker, Vanille-Zucker und Salz unterrühren. So lange rühren, bis eine gebundene Masse entstanden ist. Das Ei etwa 1/2 Minute unterrühren. Mehl mit Backpulver vermischen und auf mittlerer Stufe gut unterrühren. Anschließend die Buttermilch kurz unterrühren.

5. Auf jedes Backblech mit zwei Teelöffeln 12 gleich große, runde Häufchen in die Mitte der aufgezeichneten Kreise geben und mithilfe eines Messers in Größe der Kreise verstreichen.

6. Die Backbleche nacheinander (bei Heißluft zusammen) in den vorgeheizten Backofen schieben. Die Kekse **etwa 14 Minuten je Backblech backen.**

7. Die Kekse mit dem Backpapier auf Kuchenrosten erkalten lassen. In der Zwischenzeit für die Füllung Himbeeren mit einem Löffel durch ein feines Sieb streichen. Etwa 65 g vom Himbeermark abwiegen und beiseitestellen. Gelatine nach Packungsanleitung einweichen. Die Sahne steif schlagen.

8. Den Joghurt mit beiseitegestelltem Himbeermark, Puderzucker und Zitronensaft zu einer geschmeidigen Masse verrühren. Die Gelatine leicht ausdrücken und in einem kleinen Topf bei schwacher Hitze unter Rühren auflösen (nicht kochen). Gelatine zunächst mit 4 Esslöffeln von der Joghurtmasse verrühren, dann unter die restliche Joghurtmasse rühren. Sahne kurz mit dem Mixer (Rührstäbe) unterrühren. Jeweils etwas Joghurt-Sahne-Creme auf die glatte Seite eines Kekses streichen. Mit einem weiteren Keks zu einem Whoopie zusammensetzen. Whoopies im Kühlschrank fest werden lassen.

9. Zum Dekorieren den Puderzucker in eine kleine Schale geben. Zitronensaft und Speisefarbe tropfenweise dazugeben, zu einem dickflüssigen Guss verarbeiten und auf die Oberseiten streichen. Guss trocknen lassen. Oberseite mit Zuckerschrift verzieren.

Hörnchennudeln mit Grüne-Bohnen-Tomaten-Sugo

Vegetarisch (ohne Foto)

4 Portionen

Pro Portion: E: 18 g, F: 12 g, Kh: 95 g, kJ: 2374, kcal: 568, BE: 7,5

250 g grüne Bohnen
je 2 Zwiebeln und Knoblauchzehen
300 g Tomaten
4 EL Olivenöl
1 geh. EL Tomatenmark
125 ml Gemüsebrühe
5 l Wasser
5 gestr. TL Salz
500 g Hörnchennudeln
je 1 gestr. TL gerebelter Thymian und Oregano
Salz, gem. Pfeffer

Zubereitungszeit: 30 Minuten

1. Von den Bohnen die Enden abschneiden, evtl. abfädeln. Bohnen abspülen, abtropfen lassen und in etwa 3 cm lange Stücke schneiden oder brechen. Zwiebeln und Knoblauch abziehen und klein würfeln. Tomaten abspülen, trocken tupfen, halbieren und die Stängelansätze herausschneiden. Tomaten in kleine Stücke schneiden.

2. Olivenöl in einer Pfanne erhitzen. Zwiebel- und Knoblauchwürfel darin andünsten, Tomatenmark unterrühren. Tomaten- und Bohnenstücke ebenfalls in die Pfanne geben. Brühe hinzugießen, zum Kochen bringen. Die Gemüsezutaten ohne Deckel bei schwacher Hitze etwa 15 Minuten etwas einkochen lassen.

3. Wasser in einem großen Topf zugedeckt zum Kochen bringen. Salz und Nudeln hinzugeben. Nudeln im geöffneten Topf bei mittlerer Hitze nach Packungsanleitung bissfest kochen, dabei gelegentlich umrühren. Anschließend die Nudeln in ein Sieb geben, mit heißem Wasser abspülen und abtropfen lassen.

4. Das Bohnen-Tomaten-Sugo mit Thymian, Oregano, Salz und Pfeffer würzen. Die Hörnchennudeln mit Grüne-Bohnen-Tomaten-Sugo sofort servieren.

Hotdog mit Röstzwiebeln

Beliebt

4 Stück

Pro Stück: E: 13 g, F: 23 g, Kh: 42 g, kJ: 1792, kcal: 428, BE: 3,5

etwa 1 ½ l Wasser
4 Wiener Würstchen (aus dem Glas)
2 EL Gurkensalat „Dänische Art“ (aus dem Glas) oder 2 Gewürzgurken
4 Hotdog-Brötchen
2–3 EL Tomatenketchup
4–5 EL Remoulade „Dänische Art“
1–2 TL mittelscharfer Senf
4 TL Röstzwiebeln

Zubereitungszeit: 20 Minuten

1. Das Wasser in einem Topf zugedeckt auf höchster Stufe erhitzen. Auf niedrigste Stufe zurückschalten und die Würstchen darin etwa 5 Minuten ziehen lassen (das Wasser darf nicht kochen, sonst platzen die Würstchen!).

2. Den Gurkensalat gut abtropfen lassen oder die Gewürzgurke in sehr feine Scheiben schneiden.

3. Die Brötchen waagerecht auf-, aber nicht ganz durchschneiden, sodass man sie gut füllen kann.

4. Je 2 Brötchen auf den Brötchenaufsatz eines Toasters legen und von beiden Seiten knusprig rösten.

5. Ketchup, Remoulade, Senf, je 1 Würstchen, Gurkenscheiben und die Röstzwiebeln in den Brötchen verteilen.

6. Die Hotdog-Brötchen etwas zusammendrücken und sofort servieren.

Tipp: Möchten Sie die Hotdogs als Kindergeburtstagsessen anbieten, bereiten Sie alle Zutaten vor und stellen Sie sie für die Kinder bereit. So kann sich jedes Kind seinen eigenen Hotdog zusammenstellen.

Kabeljau mit Spitzkohl und Kartoffelpüree | Sommerlich

4 Portionen

Pro Portion: E: 37 g, F: 25 g, Kh: 46 g, kJ: 2404, kcal: 574, BE: 4,0

Für das Kartoffelpüree:

1 kg mehligkochende Kartoffeln
1 TL Salz
50 g Butter
etwa 250 ml heiße Milch (1,5 % Fett)

Für den Spitzkohl:

800 g Spitzkohl
250 g Möhren
1 Zwiebel
2 EL Rapsöl
125 ml Gemüsebrühe
1 EL Crème fraîche
Salz, ger. Muskatnuss

1 Bio-Zitrone (unbehandelt, ungewachst)
600 g Kabeljau- oder Seelachsfilet
gem. Pfeffer
6 EL Rapsöl
3 EL Weizenmehl
1–2 EL gehackte Petersilie

Zubereitungszeit: 40 Minuten
Bratzeit: etwa 10 Minuten

1. Für das Kartoffelpüree Kartoffeln schälen, abspülen, abtropfen lassen und in Stücke schneiden. Die Kartoffelstücke knapp mit Wasser bedeckt, zugedeckt zum Kochen bringen. Salz hinzufügen. Die Kartoffeln in etwa 20 Minuten gar kochen.

2. In der Zwischenzeit Spitzkohl putzen, halbieren, den Strunk herausschneiden und den Kohl in etwa 2 cm große Stücke schneiden.

3. Möhren putzen, schälen, abspülen, abtropfen lassen und in dünne Scheiben schneiden. Zwiebel abziehen und würfeln. Öl in einem Topf erhitzen. Die Zwiebelwürfel, Möhrenscheiben und Spitzkohlstücke darin andünsten. Brühe zugeben und etwa 10 Minuten garen. Crème fraîche unterrühren und weitere 2–3 Minuten garen. Gemüse mit Salz und Muskat abschmecken.

4. Zitrone heiß abwaschen, abtrocknen und halbieren. Eine Hälfte auspressen. Kabeljau unter fließendem kalten Wasser abspülen, trocken tupfen, mit Salz, Pfeffer und Zitronensaft würzen. In einer Pfanne das Öl erhitzen. Kabeljau in Mehl wenden, überschüssiges Mehl abschütteln und in dem Öl etwa 10 Minuten braten, dabei einmal wenden.

5. Kartoffeln abgießen, mit einem Kartoffelstampfer zerdrücken und Butter zugeben. Milch mit einem Schneebesen oder Kochlöffel nach und nach so lange unterrühren, bis eine lockere Masse entstanden ist. Püree mit Salz und Muskat abschmecken.

6. Die zweite Zitronenhälfte in Spalten schneiden. Kabeljau mit Zitronenspalten garnieren. Spitzkohl mit Petersilie bestreuen und alles mit Kartoffelpüree servieren.

Kaiserschmarren

Das mögen alle gern

4 Portionen

Pro Portion: E: 23 g, F: 53 g, Kh: 72 g, kJ: 3605, kcal: 861, BE: 6,0

8	*Eiweiß (Größe M)*
8	*Eigelb (Größe M)*
200 g	*Weizenmehl*
2 Prisen	*Salz*
2 Pck.	*Dr. Oetker Vanillin-Zucker*
400 g	*Schlagsahne oder 400 ml Milch (3,5 % Fett)*
100 g	*Rosinen*
etwa 100 g	*Butterschmalz oder 8 EL Speiseöl, z. B. Sonnenblumenöl*

Zum Bestäuben:

etwas Puderzucker

Zubereitungszeit: 30 Minuten

1. Eiweiß steif schlagen. Eigelb, Mehl, Salz, Vanillin-Zucker, Sahne oder Milch in eine Rührschüssel geben. Die Zutaten mit einem Mixer (Rührstäbe) zu einem glatten Teig verrühren. Eischnee und Rosinen unterheben.

2. Etwas Butterschmalz oder Speiseöl in einer Pfanne (Ø 28 cm) erhitzen. Ein Viertel des Teiges hineingeben und bei mittlerer Hitze auf der Unterseite hellgelb backen. Den an der Oberfläche noch etwas „flüssigen" Teig mit zwei Pfannenwendern erst vierteln, dann wenden und goldgelb backen, evtl. noch etwas Fett in die Pfanne geben.

3. Den Kaiserschmarren mit zwei Pfannenwendern in kleine Stücke reißen, auf einem Teller anrichten und warm stellen. Den restlichen Teig auf die gleiche Weise zubereiten. Den Kaiserschmarren mit Puderzucker bestäubt servieren.

Dazu schmeckt: Apfel-, Pflaumen- oder Aprikosenkompott. Auch Vanillesauce (selbst zubereitet oder aus dem Kühlregal) ist sehr lecker dazu.

Tipps: Sie können die Rosinen vor der Verwendung in 1–2 Esslöffeln erwärmten Apfelsaft geben und etwa 30 Minuten durchziehen lassen. Die Rosinen (mit dem Saft) wie im Rezept angegeben unter den Teig geben. Die Rosinen können auch ersatzlos weggelassen werden.

Rezeptvarianten: Für **Kaiserschmarren mit Nuss-Nougat** statt der Rosinen 100 g Nuss-Nougat würfeln und zusammen mit 50 g gehackten Mandeln unter den Teig heben. Den Kaiserschmarren wie im Rezept beschrieben zubereiten. Für **Kaiserschmarren mit Apfel und Sauerkirschen** nur 150 g Sahne oder Milch verwenden und statt der Rosinen 1 geriebenen Apfel und 75 g getrocknete Sauerkirschen unter den Teig heben. Den Kaiserschmarren wie im Rezept beschrieben zubereiten.

Kartoffelauflauf | Macht richtig satt

4 Portionen

Pro Portion: E: 29 g, F: 27 g, Kh: 35 g, kJ: 2123, kcal: 507, BE: 3,0

1 kg festkochende Kartoffeln
200 g Kochschinken (1 dicke Scheibe)
Salz
gem. Pfeffer
100 ml Gemüsebrühe
150 g saure Sahne
3 Eier (Größe M)
ger. Muskatnuss
100 g ger. Gouda
40 g Butter

Zum Garnieren:
evtl. einige Basilikumblättchen

Zubereitungszeit: 20 Minuten
Garzeit: 50–55 Minuten

1. Kartoffeln gründlich waschen. Die Kartoffeln mit Wasser bedeckt, zugedeckt in einem Topf zum Kochen bringen. Kartoffen 20–25 Minuten kochen. Kartoffeln abgießen, mit kaltem Wasser abschrecken, etwas abkühlen lassen und pellen.

2. Den Backofen vorheizen.
Ober-/Unterhitze: etwa 200 °C
Heißluft: etwa 180 °C

3. Schinken in Würfel schneiden. Kartoffeln in gleich große Scheiben schneiden.

4. Kartoffelscheiben und Schinkenwürfel abwechselnd in eine große, flache Auflaufform (gefettet) schichten. Dabei die Kartoffellagen mit Salz und Pfeffer bestreuen. Die letzte Schicht sollten Kartoffelscheiben sein.

5. Die Brühe mit saurer Sahne und Eiern verschlagen, mit Salz, Pfeffer und Muskat würzen.

6. Eiermasse auf den Auflauf gießen. Den Auflauf mit Käse bestreuen. Butter in Flöckchen daraufsetzen. Die Auflaufform auf dem Rost auf mittlerer Einschubleiste in den vorgeheizten Backofen schieben. Den Auflauf **etwa 30 Minuten garen.**

7. Nach Belieben die Basilikumblättchen abspülen, trocken tupfen und den Auflauf damit garnieren.

Tipp: Möchten Sie den Kartoffelauflauf vegetarisch zubereiten, ersetzen Sie den Kochschinken durch Paprikastücke. Würzen Sie den Guss dann zusätzlich mit Paprikapulver edelsüß.

Kartoffel-Ei-Curry mit Erbsen I

Preiswert – vegetarisch

4 Portionen

Pro Portion: E: 17 g, F: 15 g, Kh: 33 g, kJ: 1421, kcal: 339, BE: 2,5

600 g kleine Kartoffeln
1 Zwiebel
25 g Butter oder Margarine
25 g Weizenmehl
1–2 TL Currypulver
300 ml Gemüsebrühe
250 ml Milch (1,5 % Fett)
300 g TK-Möhren-Erbsen-Mischung
4–6 Eier (Größe M)
Salz
gem. Pfeffer

Zubereitungszeit: 45 Minuten

1. Kartoffeln unter fließendem Wasser abbürsten. Kartoffeln in einem Topf knapp mit Wasser bedeckt, zugedeckt zum Kochen bringen und in etwa 20 Minuten gar kochen.

2. In der Zwischenzeit Zwiebel abziehen und in kleine Würfel schneiden. Die Butter oder Margarine in einem Topf zerlassen. Zwiebelwürfel darin glasig dünsten. Mehl hinzufügen und unter Rühren so lange erhitzen, bis es hellgelb ist. Curry unterrühren. Brühe und Milch hinzugießen und mit einem Schneebesen durchschlagen. Dabei darauf achten, dass keine Klümpchen entstehen.

3. TK-Möhren-Erbsen-Mischung hinzugeben, zum Kochen bringen und 5–8 Minuten bei schwacher Hitze kochen lassen, dabei gelegentlich umrühren.

4. In der Zwischenzeit die Kartoffeln abgießen, mit kaltem Wasser abschrecken, abtropfen lassen.

5. Eier in kochendem Wasser etwa 8 Minuten hart kochen, dann die Eier mit kaltem Wasser abschrecken.

6. Kartoffeln noch warm pellen und halbieren.

7. Die Sauce mit Salz, Pfeffer und evtl. noch etwas Curry abschmecken. Kartoffeln unter die Sauce rühren und etwa 4 Minuten miterhitzen. Eier schälen und halbieren. Kartoffel-Curry mit den Eierhälften anrichten.

Kartoffel-Fisch-Nuggets

Einfach

4 Portionen

Pro Portion: E: 15 g, F: 20 g, Kh: 28 g, kJ: 1466, kcal: 350, BE: 2,0

375 g mehligkochende Kartoffeln
125 g Möhren
Salz
175 g festes Fischfilet, z. B. Seelachs, Lachs (frisch oder TK)
2 EL Zitronensaft
4 EL Schlagsahne
1 Ei (Größe M)
1 Eigelb (Größe M)
gem. Pfeffer
evtl. ½ TL gerebelter Thymian oder Majoran
5–6 EL Vollkorn-Semmelbrösel oder grober Maisgrieß
3 EL Butterschmalz oder Speiseöl

Zubereitungszeit: 40 Minuten, ohne Abkühlzeit
Garzeit: etwa 25 Minuten

1. Kartoffeln schälen, abspülen, abtropfen lassen. Möhren putzen, schälen, abspülen, abtropfen lassen. Kartoffeln und Möhren in gleich große Stücke schneiden und in einen Topf geben. So viel Wasser hinzugießen, dass die Kartoffel- und Möhrenstücke knapp mit Wasser bedeckt sind. ½ Teelöffel Salz hinzufügen. Die Zutaten zum Kochen bringen und zugedeckt etwa 20 Minuten garen.

2. Fischfilet (TK-Fischfilet vorher auftauen lassen) kurz unter fließendem kalten Wasser abspülen, trocken tupfen und in sehr kleine Würfel schneiden. Fischwürfel mit Zitronensaft beträufeln.

3. Die garen Kartoffel- und Möhrenstücke abgießen, dabei etwas Kochwasser auffangen. Sahne zu den Kartoffel- und Möhrenstücken geben und mit einem Kartoffelstamper fein zerdrücken. Etwas abkühlen lassen.

4. Ei und Eigelb verschlagen, mit den Fischwürfeln zum Püree geben und gut untermischen. Sollte das Püree etwas zu fest sein – es muss sich allerdings noch formen lassen – eventuell etwas von dem aufgefangenen Kochwasser unterrühren. Das Püree mit Salz, Pfeffer, Thymian oder Majoran kräftig würzen.

5. Aus der Masse mit angefeuchteten Händen kleine Nuggets oder Frikadellen formen, in Semmelbröseln oder Maisgrieß wenden.

6. Jeweils etwas Butterschmalz oder Speiseöl in einer großen Pfanne erhitzen. Nuggets oder Frikadellen darin portionsweise von beiden Seiten knusprig braten und herausnehmen.

Dazu schmeckt: Tomatensalat und evtl. Sahnemeerrettich.

Tipps: Auch wenn zur Mittagszeit nicht alle pünktlich am Tisch erscheinen können: Diese würzigen Fisch-Nuggets lassen sich prima vorbereiten und dann portionsweise knusprig frisch aus der Pfanne servieren. Zusätzlich 2 Esslöffel Röstzwiebeln, 2 Esslöffel Sonnenblumenkerne oder 2–3 Esslöffel frisch geriebenen Parmesan-Käse unter das Püree (s. Punkt 4) geben. Wer keinen Fisch mag, bekommt die Kartoffel-Möhren-Masse pur bzw. mit zerbröseltem Fetakäse oder fein gewürfelten, getrockneten Tomaten gemischt gebraten. Bleibt mal etwas von den Kartoffel-Fisch-Nuggets übrig, einfach für einen Snack am nächsten Tag kalt stellen. Mit etwas Tomatenketchup, frischen Gurkenscheiben, Salatcreme und Röstzwiebeln zwischen einem frischen Brötchen serviert, laufen die leckeren Nuggets nochmals zur Hochform auf.

Kartoffeln vom Blech mit Kräuterquark | Einfach

8 Portionen

Pro Portion: E: 12 g, F: 12 g, Kh: 25 g, kJ: 1105, kcal: 265, BE: 2,0

1,2 kg mittelgroße festkochende Kartoffeln
2 Knoblauchzehen
4 Stängel Thymian
2 Stängel Rosmarin
5 EL Olivenöl
Salz
gem. Pfeffer
evtl. 1 Msp. Chiliflocken

Für den Kräuterquark:
500 g Magerquark
150 g Crème fraîche
je 2 TL gehackter Kerbel, Petersilie und Dill
2 TL Schnittlauchröllchen
½ gestr. TL gem. Kümmel

Zubereitungszeit: 20 Minuten, ohne Durchziehzeit
Garzeit: etwa 40 Minuten

1. Den Backofen vorheizen.
Ober-/Unterhitze: etwa 200 °C
Heißluft: etwa 180 °C

2. Kartoffeln unter fließendem kalten Wasser gründlich waschen, evtl. abbürsten und abtrocknen. Knoblauchzehen abziehen und hacken. Thymian und Rosmarin abspülen, trocken tupfen, Blättchen und Nadeln von den Stängeln zupfen und grob hacken.

3. Für die Marinade Olivenöl, gehackte Kräuter, Knoblauch, Salz, Pfeffer und evtl. Chiliflocken verrühren. Die Kartoffeln ungeschält der Länge nach halbieren, in die Marinade geben, vermengen und mindestens 30 Minuten durchziehen lassen.

4. Kartoffelhälften mit der Schnittfläche nach oben auf ein Backblech (gefettet) legen. Mit der restlichen Marinade beträufeln. Das Backblech auf mittlerer Einschubleiste in den vorgeheizten Backofen schieben. Kartoffeln **etwa 40 Minuten garen.**

5. Inzwischen für den Kräuterquark Quark mit Crème fraîche und den Kräutern verrühren. Kräuterquark mit Salz, Pfeffer und Kümmel würzen. Den Kräuterquark zu den Blechkartoffeln servieren.

Tipps: Die Kartoffeln vom Blech mit Gemüse oder Blattsalat als Hauptgericht oder als Partygericht servieren. Statt Kräuterquark können Sie auch Zaziki oder Kräuterbutter dazu servieren.

Extra-Tipp: Um die Garzeit zu verkürzen, Kartoffeln schälen, ganz lassen und etwa 10 Minuten vorkochen. Kartoffeln in einem Sieb abgießen, mit der Marinade vermengen und durchziehen lassen. Die Garzeit im Backofen beträgt dann nur etwa 20 Minuten. Nach der Hälfte der Garzeit die Kartoffeln wenden.

Kartoffel-Pastinaken-Stampf mit weiß-grünem Gemüse I

Vegetarisch

4 Portionen

Pro Portion: E: 14 g, F: 14 g, Kh: 44 g, kJ: 1519, kcal: 363, BE: 3,5

Für den Stampf:

300 g Pastinaken
1 kg mehligkochende Kartoffeln
250 ml Gemüsebrühe

Für das Gemüse:

1 kleiner Blumenkohl (800 g)
1 Bund Frühlingszwiebeln
250 g Zuckerschoten
125 ml Gemüsebrühe

50 g Kürbiskerne
100 ml Milch (3,5 % Fett)
30 g Butter
Salz
gem. Pfeffer
ger. Muskatnuss
evtl. etwa
4 EL Kürbiskernöl

Zubereitungszeit: 45 Minuten

1. Für den Stampf Pastinaken putzen, schälen, abspülen, abtropfen lassen und in etwa ½ cm dicke Scheiben schneiden. Kartoffeln schälen, abspülen, abtropfen lassen und vierteln.

2. Brühe, Kartoffelstücke und Pastinakenscheiben in einem Topf zum Kochen bringen und zugedeckt etwa 25 Minuten bei schwacher Hitze dünsten.

3. In der Zwischenzeit für das Gemüse von dem Blumenkohl die Blätter und schlechten Stellen entfernen. Blumenkohl in kleine Röschen teilen, abspülen und abtropfen lassen. Frühlingszwiebeln putzen, abspülen, abtropfen lassen und schräg in etwa 1 cm breite Stücke schneiden. Zuckerschoten putzen und evtl. abfädeln. Zuckerschoten abspülen, abtropfen lassen und 1–2-mal schräg durchschneiden.

4. Brühe in einem breiten Topf zum Kochen bringen. Blumenkohlröschen hinzugeben und zugedeckt etwa 5 Minuten bei mittlerer Hitze dünsten.

5. In der Zwischenzeit Kürbiskerne in einer Pfanne ohne Fett unter Rühren hellbraun rösten, bis sie aufspringen. Kürbiskerne herausnehmen und auf einem Teller abkühlen lassen.

6. Frühlingszwiebel- und Zuckerschotenstücke zum Blumenkohl in den Topf geben und etwa 3 Minuten mitgaren lassen.

7. Milch erhitzen, Butter darin zerlassen. Die garen Kartoffelstücke und Pastinakenscheiben in der verbliebenen Brühe mit einem Kartoffelstampfer zerdrücken. Milch und Butter unter das Püree rühren. Mit Salz, Pfeffer und Muskat abschmecken.

8. Das Gemüse mit Salz und Pfeffer würzen und mit dem Kartoffel-Pastinaken-Stampf anrichten. Das Gemüse mit den Kürbiskernen bestreuen und nach Belieben mit Kürbiskernöl beträufeln.

Tipp: Wer anstelle der Kürbiskerne Nusskerne bevorzugt, kann auch gehobelte Haselnusskerne rösten und das Gemüse z. B. mit Nussöl oder leicht gebräunter Butter beträufeln.

Kartoffelpuffer mit dreierlei Blitz-Salsa | Beliebt

4 Portionen

Pro Portion: E: 11 g, F: 14 g, Kh: 38 g, kJ: 1357, kcal: 324, BE: 3,0

2 Eier (Größe M)
10–12 TK-Kartoffelpuffer (Reibekuchen)

Für die Tomatensalsa:
1 große Fleischtomate (etwa 250 g)
2 EL Speiseöl
Salz
gem. Pfeffer
1 Schalotte
4 Stängel Basilikum
1 TL flüssiger Honig

Für den Schnittlauch-Eier-Dip:
½ Bund Schnittlauch
2 EL mittelscharfer Senf
1 EL saure Sahne

Für den Tomaten-Feta-Dip:
3 Frühlingszwiebeln
100 g Fetakäse
Zucker

Zubereitungszeit: 20 Minuten
Backzeit: 15–18 Minuten

1. Den Backofen vorheizen.
Ober-/Unterhitze: etwa 200 °C
Heißluft: etwa 180 °C

2. Eier in kochendem Wasser 8–10 Minuten hart kochen, mit kaltem Wasser abschrecken. Eier erkalten lassen, pellen, in kleine Würfel schneiden und beiseitestellen.

3. Die Kartoffelpuffer gefroren auf einem Backblech (mit Backpapier belegt) verteilen. Das Backblech in den vorgeheizten Backofen schieben. Die Puffer nach Packungsanleitung **15–18 Minuten knusprig braun backen.**

4. In der Zwischenzeit Tomate waschen, trocken tupfen, halbieren und den Stängelansatz herausschneiden. Tomatenhälften in sehr kleine Würfel schneiden.

5. Die Hälfte der Tomatenwürfel in eine kleine Schüssel geben und Speiseöl untermischen. Mit Salz und Pfeffer würzen.

6. Schalotte abziehen und in kleine Würfel schneiden. Basilikum abspülen und trocken tupfen. Die Blättchen von den Stängeln zupfen. Blättchen klein schneiden.

7. Schalottenwürfel und Basilikum zu den Tomatenwürfeln geben und untermischen. Salsa mit Honig, Salz und Pfeffer abschmecken.

8. Schnittlauch abspülen, trocken tupfen und in Röllchen schneiden. Den Senf mit der sauren Sahne verrühren. Mit Salz und Pfeffer würzen. Beiseitegestellte Eierwürfel und Schnittlauchröllchen unterrühren.

9. Frühlingszwiebeln putzen, abspülen, abtropfen lassen und in sehr kleine Stücke schneiden. Fetakäse in kleine Würfel schneiden.

10. Restliche Tomatenwürfel mit den Käsewürfeln und Frühlingszwiebelstücken mischen. Anschließend mit Zucker, eventuell noch etwas Salz und Pfeffer abschmecken.

11. Die Kartoffelpuffer aus dem Backofen nehmen und anrichten. Tomatensalsa, Schnittlauch-Eier-Dip und die Feta-Tomaten-Mischung dazureichen.

Tipps: Sie können die **Kartoffelpuffer** auch frisch zubereiten: Dafür 1 Kilogramm Kartoffeln waschen, schälen, abspülen, abtropfen lassen und auf einer Haushaltsreibe reiben. 2 Eier (Größe M), 4 Esslöffel Weizenmehl, 1 Teelöffel Salz, 1 Prise geriebene Muskatnuss und evtl. 1 geriebene Zwiebel hinzugeben und gut unterrühren. Jeweils etwas Speiseöl in einer Pfanne erhitzen. Mit einem Esslöffel kleine Teighäufchen in die Pfanne setzen. Die Puffer portionsweise von jeder Seite knusprig braun braten und herausnehmen. Die knusprigen Puffer schmecken zur Abwechslung auch mal mit Fruchtkompott, Apfelmus (Seite 11) oder Beerengrütze.

Kartoffelpüree-Varianten I

Beliebte Beilagen

je 4 Portionen

Kartoffelpüree mit Erbsen und Kerbel

(im Foto hinten)

Pro Portion: E: 12 g, F: 7 g, Kh: 42 g, kJ: 1198, kcal: 286, BE: 3,5

1 kg	*mehligkochende Kartoffeln*
	Salz
300 g	*TK-Erbsen*
25 g	*Butter*
etwa 250 ml	*Milch (1,5 % Fett)*
	ger. Muskatnuss
	gem. Pfeffer
2 EL	*gehackter Kerbel*

Zubereitungszeit: 25 Minuten

1. Die Kartoffeln schälen, abspülen, abtropfen lassen und in Stücke schneiden. Kartoffelstücke in einem Topf knapp mit Wasser bedeckt, zugedeckt zum Kochen bringen, Salz hinzugeben. Die Kartoffelstücke in 15–20 Minuten gar kochen.

2. In der Zwischenzeit Erbsen zugedeckt in etwas Salzwasser gar dünsten. Erbsen in einem Sieb abtropfen lassen und anschließend noch warm mit der Butter vermengen.

3. Die Kartoffeln abgießen und noch heiß durch eine Kartoffelpresse geben oder fein zerstampfen. Milch erhitzen und nach und nach unterrühren (je nach Beschaffenheit der Kartoffeln, kann die Milchmenge etwas variieren).

4. Die Buttererbsen unter das Püree rühren. Püree mit Salz, Muskat und Pfeffer würzen. Kerbel unterrühren, nach Belieben etwas Kerbel auf das Kartoffelpüree streuen.

Kartoffelpüree mit Möhren

(im Foto vorn)

Pro Portion: E: 4 g, F: 3 g, Kh: 23 g, kJ: 584, kcal: 139, BE: 1,5

700 g	*Möhren*
500 g	*mehligkochende Kartoffeln*
1 TL	*Salz*
100 g	*saure Sahne (10 % Fett)*
	Salz
	gem. Pfeffer
	ger. Muskatnuss
2 EL	*gehackte glatte Petersilie*

Zubereitungszeit: 30 Minuten

1. Möhren putzen, schälen, abspülen und abtropfen lassen. Kartoffeln schälen, abspülen und abtropfen lassen. Möhren und Kartoffeln in grobe Würfel schneiden. Kartoffel- und Möhrenwürfel in einem Topf knapp mit Wasser bedeckt, zugedeckt zum Kochen bringen, Salz hinzugeben. Die Kartoffel- und Möhrenwürfel in 15–20 Minuten gar kochen.

2. Kartoffel- und Möhrenwürfel abgießen, dabei die Kochflüssigkeit auffangen. Kartoffel- und Möhrenwürfel noch heiß durch eine Kartoffelpresse geben oder fein zerstampfen. Saure Sahne unterrühren.

3. Püree mit Salz, Pfeffer und Muskat würzen, evtl. etwas von der Kochflüssigkeit unterrühren. Petersilie unter das Püree rühren.

Tipp: Kartoffelpürees schmecken gut als Beilage zu gebratenem Fleisch oder Fisch.

Kartoffel-Schinken-Tortilla I

Macht richtig satt

4 Portionen

Pro Portion: E: 26 g, F: 26 g, Kh: 19 g, kJ: 1742, kcal: 416, BE: 1,5

500 g festkochende Kartoffeln
Salz
125 g Kochschinken
125 g roher Schinken
6 Eier (Größe M)
6 EL Milch (3,5 % Fett)
gem. Pfeffer
Paprikapulver edelsüß
1 Knoblauchzehe
½ Bund glatte Petersilie
5 EL Sonnenblumenöl

Zubereitungszeit: 25 Minuten, ohne Abkühlzeit
Garzeit: 45–50 Minuten

1. Die Kartoffeln gründlich waschen und mit Wasser bedeckt, zugedeckt zum Kochen bringen. Salz zugeben und die Kartoffeln in 20–25 Minuten gar kochen. Die Kartoffeln abgießen, mit kaltem Wasser abschrecken, kurz abkühlen lassen. Die Kartoffeln pellen, in Scheiben schneiden und erkalten lassen.

2. Beide Schinkensorten in Würfel schneiden. Eier mit Milch verschlagen, mit Salz, Pfeffer und Paprikapulver würzen. Knoblauch abziehen, fein hacken und unterrühren. Petersilie abspülen und trocken tupfen. Die Blättchen von den Stängeln zupfen, grob hacken.

3. Den Backofen vorheizen.
Ober-/Unterhitze: etwa 180 °C
Heißluft: etwa 160 °C

4. Öl portionsweise in einer großen Pfanne erhitzen. Die Kartoffelscheiben portionsweise darin anbraten. Kartoffeln mit Salz und Pfeffer würzen. Etwa die Hälfte der Petersilie und der Schinkenwürfel unterrühren.

5. Die angebratenen Kartoffeln in einer Tarteform (gefettet, Ø etwa 28 cm) verteilen. Die Eiermasse daraufgießen. Die restlichen Schinkenwürfel daraufstreuen. Die Form auf dem Rost auf mittlerer Einschubleiste in den vorgeheizten Backofen schieben. Die Tortilla **etwa 25 Minuten garen,** bis die Masse gestockt ist.

6. Die Tortilla vor dem Servieren mit der restlichen Petersilie bestreuen.

Tipp: Wenn Sie keine Tarteform zur Verfügung haben, können Sie die Tortilla auch in einer großen Auflaufform zubereiten.

Kartoffel-Spinat-Gratin | Vegetarisch

4 Portionen

Pro Portion: E: 14 g, F: 8 g, Kh: 34 g, kJ: 1149, kcal: 274, BE: 3,0

450 g	*TK-Blattspinat*
	Salz
	gem. Pfeffer
	ger. Muskatnuss
1 kg	*festkochende Kartoffeln*
125 ml	*Milch (3,5 % Fett)*
125 ml	*Gemüsebrühe*
1 Bund	*Schnittlauch*
125 g	*abgetropfter Mozzarella*

Zubereitungszeit: 30 Minuten, ohne Auftauzeit
Garzeit: etwa 50 Minuten

1. Blattspinat nach Packungsanleitung auftauen lassen.

2. Den Backofen vorheizen.
Ober-/Unterhitze: etwa 200 °C
Heißluft: etwa 180 °C

3. Den aufgetauten Spinat leicht ausdrücken, mit Salz, Pfeffer und Muskat würzen. Kartoffeln schälen, abspülen, abtropfen lassen und in feine Scheiben schneiden. Kartoffelscheiben dachziegelartig in eine flache Auflaufform (gefettet) schichten. Den Spinat dazwischen verteilen.

4. Milch mit Brühe in einem kleinen Topf verrühren und erhitzen, mit Salz, Pfeffer und Muskat würzen. Die Kartoffeln und den Spinat damit übergießen. Die Form auf dem Rost in den vorgeheizten Backofen schieben. Kartoffel-Spinat-Gratin **etwa 25 Minuten garen.**

5. Schnittlauch abspülen, trocken tupfen und in feine Röllchen schneiden. Mozzarella in kleine Würfel schneiden. Schnittlauchröllchen mit den Käsewürfeln mischen und auf dem Gratin verteilen. Gratin **weitere etwa 25 Minuten überbacken.**

Tipps: Statt Mozzarella können Sie auch 3 Esslöffel fein geriebenen Parmesan oder alten Gouda über das Gratin streuen. Das Gratin bekommt dadurch einen herzhafteren Geschmack. Rühren Sie 1 abgezogene, durch eine Knoblauchpresse gedrückte Knoblauchzehe vor dem Einschichten unter den Spinat.

Kartoffelsuppe mit Wiener Würstchen | Beliebt

4 Portionen

Pro Portion: E: 23 g, F: 40 g, Kh: 26 g, kJ: 2350, kcal: 561, BE: 2,0

1 Bund Suppengrün (Möhren, Porree, Sellerie)
750 g mehligkochende Kartoffeln
2 EL Sonnenblumenöl
1 l Gemüsebrühe
1 Lorbeerblatt
1 TL gerebelter Majoran
Salz
gem. Pfeffer
500 g Wiener Würstchen (aus dem Glas)

Zubereitungszeit: 30 Minuten, ohne Kühlzeit
Garzeit: etwa 20 Minuten

1. Das Suppengrün putzen. Dazu Sellerie schälen. Möhre putzen und schälen. Sellerie und Möhre abspülen und abtropfen lassen. Porree putzen. Die Stange längs halbieren, gründlich waschen und abtropfen lassen. Vorbereitetes Suppengrün grob würfeln.

2. Kartoffeln schälen, abspülen, abtropfen lassen und in Stücke schneiden.

3. Öl in einem großen Topf erhitzen. Zuerst das vorbereitete Suppengrün darin unter Rühren andünsten, danach die Kartoffelstücke hinzufügen und kurz mitdünsten.

4. Brühe hinzugießen. Lorbeerblatt und Majoran hinzugeben. Das Ganze zum Kochen bringen. Die Suppe zugedeckt bei mittlerer Hitze etwa 20 Minuten kochen lassen, dabei gelegentlich umrühren. Evtl. etwas Gemüsebrühe nachgießen.

5. Das Lorbeerblatt entfernen. Die Suppe mit einem Kartoffelstampfer etwas zerdrücken oder etwa ein Viertel der Suppe in einen Rührbecher geben, pürieren und wieder unter die Suppe rühren.

6. Die Suppe mit Salz und Pfeffer abschmecken. Die Wiener Würstchen ganz oder in Scheiben geschnitten in der Suppe geben und kurz miterhitzen.

Tipps: Schmecken Sie die Kartoffelsuppe mit etwas geriebener Muskatnuss ab und bestreuen Sie die Suppe mit gehackter Petersilie. Sie können etwa ein Viertel der Gemüsebrühe durch Milch ersetzen.

Kartoffel-Tofu-Gulasch | Vegan

4 Portionen

Pro Portion: E: 30 g, F: 14 g, Kh: 37 g, kJ: 1679, kcal: 400, BE: 3,0

2 rote Zwiebeln
1 große gelbe Paprikaschote
800 g festkochende Kartoffeln
600 g Tofu natur (aus dem Kühlregal)
2 EL Olivenöl
2 EL Tomatenmark
1 EL Paprikapulver edelsüß
1 TL Kümmelsamen
1,2 l Gemüsebrühe
Salz, gem. Pfeffer
1 Bio-Zitrone (unbehandelt, ungewachst)
2 Knoblauchzehen
1 kleines Bund Petersilie

Zubereitungszeit: 45 Minuten
Garzeit: etwa 20 Minuten

1. Zwiebeln abziehen und in kleine Würfel schneiden. Paprikaschote halbieren, entstielen, entkernen und die weißen Scheidewände entfernen. Schote abspülen, abtropfen lassen und würfeln. Die Kartoffeln schälen, abspülen, abtropfen lassen und in 2 cm große Würfel schneiden. Den Tofu in ebenfalls in etwa 2 cm große Würfel schneiden.

2. Olivenöl in einem Topf erhitzen. Zwiebe -, Paprika- und Kartoffelwürfel darin portionsweise andünsten. Tomatenmark, Paprika und Kümmel unterrühren. Die Gemüsebrühe hinzugießen. Mit Salz und Pfeffer würzen. Gulasch zugedeckt etwa 20 Minuten bei schwacher Hitze kochen lassen.

3. In der Zwischenzeit die Zitrone heiß abwaschen, abtrocknen und die Schale abreiben. Den Knoblauch abziehen und fein hacken. Petersilie abspülen und trocken tupfen. Die Blättchen von den Stängeln zupfen, Blättchen klein schneiden. Zitronenschale mit Knoblauch und Petersilie vermischen und zugedeckt beiseitestellen.

4. Nach etwa 20 Minuten Garzeit die Tofuwürfel zum Gulasch geben und miterhitzen. Mit Salz und Pfeffer abschmecken.

5. Das Kartoffel-Tofu-Gulasch mit der beiseitegestellten Kräutermischung bestreuen oder die Kräutermischung dazureichen.

Tipp: Achten Sie beim Tofukauf darauf, festen Tofu zu wählen. Bei der Zubereitung mit Seidentofu zerfällt dieser und das Gericht sieht nicht mehr wie ein Gulasch aus. Geschmacklich ist es jedoch ebenso gut.

Kartoffel-Wedges | Beliebt

4 Portionen

Pro Portion: E: 4 g, F: 13 g, Kh: 30 g, kJ: 1062, kcal: 253, BE: 2,5

1 kg	*vorwiegend festkochende, mittelgroße Kartoffeln*
	Salz
	gem. Pfeffer
5 EL	*Olivenöl*
1 1/2 TL	*Kräuter der Provence*

Zubereitungszeit: 15 Minuten
Garzeit: etwa 35 Minuten

1. Den Backofen vorheizen.
Ober-/Unterhitze: etwa 180 °C
Heißluft: etwa 160 °C

2. Kartoffeln unter fließendem kalten Wasser gründlich abspülen bzw. abbürsten und abtropfen lassen. Die Kartoffeln längs vierteln, mit Salz und Pfeffer würzen.

3. Öl zuerst mit den Kräutern, dann mit den Kartoffeln gründlich vermischen. Die Kartoffeln auf einem Backblech (mit Backpapier belegt) verteilen.

4. Das Backblech auf mittlerer Einschubleiste in den vorgeheizten Backofen schieben und die Kartoffeln **etwa 35 Minuten garen.** Dabei die Kartoffel-Wedges 2–3-mal wenden, damit sie rundherum gleichmäßig braun werden.

Dazu schmeckt: Zaziki, Kräuterquark oder Sour Cream.

Tipps: Die Kartoffel-Wedges zu kurz gebratenem Fleisch oder gegrilltem Fisch servieren. Pommes Frites erhalten Sie, wenn Sie die Kartoffeln schälen, abspülen, abtropfen lassen und in Stifte schneiden. Die Garzeit verkürzt sich, je nach Dicke der Kartoffelstifte, um wenige Minuten.

Käsebrötchen, fruchtige | Schnell

4 Portionen

Pro Portion: E: 19 g, F: 6 g, Kh: 66 g, kJ: 1677, kcal: 401, BE: 5,5

4 Mehrkornbrötchen
4 Scheiben Mehrkorntoast
200 g körniger Frischkäse (10 % Fett)
4 EL Pflaumenmus
75 g Camembert (30 % Fett)
etwa 8 frische Pflaumen

Zubereitungszeit: 15 Minuten

1. Die Brötchen aufschneiden und das Toastbrot toasten. Die Brötchen mit dem Frischkäse bestreichen. Darauf je 1/2 Esslöffel Pflaumenmus geben.

2. Das Toastbrot mit dem Camembert belegen.

3. Die Pflaumen waschen, trocken tupfen, halbieren, entsteinen, in Spalten schneiden und die Camemberttoasts damit belegen.

Tipp: Statt der Pflaumen können Sie saisonal verfügbares Obst verwenden. Lecker schmecken Pfirsiche, Nektarinen oder auch Erdbeeren. Hübsch sind auch helle und dunkle kernlose Weintrauben.

Kasseler italienischer Art I

Gut vorzubereiten

4–5 Portionen

Pro Portion: E: 33 g, F: 31 g, Kh: 10 g, kJ: 1884, kcal: 450, BE: 0,5

1 mittelgroße Gemüsezwiebel
2 Knoblauchzehen
4 mittelgroße Fleischtomaten (ersatzweise 400 g stückige Tomaten aus der Dose)
einige Stängel Rosmarin, Salbei und Thymian
750 g Kasseler Kotelett ohne Knochen
1 EL Butterschmalz
1 Lorbeerblatt
Salz
gem. Pfeffer

Für den Basilikum-Dip:

150 g Crème fraîche
100 g saure Sahne
1 Bund Basilikum

Zubereitungszeit: 20 Minuten
Garzeit: etwa 40 Minuten

1. Zwiebel und Knoblauch abziehen. Zwiebel halbieren. Zwiebelhälften und 1 Knoblauchzehe in Würfel schneiden. Die Tomaten abspülen, abtropfen lassen, kreuzweise einschneiden, kurz in kochendes Wasser legen und mit kaltem Wasser abschrecken. Tomaten enthäuten, halbieren, entkernen und die Stängelansätze herausschneiden. Tomaten in Würfel schneiden. Kräuter abspülen und trocken tupfen.

2. Kasseler mit Küchenpapier trocken tupfen. Butterschmalz in einem Schmortopf erhitzen. Das Kasseler darin von allen Seiten leicht braun anbraten. Kräuter, Lorbeerblatt, Zwiebel- und Knoblauchwürfel hinzugeben, unter Wenden mit anbraten und mit 200 ml Wasser ablöschen.

3. Tomatenwürfel oder Tomaten aus der Dose hinzugeben, mit etwas Salz und Pfeffer würzen. Kasseler zugedeckt etwa 40 Minuten bei mittlerer Hitze garen, dabei gelegentlich wenden.

4. Für den Dip Crème fraîche und saure Sahne glatt rühren. Die restliche Knoblauchzehe durch eine Knoblauchpresse drücken und unterrühren.

5. Das Basilikum abspülen und trocken tupfen. Die Blättchen von den Stängeln zupfen. Blättchen in feine Streifen schneiden, unter den Dip rühren. Den Dip mit Salz und Pfeffer abschmecken.

6. Das Kasseler aus dem Schmortopf nehmen und zugedeckt warm stellen. Tomaten-Zwiebel-Gemüse bei starker Hitze kräftig einkochen und mit Salz und Pfeffer abschmecken.

7. Das Kasseler in Scheiben schneiden, auf einer vorgewärmten Platte anrichten, mit dem Tomaten-Zwiebel-Gemüse und Basilikum-Dip servieren.

Dazu schmecken: Kartoffel-Wedges oder Ciabatta.

Tipp: Ein Sommer-Sonntagsessen, bei dem Sie das Fleisch und Schmorgemüse warm oder kalt servieren können. Das ist auch prima, falls Reste bleiben.

Kekslollis | Knusperspaß

30 Stück

Pro Stück: E: 2 g, F: 5 g, Kh: 14 g, kJ: 465, kcal: 111, BE: 1,0

Für den Knetteig:

100 g Edelbitter-Schokolade
100 g Butter (zimmerwarm)
120 g Zucker
1 Prise Salz
1 Pck. Dr. Oetker Bourbon-Vanille-Zucker
1 Ei (Größe M)
250 g Weizenmehl
½ TL Dr. Oetker Backin

etwas Milch zum Bestreichen

Zum Garnieren:

100 g weiße Schokolade

Außerdem:

30 Holzstäbchen

Zubereitungszeit: 35 Minuten, ohne Kühlzeit
Backzeit: 10–15 Minuten je Backblech

1. Für den Knetteig die Schokolade in Stücke brechen. Schokoladenstücke in einem kleinen Topf im Wasserbad bei schwacher Hitze unter Rühren schmelzen.

2. Butter mit einem Mixer (Rührstäbe) geschmeidig rühren. Nach und nach Zucker, Salz und Vanille-Zucker unterrühren. Nacheinander das Ei und die lauwarme Schokoladenmasse unterrühren.

3. Mehl mit Backpulver mischen. Die Hälfte davon mit einem Mixer (Rührstäbe) unter die Teigmasse rühren. Restliches Mehlgemisch auf der bemehlten Arbeitsfläche unterkneten. Den Teig in Frischhaltefolie wickeln und mindestens 1 Stunde kalt stellen.

4. Den Backofen vorheizen.
Ober-/Unterhitze: etwa 180 °C
Heißluft: etwa 160 °C

5. Den Teig halbieren. Jede Teighälfte zu einer Rolle von etwa 15 cm Länge formen und in je 30 gleich große Scheiben schneiden. Die Hälfte der Scheiben, mit Abstand und versetzt, sodass die Holzstäbchen noch Platz haben, auf 3 Backbleche (mit Backpapier belegt) legen. Je 1 Teigscheibe mit Milch bestreichen, je 1 Holzstäbchen bis zum Mittelpunkt darauflegen, leicht andrücken und mit 1 der restlichen Teigscheiben belegen, diese andrücken.

6. Die Backbleche nacheinander (bei Heißluft zusammen) in den vorgeheizten Backofen schieben und die Kekslollis **10–15 Minuten je Backblech backen.**

7. Zum Garnieren in der Zwischenzeit die weiße Schokolade hacken.

8. Die Backbleche auf Kuchenroste stellen. Die Kekslollis etwa 5 Minuten abkühlen lassen, dann die Schokoladenstücke daraufstreuen und leicht andrücken. Die Lollis auf den Backblechen erkalten lassen.

Kerniger Beeren-Quark | Fruchtig

4 Portionen

Pro Portion: E: 16 g, F: 7 g, Kh: 27 g, kJ: 1022, kcal: 243, BE: 2,0

8 EL Vollkorn-Haferflocken
2 TL Kürbiskerne
2 TL Zucker
2 EL grob geschroteter Leinsamen
300 g frische oder aufgetaute TK-Beeren, z. B. Himbeeren, Erdbeeren oder Heidelbeeren
250 g Magerquark
300 g Naturjoghurt (3,5 % Fett)
2 TL Zucker

Zubereitungszeit: 15 Minuten, ohne Abkühlzeit

1. Haferflocken und Kürbiskerne in einer Pfanne ohne Fett unter Rühren goldbraun rösten.

2. Zucker daraufstreuen und unter gelegentlichem Rühren kurz karamellisieren lassen.

3. Alles auf einen Teller geben und abkühlen lassen. Leinsamen unterrühren.

4. Frische Beeren abspülen, abtropfen lassen und entstielen. Große Früchte in kleine Stücke schneiden.

5. Quark mit Joghurt und Zucker in einer Schüssel glatt rühren, in Schälchen mit den Früchten anrichten. Beeren-Quark mit Knusperflocken bestreut servieren.

Tipp: Garnieren Sie den Beeren-Quark mit einigen Blättchen Zitronenmelisse oder frischer Minze.

KiBa-Quark | Beliebt

4–6 Portionen

Pro Portion: E: 9 g, F: 12 g, Kh: 48 g, kJ: 1486, kcal: 355, BE: 4,0

370 g abgetropfte Sauerkirschen (aus dem Glas)
1 Bio-Zitrone (unbehandelt, ungewachst)
20 g Speisestärke
175 ml Kirschsaft (aus dem Glas)
25 g Zucker
1 Pck. Dr. Oetker Vanillin-Zucker

Für den Bananenquark:

2 Bananen
250 g Magerquark
150 g Joghurt (10 % Fett)
30 g Zucker
150 g Schlagsahne (mind. 30 % Fett)

Zubereitungszeit: 25 Minuten, ohne Abkühlzeit

1. Für das Kirschkompott die Sauerkirschen in einem Sieb abtropfen lassen, dabei den Saft auffangen und 175 ml abmessen.

2. Zitrone heiß abwaschen, abtrocknen und ein Stück Zitronenschale abschälen. Zitrone halbieren, den Saft auspressen und für den Bananenquark beiseitestellen.

3. Speisestärke mit etwas von dem Kirschsaft glatt rühren. Restlichen Kirschsaft, Zitronenschale, Zucker und Vanillin-Zucker in einem Topf aufkochen lassen. Angerührte Speisestärke in den von der Kochstelle genommenen Saft rühren und unter Rühren nochmals aufkochen lassen. Den Topf von der Kochstelle nehmen. Das Kirschkompott erkalten lassen, dabei zwischendurch mehrmals umrühren. Zitronenschale entfernen.

4. Für den Bananenquark Bananen schälen, in Stücke schneiden, mit dem beiseitegestellten Zitronensaft in eine Schüssel geben und mit einem Pürierstab pürieren.

5. Quark, Joghurt und Zucker unterrühren. Die Sahne steif schlagen und unterheben.

6. Den Bananenquark in 4–6 Dessertgläser oder hohe Wassergläser füllen. Das Kirschkompott daraufgeben.

Tipps: Den leckeren Bananenquark können Sie auch solo oder mit Raspelschokolade bestreut oder Kakao bestäubt servieren. Den Bananenquark mit einer fertig gekauften Kirschgrütze als schnelles Dessert anrichten. Oder Sie verwenden den Bananenquark als Füllung für einen Obsttortenboden. Dafür Bananen nur mit dem Saft von 1/2 Zitrone pürieren und die Sahne mit 1 Päckchen Dr. Oetker Sahnesteif steif schlagen.

KiBa-Torte | Für den Kindergeburtstag

16 Stücke

Pro Stück: E: 4 g, F: 4 g, Kh: 25 g, kJ: 655, kcal: 157, BE: 2,0

Für den Biskuitteig:

4 Eier (Größe M)
2 EL heißes Wasser
150 g Zucker
1 Prise Salz
125 g Weizenmehl
1 gestr. TL Dr. Oetker Backin
1 Pck. Dr. Oetker Pudding-Pulver Schokoladen-Geschmack

Für die Füllung:

3 Pck. Dr. Oetker Sahnesteif
185 g abgetropfte Sauerkirschen (aus dem Glas)
3 mittelgroße Bananen
4–5 EL Zitronensaft
30 g Puderzucker
250 g Magerquark
125 g Crème double
etwa 3 EL Kirsch-Fruchtaufstrich oder -konfitüre

Zum Bestreuen:

15 g bunte Zuckerperlen oder Zuckerdeko

Zubereitungszeit: 25 Minuten, ohne Kühlzeit
Backzeit: 30–35 Minuten

1. Den Backofen vorheizen.
Ober-/Unterhitze: etwa 180 °C
Heißluft: etwa 160 °C

2. Für den Teig Eier und Wasser mit einem Mixer (Rührstäbe) auf höchster Stufe in etwa 1 Minute schaumig schlagen. Zucker mit Salz mischen, in etwa 1 Minute unter Rühren einstreuen, dann noch etwa 2 Minuten weiterschlagen.

3. Mehl mit Backpulver und Pudding-Pulver mischen, auf die Eiercreme geben und kurz auf niedrigster Stufe unterrühren. Den Teig in eine Springform (Ø 26 cm, Boden gefettet, mit Backpapier belegt) geben und verstreichen. Die Form auf dem Rost im unteren Drittel in den vorgeheizten Backofen schieben. Den Boden **30–35 Minuten backen.**

4. Boden aus der Form lösen, auf einen mit Backpapier belegten Kuchenrost stürzen und erkalten lassen. Dann das Backpapier abziehen. Den Boden auf eine Tortenplatte legen.

5. Den Tortenboden bis auf einen etwa 1 cm breiten Boden und Rand aushöhlen (Brösel evtl. für ein Dessert verwenden). 1 Päckchen Sahnesteif auf den Boden streuen.

6. Für die Füllung Kirschen in einem Sieb abtropfen lassen, dann auf Küchenpapier legen. 1 Banane grob würfeln, mit 2–3 Esslöffeln Zitronensaft, Puderzucker und Quark in einen Rührbecher geben und mit einem Mixer (Rührstäbe) verrühren.

7. Crème double mit den restlichen Päckchen Sahnesteif steif schlagen. Die Bananen-Quark-Masse portionsweise unterziehen.

8. Kirschen mit 2 Esslöffeln Fruchtaufstrich oder -konfitüre mischen. Übrige Bananen längs teilen, im restlichen Zitronensaft wenden und auf den Boden legen. Kirschen in die Zwischenräume füllen.

9. Die Bananencreme darauf verstreichen (evtl. den oberen Rand des Teiges dünn mit einstreichen).

10. Übrigen Fruchtaufstrich oder -konfitüre glatt rühren oder evtl. leicht erwärmen, auf die Creme träufeln. Torte bis zum Servieren in den Kühlschrank stellen.

11. Vor dem Servieren den Tortenrand mit Zuckerperlen oder Zuckerdeko bestreuen.

Tipps: Wenn es noch schneller gehen soll, greifen Sie einfach auf einen fertig gekauften Biskuitboden vom Konditor zurück. Wenn Sie die Brösel mithilfe eines Löffels ausheben, können Sie evtl. Herzen aus den Stücken ausstechen und später auf die fertige Torte legen.

Kleine Zitronen-Glibber-Torte

Erfrischend – ohne zu backen

8–10 Stücke

Pro Stück: E: 6 g, F: 16 g, Kh: 21 g, kJ: 1072, kcal: 256, BE: 2,0

Für den Boden:

100 g Löffelbiskuits
70 g Butter (sehr weich)

Für die Füllung:

175 g abgetropfte Mandarinen (aus der Dose)
Mandarinensaft (aus der Dose)
etwa 200 ml Eistee oder Fruchtsaft-Getränk, z. B. Zitronen–Geschmack
1 Beutel aus
1 Pck. Götterspeise Zitronen-Geschmack
2–3 EL Zucker
250 g Speisequark (20 % Fett)
200 g Schlagsahne (mind. 30 % Fett)
1 Pck. Dr. Oetker Vanillin-Zucker

Zubereitungszeit: 40 Minuten, ohne Kühlzeit

1. Einen Springformrand (Ø 20 cm) oder den Tortenring (in passende Größe einstellen) auf eine Tortenplatte stellen. Biskuits in einen großen Gefrierbeutel geben und den Beutel verschließen. Biskuits mit der Teigrolle fein zerbröseln.

2. Die Brösel und Butter in eine Rührschüssel geben und auf niedrigster Stufe mit einem Mixer (Rührstäbe) zu einer gleichmäßig krümeligen Masse verrühren. Bröselmasse in den Springformrand oder Tortenring geben und gleichmäßig auf dem Boden verteilen. Mit einem Löffel fest andrücken und in den Kühlschrank stellen.

3. Für die Füllung die Mandarinen in einem Sieb abtropfen lassen, Saft dabei auffangen. Mandarinensaft mit Eistee oder Fruchtsaft-Getränk auf 300 ml auffüllen. Das Götterspeisepulver, die Flüssigkeit und zusätzlichen Zucker nach Geschmack in einem Topf verrühren und nach Packungsanleitung auf mittlerer Stufe unter Rühren erhitzen, bis die Götterspeise flüssig ist (nicht kochen lassen!). Flüssigkeit abkühlen lassen. Von der Flüssigkeit etwa 1 Tasse zum Garnieren abnehmen. Dann beide Portionen in den Kühlschrank stellen.

4. Sobald die größere Menge Gelatine-Flüssigkeit fest zu werden beginnt, den Quark mit einem Schneebesen unterrühren. Die Creme in eine Schüssel füllen und mit Folie bedeckt für etwa 1 Stunde in den Kühlschrank stellen, bis die Götterspeise wieder fest zu werden beginnt.

5. Sahne mit Vanillin-Zucker steif schlagen und mit einem Schneebesen vorsichtig unter die Götterspeisemasse heben. Etwa die Hälfte der Creme auf den Boden geben und glatt streichen. Einige Mandarinenspalten zum Garnieren beiseitelegen.

6. Die restlichen Mandarinen auf der Creme verteilen und die restliche Creme darüber verstreichen. Die Torte mit Frischhaltefolie zudecken, im Kühlschrank mindestens 2 Stunden gut durchkühlen.

7. Springformrand oder Tortenring mit einem Messer lösen und entfernen. Die beiseitegestellte Gelatine-Flüssigkeit aus der Tasse stürzen und in ungleichmäßige Würfel schneiden. Die Torte mit den beiseitegelegten Mandarinen und den Götterspeise-Würfeln garnieren.

Knusper-Fischstücke aus dem Ofen | Schnell

4 Portionen

Pro Portion: E: 29 g, F: 25 g, Kh: 18 g, kJ: 1749, kcal: 418, BE: 1,5

500–600 g	*festes Fischfilet, z. B. Seelachs, Lachs, Lachsforelle (frisch oder TK)*
2 EL	*Zitronensaft*
	Salz
	gem. Pfeffer
1 Bund	*glatte Petersilie*
1–2 Stängel	*frischer Thymian oder Rosmarin*
5 EL	*Butter (zimmerwarm)*
6 EL	*Semmelbrösel, z. B. Vollkornbrösel*
2 EL	*milder Senf*
1 TL	*Tomatenmark*

Zubereitungszeit: 10 Minuten
Garzeit: etwa 20 Minuten

1. Fischfilets (TK-Fischfilets vorher auftauen lassen) kurz unter fließendem kalten Wasser abspülen, trocken tupfen und eventuell vorhandene Gräten sorgfältig entfernen. Fischfilets mit Zitronensaft beträufeln und kurz marinieren.

2. Den Backofen vorheizen.
Ober-/Unterhitze: etwa 200 °C
Heißluft: etwa 180 °C

3. Petersilie und Thymian oder Rosmarin abspülen und trocken tupfen. Die Blättchen bzw. Nadeln von den Stängeln zupfen und sehr klein schneiden.

4. Die Butter in eine kleine Rührschüssel geben. Die Semmelbrösel, 1 Esslöffel Senf, ½ Teelöffel Salz und etwas Pfeffer hinzufügen und gut verkneten. Die klein geschnittenen Kräuter unterarbeiten.

5. Fischfilets in insgesamt 6–8 Portionsstücke teilen und nebeneinander in eine große Auflaufform (gefettet) legen. Mit Salz und Pfeffer würzen.

6. Restlichen Senf mit Tomatenmark verrühren. Die Fischfiletstücke dünn damit bestreichen. Die Butter-Kräuter-Mischung darauf verteilen. Die Form auf dem Rost in den vorgeheizten Backofen schieben. Die Fischfilets **etwa 20 Minuten garen.**

Dazu schmeckt: Kartoffelpüree und Gurkensalat mit Dill-Sahne-Dressing.

Tipps: Wenn Sie die Knusper-Fischstücke mit einer asiatischen Note servieren möchten, würzen Sie die Fischfilets mit Sojasauce und etwas Chilipulver. Tauschen Sie 3 Esslöffel Semmelbrösel gegen 3 Esslöffel Sesamsamen aus. Dazu passt ein Gurkensalat mit Limetten-Ingwer-Dressing und frischem Koriander. Isst jemand mit, der nicht gern Fisch mag oder allergisch darauf reagiert, nehmen Sie etwas von der Butter-Kräuter-Mischung ab und setzen 1 waagerecht halbierte, mit Salz und Pfeffer gewürzte Fleischtomate in eine kleine Auflaufform. Die Form mit in den Backofen schieben und etwa 15 Minuten mitgaren lassen.

Knusper-Obstsalat | Fruchtig

4 Portionen

Pro Portion: E: 4 g, F: 2 g, Kh: 47 g, kJ: 959, kcal: 229, BE: 4,0

8 EL Vollkorn-Haferflocken
200 g blaue Weintrauben
2 kleine Äpfel
2 Bananen
Saft von
1–2 Orangen
4 TL flüssiger Honig

Zubereitungszeit: 20 Minuten

1. Haferflocken in einer Pfanne ohne Fett unter Rühren zunächst goldgelb rösten, dann auf einem Teller abkühlen lassen.

2. In der Zwischenzeit Trauben und Äpfel abspülen, abtropfen lassen und vorsichtig abtrocknen. Trauben halbieren, evtl. entkernen. Äpfel vierteln, entkernen und in kleine Stücke schneiden. Banane schälen, in dünne Scheiben schneiden.

3. Orangensaft mit 2 Teelöffeln Honig verrühren und sofort mit den Obststücken mischen.

4. Den Obstsalat mit den gerösteten Haferflocken bestreuen und mit dem restlichen Honig beträufeln.

Kohlrabi mit Kalbshack gefüllt I

Macht richtig satt

4 Portionen

Pro Portion: E: 35 g, F: 23 g, Kh: 24 g, kJ: 1855, kcal: 442, BE: 2,0

Zum Vorbereiten:

1 Brötchen (Semmel) vom Vortag
4 große Kohlrabi (je etwa 400 g)
etwa 500 ml Gemüsebrühe

1 Zwiebel
1 Knoblauchzehe
1 Bund Schnittlauch
500 g Gehacktes vom Kalb
1 Ei (Größe M)
2 EL scharfer Senf
1 EL abgetropfte fein gehackte Kapern (aus dem Glas)
1 Msp. Chilipulver
Salz
gem. Pfeffer

2 große Möhren
1 Stange Porree (Lauch)
2 EL Butter

Zubereitungszeit: 60 Minuten
Garzeit: etwa 30 Minuten

1. Das Brötchen in kaltem Wasser einweichen. Von den Kohlrabi das zarte Grün entfernen und beiseitelegen.

2. Kohlrabi putzen, schälen, abspülen und abtropfen lassen. An der oberen Seite der Kohlrabi jeweils einen „Deckel" abschneiden. Die Kohlrabi am besten mit einem Kugelausstecher so aushöhlen, dass ein etwa 1/2 cm breiter Rand stehen bleibt. Das ausgehöhlte Kohlrabifruchtfleisch fein hacken.

3. Gemüsebrühe in einem großen Topf zum Kochen bringen und die ausgehöhlten Kohlrabi darin etwa 10 Minuten vorgaren. Kohlrabi mit einem Schaumlöffel herausnehmen, mit kaltem Wasser abschrecken und abtropfen lassen. Gemüsebrühe beiseitestellen.

4. Zwiebel und Knoblauch abziehen, fein würfeln. Schnittlauch abspülen, trocken tupfen und in feine Röllchen schneiden.

5. Kalbsgehacktes mit Zwiebel, Knoblauch, Schnittlauch, Ei, Senf, Kapern, Chili und dem gehacktem Kohlrabifleisch vermischen. Das eingeweichte Brötchen gut ausdrücken und gut unter die Gehacktesmasse arbeiten. Die Masse mit Salz und Pfeffer würzen. Die Kohlrabi mit der Masse füllen. Evtl. übrig gebliebene Gehacktesmasse zu kleinen Bällchen formen.

6. Den Backofen vorheizen.
Ober-/Unterhitze: etwa 200 °C
Heißluft: etwa 180 °C

7. Möhren putzen, schälen, abspülen und abtropfen lassen. Porree putzen, die Stange längs halbieren, gründlich waschen und abtropfen lassen. Möhren, Porree und Kohlrabideckel in feine Stücke schneiden.

8. Das beiseitegelegte Kohlrabigrün abspülen, trocken tupfen und einige Blättchen zum Garnieren beiseitelegen. Restliches Kohlrabigrün fein schneiden. Butter in einer Pfanne zerlassen. Möhren, Porree, Kohlrabi und Kohlrabigrün darin andünsten, mit Salz und Pfeffer würzen.

9. Das Gemüse und evtl. die Gehacktesbällchen in eine Auflaufform (gefettet) geben. Die gefüllten Kohlrabi daraufsetzen. Von der beiseitegestellten Gemüsebrühe 200 ml abmessen und hinzugießen. Die Form auf dem Rost in den vorgeheizten Backofen schieben. Die Kohlrabi **etwa 30 Minuten garen.**

10. Zum Servieren die gefüllten Kohlrabi nach Belieben mit den beiseitegelegten Kohlrabiblättchen garnieren.

Dazu schmecken: Butterkartoffeln oder Reis.

Tipp: Sie können zusätzlich noch 1 Esslöffel Crème fraîche unter die abgemessene Gemüsebrühe rühren.

Kohlrabi-Lachs-Lasagne

Etwas Besonderes

4–6 Portionen

Pro Portion: E: 39 g, F: 43 g, Kh: 33 g, kJ: 2848, kcal: 682, BE: 2,5

2 mittelgroße Kohlrabi
1 Zwiebel
2 EL Butter oder Margarine
Salz
gem. Pfeffer
ger. Muskatnuss
300 ml Gemüsebrühe
200 ml Milch (3,5 % Fett)
100 g Schlagsahne
2 EL Weizenmehl
½ Bund glatte Petersilie
75 g ger. Gouda
600 g Lachsfilet ohne Haut
8–10 Lasagneplatten (weiß oder grün)
2–3 Tomaten
125 g Crème fraîche
3 EL ger. Parmesan

Zubereitungszeit: 45 Minuten
Garzeit: etwa 50 Minuten

1. Kohlrabi putzen, schälen, abspülen und abtropfen lassen (etwas von dem feinen Grün beiseitelegen). Kohlrabi zuerst in dünne Scheiben, dann in sehr feine Stifte schneiden. Zwiebel abziehen und klein würfeln.

2. Butter oder Margarine in einem Topf zerlassen. Zwiebelwürfel und Kohlrabistifte darin unter Rühren andünsten. Mit Salz, Pfeffer und Muskatnuss würzen. Brühe und Milch hinzugießen, zum Kochen bringen. Kohlrabistifte zugedeckt 3–5 Minuten bei schwacher Hitze garen.

3. Sahne mit Mehl anrühren, unter vorsichtigem Rühren unter die Kohlrabistifte rühren und weitere etwa 2 Minuten bei schwacher Hitze kochen lassen.

4. Den Backofen vorheizen.
Ober-/Unterhitze: etwa 180 °C
Heißluft: etwa 160 °C

5. Petersilie abspülen und trocken tupfen. Die Blättchen von den Stängeln zupfen. Blättchen klein schneiden. Beiseitegelegtes Kohlrabigrün ebenfalls klein schneiden. Käse, Petersilie und Kohlrabigrün unter die Kohlrabisauce rühren.

6. Lachsfilet kurz unter fließendem kalten Wasser abspülen, trocken tupfen und in Streifen schneiden. Etwas von der Kohlrabisauce in einer Lasagne- oder Auflaufform (gefettet) verteilen. 2–3 Lasagneplatten darauflegen. Die Lachstreifen und die Kohlrabisauce abwechselnd in die Form schichten, bis alle Zutaten aufgebraucht sind. Die letzte Schicht sollte aus Lasagneplatten bestehen.

7. Tomaten abspülen, abtrocknen und den Stängelansatz herausschneiden. Tomaten in Scheiben schneiden und auf den Lasagneplatten verteilen. Crème fraîche mit Parmesan verrühren und auf den Lasagneplatten verteilen. Die Form auf dem Rost in den vorgeheizten Backofen schieben. Die Lasagne **etwa 50 Minuten garen.** Sollte die Oberfläche zu dunkel werden, decken Sie sie kurz vor Ende der Garzeit mit Alufolie zu.

Kohlrabi-Schnitzel mit Kartoffelsalat | Vegetarisch

4 Portionen

Pro Portion: E: 10 g, F: 16 g, Kh: 59 g, kJ: 1816, kcal: 433, BE: 5,0

Für den Kartoffelsalat:

1 kg festkochende Kartoffeln
4 rote Schalotten oder 2 Zwiebeln
2 EL Speiseöl, z. B. Sonnenblumenöl
100 ml Gemüsebrühe
3 EL Apfel- oder Weißweinessig
2 TL mittelscharfer Senf
2 TL Apfel- oder Agavendicksaft (aus dem Reformhaus oder Naturkostladen)
Salz, gem. Pfeffer

Für die Kohlrabi-Schnitzel:

2 Kohlrabi
5 EL Weizenmehl
5–6 EL Milch (3,5 % Fett)
5 EL Paniermehl
5 EL Zitronensaft
5–6 EL Sonnenblumenöl

3–4 EL Schnittlauchröllchen

Zubereitungszeit: 50 Minuten, ohne Durchziehzeit
Garzeit: etwa 20 Minuten

1. Für den Salat die Kartoffeln unter fließendem kalten Wasser abbürsten. Kartoffeln in einen Topf geben, knapp mit Wasser bedeckt, zugedeckt zum Kochen bringen und in etwa 20 Minuten gar kochen. Die garen Kartoffeln abgießen, mit kaltem Wasser abschrecken, abtropfen lassen. Kartoffeln noch warm pellen, in Scheiben schneiden und in eine Schüssel geben.

2. Schalotten oder Zwiebeln abziehen und fein würfeln. Das Öl in einem kleinen Topf erhitzen, die Schalotten- oder Zwiebelwürfel darin goldgelb andünsten und zu den Kartoffelscheiben geben.

3. Die Brühe in demselben Topf erwärmen. Den Topf von der Kochstelle nehmen, Essig, Senf und Dicksaft kräftig unterrühren. Alles mit Salz und Pfeffer würzen, heiß über die Kartoffelscheiben geben, vorsichtig mischen und etwa 60 Minuten zugedeckt durchziehen lassen.

4. Für die Schnitzel die Kohlrabi schälen. Kohlrabi abspülen, abtropfen lassen und in etwa 1 cm dicke Scheiben schneiden.

5. In einem Topf Salzwasser zum Kochen bringen. Kohlrabischeiben zufügen, alles erneut aufkochen und zugedeckt in etwa 6 Minuten bei schwacher bis mittlerer Hitze garen, bis der Kohlrabi bissfest ist. Kohlrabi abgießen, mit Küchenpapier trocken tupfen.

6. Mehl, Milch und Paniermehl getrennt in 3 tiefe Teller geben. Die Kohlrabischeiben von beiden Seiten mit etwas Zitronensaft, Salz und Pfeffer würzen. Danach zunächst in Mehl, dann in Milch und zuletzt im Paniermehl wenden.

7. Das Öl in einer großen Pfanne erhitzen. Die Kohlrabischeiben darin bei mittlerer Hitze in 5–6 Minuten goldbraun braten, dabei einmal wenden. Schnitzel anschließend auf Küchenpapier abtropfen lassen. Kurz vor dem Servieren Schnittlauchröllchen unter den Kartoffelsalat mischen und mit den Kohlrabi-Schnitzeln anrichten.

Konfettibällchen mit Nudeln

Beliebt

4 Portionen

Pro Portion: E: 30 g, F: 19 g, Kh: 75 g, kJ: 2491, kcal: 595, BE: 5,5

3 l Wasser
3 gestr. TL Jodsalz
300 g Vollkornnudeln, z. B. Spiralen
1 rote Paprikaschote
1 Bund Frühlingszwiebeln
300 g Gehacktes (halb Rind-, halb Schweinefleisch)
1 Eigelb (Größe M)
Salz
½ TL Paprikapulver edelsüß
gem. weißer Pfeffer
1 EL Semmelbrösel
1 EL Olivenöl
500 g Tomaten
285 g abgetropfter Mais (aus der Dose)

Zum Bestreuen:
einige Basilikumblättchen

Zubereitungszeit: 40 Minuten
Garzeit: etwa 15 Minuten

1. Wasser in einem großen Topf zugedeckt zum Kochen bringen. Salz und Nudeln hinzugeben. Die Nudeln im geöffneten Topf bei mittlerer Hitze nach Packungsanleitung bissfest kochen, dabei zwischendurch 4–5-mal umrühren.

2. Die Paprika halbieren, entstielen, entkernen, die weißen Scheidewände entfernen, abspülen und abtropfen lassen. Die Paprikahälften klein würfeln.

3. Die Frühlingszwiebeln putzen, abspülen, abtropfen lassen und ebenfalls in kleine Würfel schneiden.

4. Gehacktes mit Eigelb, Salz, Paprika, Pfeffer, Semmelbröseln und der Hälfte der Paprika- und Frühlingszwiebelwürfel gut vermengen.

5. Aus der Masse mit angefeuchteten Händen 16 walnussgroße Bällchen formen.

6. Das Speiseöl in einer beschichteten Pfanne erhitzen und mit einem Backpinsel verstreichen. Die Hackbällchen darin von allen Seiten in etwa 5 Minuten knusprig braun braten.

7. Tomaten abspülen, abtropfen lassen, achteln und die Stängelansätze entfernen. Tomaten mit den restlichen Gemüsewürfeln und dem Mais zu den Bällchen in die Pfanne geben und 2–3 Minuten mitschmoren.

8. Nudeln in ein Sieb geben, mit heißem Wasser abspülen und abtropfen lassen.

9. Die Nudeln mit den Konfettibällchen auf 4 Tellern anrichten und mit den abgespülten und trocken getupften Basilikumblättchen bestreut servieren.

Tipps: Frische Kräuter wie hier Basilikum sorgen für eine Extra-Portion Vitamine. Einige Kinder tun sich schwer mit Vollkornnudeln. Mit interessanten „Beilagen“ wie den beliebten Hackbällchen und buntem Gemüse werden sie häufig gern gegessen. Versuchen Sie auch einmal 1 große geputzte und gewürfelte Zucchini statt der Paprikaschote und kleine, abgetropfte süßsaure Maiskölbchen statt der Maiskörner im Gemüse. Es schmeckt dann leicht säuerlich. Sie können auch aus übrig gebliebenem Gemüse mit Tomaten und Hackbällchen ein Essen zusammenstellen.

Kraftbrot für Powerkids

Farbenfroher Pausenspaß

4 Portionen

Pro Portion: E: 7 g, F: 6 g, Kh: 32 g, kJ: 876, kcal: 210, BE: 2,5

4 Scheiben	*Vollkornbrot*
4 TL	*Remoulade*
8	*Salatblätter*
4 Scheiben	*Hähnchensülze*
2	*rote Paprikaschoten*
200 g	*gemischtes Obst, z. B. Aprikosen und Kirschen*

Zubereitungszeit: 15 Minuten

1. Brote dünn mit Remoulade bestreichen.

2. Salatblätter abspülen, abtropfen lassen und trocken tupfen. Je 2 Salatblätter auf 1 Brotscheibe legen und mit je 1 Scheibe Sülze belegen. Brot halbieren und zusammenklappen.

3. Paprika halbieren, entstielen, entkernen und die weißen Scheidewände entfernen. Die Schoten abspülen, abtropfen lassen und trocken tupfen. Paprika in breite Streifen schneiden und in 4 Portionen teilen.

4. Das Obst abspülen, abtropfen lassen und trocken tupfen.

5. Die Brote mit den Paprikastreifen und dem Obst in verschließbare Brotdosen geben.

Tipps: Bei Pausenbroten ist Abwechslung gefragt. Variieren Sie die Beläge und die Brotsorten. Sie werden schnell wissen, was bei Ihrer Familie gut ankommt. Leckere Getränke sorgen für die nötige Flüssigkeit. 250 ml kalter Früchte- oder Kräutertee (möglichst ungesüßt) kann in einer unzerbrechlichen Flasche gut transportiert werden.

Kräuterrouladen mit Möhren

Echtes Sonntagsessen

4 Portionen

Pro Portion: E: 55 g, F: 10 g, Kh: 82 g, kJ: 2695, kcal: 644, BE: 7,0

4	*dünne Schweineschnitzel*
	Salz, gem. Pfeffer
4 TL	*mittelscharfer Senf*
25 g	*gemischte TK-Kräuter*
750 g	*Möhren*
1 EL	*Speiseöl, z. B. Rapsöl*
300 ml	*Fleischbrühe*
4 l	*Wasser*
4 gestr. TL	*Salz*
400 g	*Nudeln, z. B. Tagliatelle*
1/2 Bund	*glatte Petersilie*
1 leicht geh. EL	*Crème fraîche*

Außerdem:

4	*Holzstäbchen*

Zubereitungszeit: 45 Minuten

1. Die Schnitzel mit Küchenpapier trocken tupfen, mit Salz und Pfeffer bestreuen und mit Senf bestreichen. Die Kräuter darauf verteilen. Die Schnitzel von der schmalen Seite aus aufrollen und jeweils mit einem Holzstäbchen feststecken.

2. Die Möhren putzen, schälen, abspülen, abtropfen lassen und in Scheiben schneiden. Öl in einer großen, beschichteten Pfanne erhitzen. Die Rouladen von allen Seiten darin anbraten. Möhrenscheiben und Brühe hinzugeben und alles mit Salz und Pfeffer würzen. Die Rouladen zugedeckt bei mittlerer Hitze 10–15 Minuten garen lassen.

3. In der Zwischenzeit Wasser in einem Topf zugedeckt zum Kochen bringen. Dann Salz und Nudeln hinzugeben. Die Nudeln im geöffneten Topf bei mittlerer Hitze nach Packungsanleitung bissfest kochen, dabei gelegentlich umrühren.

4. Petersilie abspülen, trocken tupfen, die Blättchen von den Stängeln zupfen und fein hacken.

5. Die Nudeln in ein Sieb geben, mit heißem Wasser abspülen und abtropfen lassen. Die Nudeln in eine Schüssel geben, mit der Petersilie bestreuen und zugedeckt warm stellen.

6. Kräuterrouladen aus der Pfanne nehmen und ebenfalls zugedeckt warm stellen. Crème fraîche unter die Möhrenscheiben rühren und das Gemüse nochmals mit Salz und Pfeffer abschmecken.

Kürbissuppe mit Bratwurst-Floß

Das mögen alle gern

4 Portionen

Pro Portion: E: 11 g, F: 33 g, Kh: 10 g, kJ: 1608, kcal: 385, BE: 1,0

1	*mittelgroßer Hokkaido-Kürbis (etwa 750 g)*
1	*Zwiebel*
3 EL	*Speiseöl*
	Salz, gem. Pfeffer
evtl. 1 Prise	*mildes Currypulver oder ger. Muskatnuss*
750 ml	*Gemüsebrühe*
12 kleine	*Nürnberger Rostbratwürste*
100 g	*Schlagsahne*
	vorbereitete Majoranblättchen

Außerdem:

8	*Zahnstocher oder kurze Holzspieße*

Zubereitungszeit: 40 Minuten

1. Kürbis gründlich abspülen und halbieren. Das lockere Fruchtfleisch und die Kerne herausschaben. Den Kürbis in gleich große Würfel schneiden.

2. Zwiebel abziehen, halbieren und in feine Würfel schneiden. Zwiebelwürfel, Kürbis und 2 Esslöffel vom Öl in einen Topf geben und alles bei mittlerer Hitze unter Rühren andünsten, bis die Zwiebeln glasig sind. Mit 1/4 Teelöffel Salz, etwas Pfeffer und evtl. mit 1 Prise Curry oder Muskat würzen. Brühe dazugießen und alles einmal kurz aufkochen lassen. Kürbis bei schwacher Hitze zugedeckt etwa 15 Minuten kochen lassen.

3. Würstchen mit kaltem Wasser abspülen und auf Küchenpapier abtropfen lassen. Jeweils 3 Würstchen dicht nebeneinanderlegen und die Zahnstocher an den Enden durchstechen, sodass die Würstchen wie ein Floß zusammenhalten. Die Würstchen mit einer Gabel mehrmals anstechen. Restliches Öl in einer Pfanne erhitzen, Würstchen-Flöße darin bei mittlerer Hitze von beiden Seiten knusprig braun braten.

4. Den Kürbis mit einem Pürierstab zu einer feinen Cremesuppe pürieren. Sahne dazugießen und alles kurz unter Rühren aufkochen lassen.

5. Die Suppe nochmals mit Salz, Pfeffer, Curry oder Muskat würzig abschmecken. Anschließend die Suppe in 4 tiefe Teller verteilen, je 1 Würstchen-Floß daraufsetzen und mit Majoranblättchen garnieren.

Dazu schmeckt: Knuspriges Roggenbaguette.

Lachgesichter-Muffins I

Für den Kindergeburtstag

12 Stück

Pro Stück: E: 3 g, F: 11 g, Kh: 29 g, kJ: 950, kcal: 227, BE: 2,5

Für den All-in-Teig:

100 g Weizenmehl
2 Pck. Gala Vanille-Pudding-Pulver
3 gestr. TL Dr. Oetker Backin
120 g Zucker
4 Eier (Größe M)
100 g Butter oder Margarine (zimmerwarm)
3 EL Schlagsahne

Zum Verzieren und Garnieren:

70 g Puderzucker
2–3 TL Zitronensaft
einige Mini-Schokolinsen

Zubereitungszeit: 35 Minuten, ohne Abkühlzeit
Backzeit: etwa 20 Minuten

1. Den Backofen vorheizen.
Ober-/Unterhitze: etwa 180 °C
Heißluft: etwa 160 °C

2. Für den Teig Mehl, Pudding-Pulver und Backpulver in einer Rührschüssel mischen. Zucker, Eier, Butter oder Margarine und Sahne hinzufügen. Die Zutaten mit einem Mixer (Rührstäbe) zunächst kurz auf niedrigster, dann auf höchster Stufe in etwa 2 Minuten zu einem glatten Teig verarbeiten.

3. Den Teig in eine Muffinform für 12 Muffins (gefettet, gemehlt) füllen. Die Form auf dem Rost in den vorgeheizten Backofen schieben. Muffins **etwa 20 Minuten backen.**

4. Die Muffins etwa 10 Minuten in der Form stehen lassen, dann vorsichtig aus der Form lösen und auf einem Kuchenrost erkalten lassen.

5. Puderzucker mit Zitronensaft zu einer dickflüssigen Masse verrühren, in einen kleinen Gefrierbeutel füllen und eine kleine Ecke abschneiden. Auf die Muffins jeweils ein Gesicht spritzen und mit den Schokolinsen garnieren. Den Guss fest werden lassen.

Lachsragout zu Pasta I

Schnell

4 Portionen

Pro Portion: E: 37 g, F: 22 g, Kh: 67 g, kJ: 2585, kcal: 619, BE: 5,5

500 g Lachsfilet ohne Haut (frisch oder TK)
2 EL Zitronensaft
3 Frühlingszwiebeln
175 g kleine rosé Champignons
1 EL Butter oder Margarine
Salz
gem. Pfeffer
150 g stückige Tomaten (aus der Dose)
1/2 TL Zucker oder flüssiger Honig

3 1/2 l Wasser
3 1/2 gestr. TL Salz
350 g feine Bandnudeln, z. B. Tagliatelle

150 g Crème fraîche oder Crème légère
1/2 Bund Basilikum

Zubereitungszeit: 20 Minuten
Garzeit: etwa 10 Minuten

1. Lachsfilets (TK-Lachsfilets vorher auftauen lassen) kurz unter fließendem kalten Wasser abspülen und trocken tupfen. Lachsfilet in etwa 3 cm große Würfel schneiden, mit Zitronensaft beträufeln und kurz marinieren.

2. Frühlingszwiebeln putzen, abspülen, abtropfen lassen, in feine Scheiben schneiden. Champignons putzen, mit Küchenpapier abreiben, evtl. abspülen und trocken tupfen. Champignons halbieren.

3. Butter oder Margarine in einer Pfanne zerlassen. Die Lachswürfel mit Küchenpapier trocken tupfen, in Butter oder Margarine kurz von allen Seiten knusprig anbraten. Lachswürfel mit Salz und Pfeffer würzen, aus der Pfanne nehmen.

4. Frühlingszwiebelscheiben und Champignonhälften in dem Bratfett etwa 4 Minuten unter Wenden andünsten.

5. Tomatenstücke unterrühren. Mit Salz, Pfeffer und Zucker oder Honig würzen. Die Sauce etwa 5 Minuten bei mittlerer Hitze einkochen lassen.

6. In der Zwischenzeit Wasser in einem großen Topf zugedeckt zum Kochen bringen. Dann Salz und Bandnudeln hinzugeben.

7. Die Bandnudeln im geöffneten Topf bei mittlerer Hitze nach Packungsanleitung kochen lassen, dabei zwischendurch 4–5-mal umrühren.

8. Anschließend die Bandnudeln in ein Sieb geben, mit heißem Wasser abspülen und abtropfen lassen.

9. Crème fraîche oder Crème légère unter die Sauce rühren. Mit Salz und Pfeffer abschmecken. Lachswürfel in die Sauce geben und 3–5 Minuten miterhitzen.

10. Basilikum abspülen, trocken tupfen. Blättchen von den Stängeln zupfen.

11. Das Lachsragout mit den Bandnudeln anrichten und mit den Basilikumblättchen garniert servieren.

Dazu schmeckt: Frisches Baguette.

Tipps: Dem Variationsreichtum dieses einfachen, schnellen Ragouts sind kaum Grenzen gesetzt. Wer es feinsäuerlich-fruchtig mag, verwendet mehr Tomatenstücke, lässt eventuell Crème fraîche ganz weg und verfeinert die Sauce mit klein geschnittenen, schwarzen Oliven. Wenn sie das Ragout für Kinder farbenfroh servieren möchten, einfach TK-Erbsen und Möhren mit den Champignonhälften anbraten und garen. Statt Fischfilet können Sie klein geschnittene Puten- oder Hähnchenbrust auf gleiche Weise zubereiten. Das Ragout nimmt es übrigens nicht übel, wenn ein Esser sich verspätet. Einfach das fertige Ragout rasch abkühlen lassen und bis zum Verzehr in den Kühlschrank stellen. Dann das Lachsragout in der Mikrowelle oder im Topf nochmals kurz erhitzen.

Ladybug-Cupcakes

Für den Kindergeburtstag

12 Stück

Pro Stück: E: 5 g, F: 19 g, Kh: 52 g, kJ: 2159, kcal: 401, BE: 4,5

Für den Rührteig:

180 g Butter oder Margarine (zimmerwarm)
180 g Zucker
1 Pck. Dr. Oetker Vanillin-Zucker
1 Pck. Dr. Oetker Finesse Geriebene Zitronenschale
3 Eier (Größe M)
150 ml Multivitaminsaft
375 g Weizenmehl
3 gestr. TL Dr. Oetker Backin

Für den Guss:

50 g Puderzucker
3 TL Wasser
etwas rote Speisefarbe
braune Zuckerschrift

Für die Füllung:

1 Pck. Backfeste Puddingcreme
125 g Schlagsahne (mind. 30 % Fett)
125 ml Multivitaminsaft

12 Schokogebäckstangen

Zubereitungszeit: 40 Minuten, ohne Kühlzeit
Backzeit: etwa 30 Minuten

1. Den Backofen vorheizen.
Ober-/Unterhitze: etwa 180 °C
Heißluft: etwa 160 °C

2. Für den Teig die Butter oder Margarine mit einem Mixer (Rührstäbe) auf höchster Stufe geschmeidig rühren.

3. Nach und nach Zucker, Vanillin-Zucker und Zitronenschale unterrühren. So lange rühren, bis eine gebundene Masse entstanden ist.

4. Die Eier nach und nach unterrühren (jedes Ei etwa ½ Minute). Anschließend den Multivitaminsaft unterrühren. Mehl mit Backpulver mischen und in 2 Portionen auf mittlerer Stufe kurz unterrühren.

5. Den Rührteig gleichmäßig in einer Muffinform (für 12 Muffins, gefettet, gemehlt) verteilen. Die Muffinform auf dem Rost in den vorgeheizten Backofen (unteres Drittel) schieben. Die Cupcakes **etwa 30 Minuten backen.**

6. Die Muffinform auf einen Kuchenrost stellen. Cupcakes nach etwa 5 Minuten aus der Form lösen und auf dem Kuchenrost erkalten lassen.

7. Von jedem Cupcake waagerecht einen dicken Deckel abschneiden. Dann den Deckel so in 2 Teile schneiden, dass ein Teil größer als der andere ist.

8. Für den Guss den Puderzucker mit dem Wasser zu einem dickflüssigen Guss verrühren.

9. Den Guss mit roter Speisefarbe einfärben und den größeren Teil des Deckels mithilfe eines Messers damit bestreichen.

10. Mit der braunen Zuckerschrift Punkte auf den Guss und auf den kleineren Teil des Deckels ein Gesicht malen.

11. Den mit Guss bestrichenen Deckel in der Mitte noch einmal durchschneiden, sodass „Flügel" entstehen.

12. Für die Füllung Puddingcreme nach Packungsanleitung, aber nur mit 125 g Sahne und 125 g Multivitaminsaft, zubereiten.

13. Die Creme sofort in einen Gefrierbeutel füllen. Den Beutel fest verschließen, eine kleine Ecke abschneiden und die Creme gleichmäßig auf die Unterteile der Cupcakes spritzen. Anschließend das „Gesicht" und die „Flügel" auf die Creme setzen.

14. Die Gebäckstangen in etwa 5 cm lange Stücke teilen und pro Käfer jeweils 2 Stücke als „Fühler" in die Creme stecken.

Lasagne mit Erbsen und Zucchini I

Gut vorzubereiten

4 Portionen

Pro Portion: E: 15 g, F: 11 g, Kh: 46 g, kJ: 1459, kcal: 349, BE: 3,5

400 g Zucchini
100 g Zwiebeln
1 EL Olivenöl
500 g passierte Tomaten (Tetrapak)
Salz
1–2 TL Pizzagewürz
150 g TK-Erbsen
100 ml Gemüsebrühe
ger. Muskatnuss
gem. Pfeffer
100 g Crème légère
12 Lasagneplatten (ohne Vorkochen)
60 g geraspelter Mozzarella (etwa 4 EL)

Zubereitungszeit: 30 Minuten
Garzeit: etwa 30 Minuten

1. Den Backofen vorheizen.
Ober-/Unterhitze: etwa 200 °C
Heißluft: etwa 180 °C

2. Die Zucchini abspülen, abtrocknen und die Enden abschneiden. Zucchini in dünne Scheiben schneiden. Zwiebeln abziehen und fein würfeln.

3. Öl in einer Pfanne erhitzen. Zucchinischeiben und Zwiebelwürfel hinzugeben und unter Rühren anbraten. Dann die passierten Tomaten unterrühren.

4. Das Ganze mit Salz und Pizzagewürz abschmecken und etwa 2 Minuten einkochen.

5. Erbsen und Gemüsebrühe in einem Topf aufkochen, mit Muskat und Pfeffer kräftig würzen. Crème légère zufügen, umrühren und noch einmal aufkochen.

6. Eine Auflaufform (mindestens 30 x 20 cm, gefettet) mit einer Schicht Lasagneplatten auslegen. Die Hälfte der Tomaten-Zucchini-Sauce einfüllen, mit Lasagneplatten bedecken. Die Erbsen-Sahne-Sauce einfüllen und wieder mit Lasagneplatten bedecken.

7. Den Rest der Tomaten-Zucchini-Sauce darauf verteilen und mit geraspeltem Mozzarella bestreuen.

8. Die Form auf dem Rost auf mittlerer Einschubleiste in den vorgeheizten Backofen schieben. Die Lasagne **etwa 30 Minuten garen.**

Dazu schmeckt: Schneller Tomatensalat. Dafür etwa 750 g Tomaten abspülen, abtrocknen, in Scheiben schneiden, dabei die Stängelansätze herausschneiden. Die Tomatenscheiben evtl. nochmals halbieren und in eine Schüssel geben. Für die Sauce 1 Zwiebel abziehen und fein würfeln. 1 Esslöffel Kräuteressig mit etwas Salz, Pfeffer und Zucker verrühren, dann 2 Esslöffel Olivenöl unterschlagen. Die Salatsauce mit den Tomatenscheiben mischen und etwa 10 Minuten durchziehen lassen. Einige Basilikumblättchen abspülen, trocken tupfen, einige Blättchen zum Garnieren beiseitelegen, restliche Blättchen klein schneiden und unter den Salat geben. Den Tomatensalat mit den beiseitegelegten Blättchen garniert servieren.

Tipps: Die Lasagne lässt sich sehr gut vorbereiten. Fertig geschichtet zudecken und in den Kühlschrank stellen. Die Lasagne dann in den kalten Backofen stellen und 5–10 Minuten länger backen. Dabei darauf achten, dass die Oberfläche nicht zu dunkel wird. Falls erforderlich, vor dem Ende der Backzeit mit einem Bogen Alufolie zudecken.

Lieblingsgulasch | Klassisch

4 Portionen

Pro Portion: E: 34 g, F: 19 g, Kh: 13 g, kJ: 1507, kcal: 360, BE: 0,0

600 g	*mageres Rindergulasch*
3	*große Zwiebeln*
1 Bund	*Suppengrün (Möhren, Sellerie, Porree)*
2 EL	*Butterschmalz*
2 EL	*Tomatenmark*
	Salz, gem. Pfeffer
1 TL	*Paprikapulver edelsüß*
500 ml	*Gemüse- oder Fleischbrühe*
2	*große rote Paprikaschoten*
½ Bund	*Petersilie*

Zubereitungszeit: 20 Minuten
Garzeit: etwa 65 Minuten

1. Rindergulasch mit Küchenpapier trocken tupfen. Zwiebeln abziehen, halbieren und in Würfel schneiden. Möhre und Sellerie putzen, schälen, abspülen und abtropfen lassen. Möhre und Sellerie in kleine Würfel schneiden. Porree putzen, die Stange längs halbieren, gründlich waschen, abtropfen lassen und in sehr kleine Stücke schneiden.

2. Jeweils 1 Esslöffel Butterschmalz in einem weiten Schmortopf oder Bräter erhitzen. Das Gulasch darin in 2 Portionen von allen Seiten kräftig braun anbraten und herausnehmen.

3. Zwiebelwürfel in dem verbliebenen Bratfett braun anbraten. Vorbereitetes Suppengrün und Tomatenmark hinzugeben und unter Rühren kräftig andünsten. Mit Salz, Pfeffer und Paprika würzen. Gulasch hinzugeben und untermischen. Brühe hinzugießen, zum Kochen bringen und zugedeckt etwa 50 Minuten bei schwacher bis mittlerer Hitze garen.

4. In der Zwischenzeit Paprikaschoten halbieren, entstielen, entkernen und die weißen Scheidewände entfernen. Schotenhälften waschen, abtropfen lassen und in Würfel schneiden. Paprikawürfel zu dem Gulasch in den Schmortopf oder Bräter geben und untermischen. Nochmals mit Salz, Pfeffer und Paprika würzen. Das Gulasch wieder zum Kochen bringen und zugedeckt weitere 15 Minuten bei schwacher Hitze garen. Das Gulasch nochmals mit den Gewürzen abschmecken.

5. Petersilie abspülen und trocken tupfen. Die Blättchen von den Stängeln zupfen. Blättchen klein schneiden. Gulasch mit Petersilie bestreut servieren.

Dazu schmecken: Makkaroni.

Tipps: Kaum ein anderes Gericht eignet sich so gut zum Einfrieren wie Gulasch. Bereiten Sie deshalb am besten gleich die doppelte Menge zu, denn es macht kaum mehr Arbeit und Sie haben ein leckeres, komplett fertiges Sonntagsessen in petto. Falls kleine Kinder mitessen, eventuell die Fleisch- und Gemüsemengen etwas reduzieren. Da viele Kinder gerne mehr Sauce essen, vor allem, wenn es als Beilage Nudeln gibt, die Flüssigkeitsmenge allerdings so belassen. Gibt es bei Ihnen in der Familie Menschen mit empfindlichem Magen, eventuell die Paprikaschoten mit einem Sparschäler schälen oder ganz darauf verzichten. Stattdessen können Sie 150 g Champignons mitdünsten lassen.

Limoschnitten mit Pfirsichschmand

Für den Kindergeburtstag

30 Stücke

Pro Stück: E: 3 g, F: 16 g, Kh: 25 g, kJ: 1064, kcal: 254, BE: 2,0

Für den Teig:

4 Eier (Größe M)
250 g Zucker
1 Pck. Dr. Oetker Vanillin-Zucker
125 ml Speiseöl, z. B. Sonnenblumenöl
150 ml Orangenlimonade
250 g Weizenmehl
3 gestr. TL Dr. Oetker Backin

Für den Belag:

960 g abgetropfte Pfirsichhälften (aus Dosen)
600 g Schlagsahne (mind. 30 % Fett)
3 Pck. Dr. Oetker Sahnesteif
3 Pck. Dr. Oetker Vanillin-Zucker
500 g Schmand (Sauerrahm)
2 Pck. Dr. Oetker Vanillin-Zucker

Zum Bestreuen:

2 EL Zucker
1 gestr. TL gem. Zimt

Zubereitungszeit: 30 Minuten, ohne Abkühlzeit
Backzeit: etwa 25 Minuten

1. Den Backofen vorheizen.
Ober-/Unterhitze: etwa 180 °C
Heißluft: etwa 160 °C

2. Für den Teig Eier, Zucker und Vanillin-Zucker in eine Rührschüssel geben und mit einem Mixer (Rührstäbe) auf höchster Stufe schaumig schlagen. Öl und Limonade unterrühren.

3. Mehl mit Backpulver mischen und unterrühren. Den Teig auf ein Backblech (30 x 40 cm, gefettet) geben und verstreichen. Das Backblech auf mittlerer Einschubleiste in den vorgeheizten Backofen schieben und den Boden **etwa 25 Minuten backen.**

4. Den Kuchen auf dem Backblech auf einen Kuchenrost stellen und erkalten lassen.

5. Für den Belag die Pfirsichhälften in kleine Stücke schneiden. Sahne mit Sahnesteif und Vanillin-Zucker steif schlagen.

6. Schmand mit Vanillin-Zucker verrühren. Pfirsichstücke unter den Schmand heben und die Sahne locker unterheben. Die Masse gleichmäßig auf dem Kuchen verteilen und verstreichen. Zucker mit Zimt mischen und die Creme damit bestreuen. Kuchen bis zum Servieren kalt stellen.

Tipps: Einen Teil der Pfirsiche in Spalten schneiden und auf den Kuchen legen. Anstelle der Pfirsiche 700 g abgetropfte Mandarinen (aus Dosen) verwenden. Der Schmand kann auch durch Crème fraîche ersetzt werden.

Rezeptvariante: Für **schnelle Limoschnitten mit Guss** den Teig wie beschrieben, aber zusätzlich mit 1 Päckchen Finesse Orangenschalen-Aroma, zubereiten und backen. Den Gebäckboden erkalten lassen. Für den Guss 250 g Puderzucker mit 3–4 Esslöffeln Orangenlimonade nach und nach verrühren, auf dem abgekühlten Kuchen verstreichen. Wer es bunt mag, streut zusätzlich 25 g gehackte Pistazienkerne oder Raspelschokolade auf den feuchten Guss.

Linsen-Dal mit Putenwürstchen

Exotisch

4 Portionen

Pro Portion: E: 32 g, F: 20 g, Kh: 55 g, kJ: 2243, kcal: 536, BE: 4,5

Für das Linsen-Dal:

250 g Knollensellerie
2 große Möhren
1 EL Butter oder Ghee (geklärte Butter)
1 TL Garam Masala (indische Gewürzmischung) oder Currypulver
Saft von 1 Limette
1 EL flüssiger Honig
etwa 500 ml Gemüsebrühe
250 g rote Linsen

200 g Joghurt (3,5 % Fett)
2–3 EL Mango-Chutney (aus dem Glas)
1 EL Speiseöl, z. B. Sonnenblumenöl
4–6 Putenbratwürstchen (je etwa 60 g)
Salz, gem. Pfeffer
1 reife Mango
evtl. 5 Stängel Koriander

Zubereitungszeit: 25 Minuten
Garzeit: etwa 15 Minuten

1. Sellerie und Möhren putzen, schälen, abspülen, abtropfen lassen und in sehr feine Würfel schneiden.

2. Butter oder Ghee in einem Topf zerlassen. Sellerie- und Möhrenwürfel darin unter Rühren andünsten, mit Garam Masala oder Curry würzen.

3. Limettensaft mit flüssigen Honig verrühren, zu dem angedünsteten Gemüse in den Topf geben und gut unterrühren.

4. Gemüsebrühe und Linsen hinzugeben, zum Kochen bringen und etwa 15 Minuten bei schwacher Hitze kochen lassen, dabei ab und zu vorsichtig umrühren.

5. In der Zwischenzeit Joghurt mit Mango-Chutney verrühren.

6. Speiseöl in einer Pfanne erhitzen. Die Würstchen darin von allen Seiten braun braten. Linsen-Dal mit Salz und Pfeffer abschmecken.

7. Die Mango längs halbieren und das Fruchtfleisch vom Stein schneiden. Mango schälen und in Spalten schneiden. Evtl. Koriander abspülen und trocken tupfen. Die Blättchen von den Stängeln zupfen.

8. Linsen-Dal mit dem Mangojoghurt, den Putenbratwürstchen, Mangospalten und Koriander anrichten.

Tipps: Dal ist ein Linsen-Gericht aus der indischen Küche. Ihren Geschmack bekommen die feinen, nur kurz gegarten Hülsenfrüchte aus den vielfältigen Gewürz-Aromen von Kreuzkümmel, Kardamom, Zimt, Chili, Kurkuma und mehr. Wer nicht alle Gewürzsorten vorrätig hat, kann auch eine fertige Gewürzmischung oder Currypulver verwenden. Naan, kleine indische Fladenbrote, passen sehr gut als Beilage zu dem Linsen-Dal.

Linsenpfanne mit Tomaten I

Vegetarisch – schnell

4–5 Portionen

Pro Portion: E: 26 g, F: 8 g, Kh: 56 g, kJ: 1695, kcal: 403, BE: 4,5

2	*Frühlingszwiebeln*
400 g	*Tomaten*
2 Bund	*glatte Petersilie*
2–3 EL	*Olivenöl*
300 g	*gegarte rote Linsen (etwa 150 g Rohgewicht)*
300 g	*gegarte gelbe Linsen (etwa 150 g Rohgewicht)*
300 g	*gegarte grüne Linsen (etwa 150 g Rohgewicht)*
	Salz
	gem. Pfeffer
300 ml	*Gemüsebrühe*

Zubereitungszeit: 30 Minuten

1. Die Frühlingszwiebeln putzen, abspülen, abtropfen lassen und in feine Scheiben schneiden. Tomaten abspülen, abtrocknen, halbieren und die Stängelansätze herausschneiden. Die Tomatenhälften grob würfeln.

2. Petersilie abspülen, trocken tupfen, die Blättchen von den Stängeln zupfen und klein schneiden.

3. Das Olivenöl in einer großen Pfanne erhitzen. Frühlingszwiebelscheiben und Tomatenwürfel darin unter Rühren andünsten. Die roten, gelben und grünen Linsen mit der Petersilie hinzufügen. Das Gemüse mit Salz und Pfeffer kräftig würzen.

4. Die Gemüsebrühe hinzugießen. Die Zutaten zum Kochen bringen und etwa 5 Minuten bei schwacher Hitze kochen lassen.

Tipps: Linsen sind, wie alle Hülsenfrüchte, ein guter Eiweißlieferant. Fertig gegarte Linsen lassen sich zugedeckt 2–3 Tage im Kühlschrank aufbewahren. Sie sind auch für Salate gut zu verwenden.

Linsentopf mit Tofuwürstchen

Vegetarisch

4 Portionen

Pro Portion: E: 29 g, F: 14 g, Kh: 57 g, kJ: 2011, kcal: 477, BE: 4,5

Für den Linsentopf:

1 Bund Suppengrün (Möhren, Sellerie, Porree)
1 Zwiebel
2 Knoblauchzehen
1 kleine Chilischote
2 große festkochende Kartoffeln
2 EL Butter
1 EL Zucker
250 g getrocknete Puy-Linsen (französische Berglinsen)
1 1/2 l Gemüsebrühe
1 Stängel Rosmarin
2 Stängel Thymian
Salz
gem. schwarzer Pfeffer
3 EL Balsamico-Essig
4 geräucherte Tofuwürstchen
1 Bund glatte Petersilie

Zum Garnieren:

evtl. einige Stängel Thymian

Zubereitungszeit: 30 Minuten
Garzeit: etwa 25 Minuten

1. Für den Linsentopf Suppengrün putzen, abspülen, abtropfen lassen, in kleine Würfel schneiden. Zwiebel und Knoblauch abziehen, ebenfalls klein würfeln.

2. Chilischote abspülen, trocken tupfen, entstielen und in feine Ringe schneiden. Die Kartoffeln schälen, abspülen, abtropfen lassen und in Würfel schneiden.

3. Butter in einem großen Topf zerlassen, Zucker darin leicht karamellisieren.

4. Die vorbereiteten Gemüsewürfel, Zwiebel-, Knoblauchwürfel, Chiliringe, Kartoffelwürfel und Linsen hinzugeben und alles mit andünsten. Mit Gemüsebrühe ablöschen.

5. Rosmarin und Thymian abspülen, trocken tupfen und ebenfalls hinzugeben. Die Zutaten zum Kochen bringen. Den Eintopf zugedeckt etwa 25 Minuten bei schwacher Hitze kochen lassen.

6. Die Kräuterstängel aus dem Eintopf nehmen. Den Eintopf mit Salz, Pfeffer und Balsamico-Essig abschmecken. Die Tofuwürstchen in den Eintopf geben und miterhitzen.

7. In der Zwischenzeit die Petersilie abspülen und trocken tupfen. Die Blättchen von den Stängeln zupfen. Blättchen klein schneiden.

8. Den Eintopf in Suppenschalen anrichten und mit Petersilie bestreut servieren.

9. Nach Belieben mit abgespülten, trocken getupften Thymianstängeln garnieren.

Dazu schmeckt: Frisches Roggenbrot.

Tipps: Essen ganz kleine Kinder mit, lassen sie die Chilischote einfach weg. Können Sie keine Puy-Linsen bekommen, gelingt das Gericht auch mit Tellerlinsen. Dann die Garzeit eventuell um 5 Minuten verlängern.

Maissuppe mit Hack und Tomaten | Schnell

4 Portionen

Pro Portion: E: 14 g, F: 15 g, Kh: 17 g, kJ: 1097, kcal: 262, BE: 1,5

1 Zwiebel
1 EL Speiseöl
200 g Schweinegehacktes
15 g Weizenmehl
370 g stückige Tomaten mit Kräutern (aus der Dose)
600 ml klare Fleischbrühe
15 g Tomatenmark
Salz
gem. Pfeffer
Paprikapulver edelsüß
Cayennepfeffer
1 Prise Zucker
4 Stängel Petersilie
285 g abgetropfter Gemüsemais (aus der Dose)

Zubereitungszeit: 20 Minuten
Garzeit: etwa 20 Minuten

1. Zwiebel abziehen und in kleine Würfel schneiden. Speiseöl in einem Topf erhitzen. Zwiebelwürfel darin andünsten.

2. Gehacktes hinzugeben und etwa 5 Minuten bei mittlerer bis starker Hitze goldbraun anbraten. Dabei gelegentlich umrühren und die Fleischklümpchen mit einer Gabel zerdrücken. Mehl darüberstäuben und etwa 1 Minute anrösten lassen.

3. Tomatenstücke mit Brühe und Tomatenmark hinzugeben. Mit Salz, Pfeffer, Paprika, Cayennepfeffer und Zucker würzen. Die Zutaten zum Kochen bringen und zugedeckt etwa 10 Minuten bei schwacher Hitze leicht kochen lassen.

4. Petersilie abspülen und trocken tupfen. Die Blättchen von den Stängeln zupfen. Die Blättchen grob zerschneiden.

5. Mais in ein Sieb geben, mit kaltem Wasser abspülen, abtropfen lassen und in die Suppe geben. Die Suppe wieder zum Kochen bringen und weitere etwa 5 Minuten leicht kochen lassen.

6. Die Maissuppe mit Salz und Cayennepfeffer abschmecken. Anschließend mit Petersilie bestreuen und servieren.

Tipps: Geben Sie mit den Tomatenstücken zusätzlich 100 g TK-Erbsen in die Suppe. Gut passen auch klein gewürfelte, geputzte Zucchini. Verteilen Sie dann vor dem Servieren 100 g Crème fraîche auf der Suppe oder geben Sie zerbröselten Schafskäse darauf. Sind die Kinder schon älter, können Sie zusätzlich geputzte, klein gewürfelte Paprika und 1 geputzte, entkernte und klein geschnittene Chilischote mit in die Suppe geben. Schmecken Sie die Suppe dann vorsichtig mit etwas Tabascosauce ab. Ersetzen Sie die Petersilienblättchen durch Korianderblättchen und fügen etwas Currypulver oder -paste hinzu. Bestreuen Sie die Suppe zum Servieren mit gehackten Cashewkernen und Korianderblättchen und servieren Sie Taco-Chips zur Maissuppe.

Makkaroni-Auflauf I

Einfach – beliebt
4–6 Portionen

Pro Portion: E: 27 g, F: 14 g, Kh: 66 g,
kJ: 2132, kcal: 510, BE: 6,0

400 g Makkaroni oder Bucatini
4 l Wasser
4 gestr. TL Salz
je 1 rote und grüne Paprikaschote
100 g Cocktailtomaten
140 g abgetropfter Gemüsemais (aus der Dose)
150 g Kochschinken
2 Eier (Größe M)
250 ml Milch (3,5 % Fett)
Salz
gem. Pfeffer
ger. Muskatnuss
1 Knoblauchzehe
100 g ger. Gouda

Zubereitungszeit: 20 Minuten
Garzeit: etwa 40 Minuten

1. Die Makkaroni in gut fingerlange Stücke brechen. Wasser in einem großen Topf zugedeckt zum Kochen bringen. Dann Salz und Makkaroni zugeben. Die Makkaroni im geöffneten Topf bei mittlerer Hitze nach Packungsanleitung kochen lassen, dabei zwischendurch 4–5-mal umrühren.

2. Anschließend die Makkaroni in ein Sieb geben, mit heißem Wasser abspülen und abtropfen lassen.

3. Den Backofen vorheizen.
Ober-/Unterhitze: etwa 200 °C
Heißluft: etwa 180 °C

4. Paprikaschoten halbieren, entstielen, entkernen und die weißen Scheidewände entfernen. Schotenhälften waschen, trocken tupfen und in mundgerechte Stücke schneiden. Tomaten waschen, trocken tupfen, halbieren und die Stängelansätze entfernen. Mais in ein Sieb geben, kalt abspülen und abtropfen lassen. Schinken in Streifen schneiden.

5. Makkaroni mit Paprikastücken, Tomatenhälften, Mais und Schinkenwürfeln mischen, in eine Auflaufform (gefettet) geben.

6. Eier mit Milch verschlagen, mit Salz, Pfeffer und Muskat würzen. Knoblauch abziehen, durch eine Knoblauchpresse drücken und unterrühren.

7. Die Eiermilch auf dem Auflauf verteilen und mit Käse bestreuen.

8. Die Form auf dem Rost in den vorgeheizten Backofen schieben und **etwa 40 Minuten garen.**

Tipp: Möchten Sie den Auflauf vegetarisch zubereiten, ersetzen Sie den Kochschinken durch 100 g vorbereitete, fein gewürfelte Champignons oder Zucchini.

Makkaroni-Schinken-Auflauf |

Klassisch

4 Portionen

Pro Portion: E: 30 g, F: 19 g, Kh: 62 g, kJ: 2263, kcal: 541, BE: 5,0

300 g Makkaroni
3 l Wasser
3 gestr. TL Salz
200 g Kochschinken
60 g ger. Käse, z. B. Gouda
2 Eier (Größe M)
250 ml Milch (3,5 % Fett)
Salz
gem. Pfeffer
ger. Muskatnuss
2 EL Semmelbrösel
20 g Butter

Zubereitungszeit: 20 Minuten
Garzeit: etwa 40 Minuten

1. Die Makkaroni in mundgerechte Stücke brechen. Wasser in einem großen Topf zugedeckt zum Kochen bringen. Dann Salz und Makkaroni hinzugeben. Die Makkaroni im geöffneten Topf bei mittlerer Hitze nach Packungsanleitung kochen lassen, dabei gelegentlich umrühren.

2. Den Backofen vorheizen.
Ober-/Unterhitze: etwa 200 °C
Heißluft: etwa 180 °C

3. Anschließend die Makkaroni in ein Sieb geben, mit heißem Wasser abspülen und abtropfen lassen.

4. Schinken würfeln. Makkaroni, Schinkenwürfel und Käse abwechselnd lagenweise in eine große, flache Auflaufform (gefettet) schichten.

5. Eier mit Milch verschlagen, mit Salz, Pfeffer und Muskat würzen.

6. Den Auflauf mit der Eiermilch übergießen und mit Semmelbröseln bestreuen. Butter in Flöckchen daraufsetzen.

7. Die Form auf dem Rost auf mittlerer Einschubleiste in den vorgeheizten Backofen schieben. Den Auflauf **etwa 40 Minuten garen.**

Dazu schmeckt: Tomatensalat oder grüner Salat mit Kräutervinaigrette.

Tipps: Anstelle des gekochten Schinkens 250 g in 2 Esslöffeln Öl halb gar gedünstete Pilze oder 400 g in Scheiben geschnittene Tomaten und 4 in Scheiben geschnittene, hart gekochte Eier einschichten.

Rezeptvariante: Makkaroni-Gemüse-Auflauf mit Schinken. Dafür 1 grüne Paprikaschote halbieren, entstielen, entkernen und die weißen Scheidewände entfernen. Schotenhälften waschen, trocken tupfen und in feine Streifen schneiden. 2 Möhren putzen, schälen, abspülen, abtropfen lassen und in dünne Scheiben schneiden. Die Möhrenscheiben in einer Pfanne mit 2 Esslöffeln Öl andünsten, Paprikastreifen hinzugeben und 3–5 Minuten zugedeckt mitdünsten lassen, dabei gelegentlich umrühren. Beides mit 300 g gekochten Makkaroni und 200 g gewürfeltem Kochschinken vermengen und in eine große, flache Auflaufform (gefettet) geben. Dann 2 Eier (Größe M) mit 250 ml Milch (3,5 % Fett) verschlagen, mit Salz, Pfeffer und Muskat würzen und mit gehackter Petersilie verfeinern. Guss darübergießen Den Auflauf mit 50 g geriebenem Emmentaler bestreuen und wie im Rezept angegeben im Backofen garen.

Mandarinchentorte | Beliebt

12 Stück

Pro Stück: E: 7 g, F: 3 g, Kh: 40 g,
kJ: 898, kcal: 214, BE: 3,5

Für den Biskuitteig:

3 Eier (Größe M)
3 EL heißes Wasser
100 g Zucker
1 Pck. Dr. Oetker Vanillin-Zucker
1 Prise Salz
½ Pck. Dr. Oetker Finesse Geriebene Zitronenschale
150 g Weizenmehl
25 g Speisestärke
1 gestr. TL Dr. Oetker Backin

Für den Belag:

350 g abgetropfte Mandarinen (aus Dosen)
10 Blatt weiße Gelatine
200 g Frischkäse aus Buttermilch (Frischkäse Halbfettstufe; 6 % Fett absolut)
500 ml Frucht-Buttermilch Multi-Vitamin (max. 1 % Fett)
80 g Zucker
½ Pck. Dr. Oetker Finesse Geriebene Zitronenschale
100 ml Mandarinensaft (aus Dosen)

Zubereitungszeit: 40 Minuten, ohne Kühlzeit
Backzeit: etwa 25 Minuten

1. Den Backofen vorheizen.
Ober-/Unterhitze: etwa 180 °C
Heißluft: etwa 160 °C

2. Für den Teig Eier und Wasser mit einem Mixer (Rührstäbe) auf höchster Stufe in etwa 1 Minute schaumig schlagen. Zucker mit Vanillin-Zucker, Salz und Zitronenschale mischen, in etwa 1 Minute einstreuen, dann noch etwa 2 Minuten schlagen.

3. Mehl mit Speisestärke und Backpulver mischen, die Hälfte davon auf die Eiercreme geben und kurz auf niedrigster Stufe unterrühren. Das restliche Mehlgemisch auf die gleiche Weise unterarbeiten.

4. Den Teig in die Springform (Ø 26 cm, Boden gefettet, mit Backpapier belegt) geben und glatt streichen. Die Form auf dem Rost in den vorgeheizten Backofen schieben und den Biskuitboden **etwa 25 Minuten backen.**

5. Den Biskuitboden aus der Form lösen und auf einen mit Backpapier belegten Kuchenrost stürzen. Mitgebackenes Backpapier abziehen. Biskuitboden erkalten lassen, dann einmal waagerecht durchschneiden. Den unteren Boden auf eine Platte legen. Einen Tortenring darumstellen.

6. Für den Belag Mandarinen in einem Sieb gut abtropfen lassen, den Saft dabei auffangen und 100 ml davon abmessen. Gelatine nach Packungsanleitung einweichen.

7. Frischkäse, Buttermilch, Zucker, Zitronenschale und den abgemessenen Mandarinensaft geschmeidig rühren.

8. Die Gelatine leicht ausdrücken und in einem kleinen Topf bei schwacher Hitze unter Rühren auflösen.

9. Die aufgelöste Gelatine zuerst mit etwa 4 Esslöffeln von der Masse verrühren, dann unter die restliche Masse rühren.

10. Frischkäse-Buttermilch-Masse verrühren und kurz kalt stellen, bis die Masse zu gelieren anfängt.

11. Gut zwei Drittel der Mandarinen auf dem unteren Biskuitboden verteilen. Zwei Drittel der Frischkäse-Buttermilch-Masse gleichmäßig darauf streichen. Den oberen Biskuitboden darauflegen, leicht andrücken und mit der restlichen Frischkäse-Buttermilch-Masse bestreichen.

12. Die Oberfläche mit den restlichen Mandarinen garnieren.

13. Torte etwa 3 Stunden in den Kühlschrank stellen. Tortenring mit einem Messer lösen und entfernen.

Mandarinen-Quark-Speise

Preiswert – fettarm

4 Portionen

Pro Portion: E: 26 g, F: 1 g, Kh: 20 g, kJ: 839, kcal: 200, BE: 1,5

3 Blatt weiße Gelatine
175 g abgetropfte Mandarinen (aus der Dose)
750 g Magerquark

Zubereitungszeit: 20 Minuten, ohne Kühlzeit

1. Gelatine nach Packungsanleitung in kaltem Wasser einweichen. Mandarinen in einem Sieb abtropfen lassen, dabei den Saft in einem kleinen Topf auffangen. Den Quark in einer Schüssel glatt rühren.

2. Mandarinensaft leicht erwärmen. Gelatine leicht ausdrücken und in den Topf geben. Die Gelatine unter Rühren im warmen Saft auflösen. 2 Esslöffel Quark unterrühren. Dann die Saft-Gelatine-Mischung unter den restlichen Quark rühren. Anschließend die Mandarinen unterheben.

3. Die Mandarinen-Quark-Speise zugedeckt mindestens 30 Minuten in den Kühlschrank stellen.

Tipps: Die Quarkspeise lässt sich prima vorbereiten. Zum Mitnehmen die Speise in 4 verschließbare Gefäße (z. B. Konfitürengläser) füllen und in den Kühlschrank stellen. So lässt sie sich auch gut mit in den Kindergarten, die Schule oder ins Büro mitnehmen. Die Quarkspeise lässt sich auch mit Aprikosen- oder Pfirsichhälften zubereiten. Auch mit Ananas aus der Dose schmeckt sie gut. Verwenden Sie keine frische Ananas. Die Quark-Speise wird damit bitter.

Ernährungstipp: Quark ist sehr eiweißreich und wird mit unterschiedlichen Fettgehalten angeboten. 100 g Magerquark hat nur etwa 0,3 g Fett und etwa 72 kcal. Magerquark ist somit bestens für eine fettarme Ernährung geeignet.

Mandarinen-Vanille-Muffins

Fruchtig

12 Stück

Pro Stück: E: 3 g, F: 8 g, Kh: 29 g, kJ: 818, kcal: 195, BE: 2,5

Für den Teig:

170 g Weizenmehl
1 Pck. Gala Bourbon-Vanille-Pudding-Pulver
3 gestr. TL Dr. Oetker Backin
1 Prise Salz
120 g Zucker
150 ml Milch (1,5 % Fett)
80 ml Sonnenblumenöl
1 Ei (Größe M)
350 g abgetropfte Mandarinen (aus Dosen)

Außerdem:

12 Muffin-Papierbackförmchen

Zubereitungszeit: 25 Minuten, ohne Abkühlzeit
Backzeit: etwa 25 Minuten

1. Den Backofen vorheizen.
Ober-/Unterhitze: etwa 180 °C
Heißluft: etwa 160 °C

2. Für den Teig Mehl, Pudding-Pulver, Backpulver, Salz und Zucker in einer Rührschüssel mit einem Schneebesen verrühren. Milch, Speiseöl und Ei in einem Rührbecher mit dem Schneebesen verrühren.

3. Die flüssigen Zutaten zu der Mehl-Pudding-Pulver-Mischung in die Rührschüssel geben und zu einem glatten Teig verrühren. Die Hälfte der Mandarinen unterheben.

4. Den Teig in eine Muffinform (für 12 Muffins, mit Papierbackförmchen ausgelegt) geben und mit den restlichen Mandarinen belegen.

5. Die Form auf dem Rost in den vorgeheizten Backofen schieben. Die Mandarinen-Vanille-Muffins **etwa 25 Minuten backen.**

6. Die Form auf einen Kuchenrost stellen. Die Mandarinen-Vanille-Muffins etwa 5 Minuten in der Form abkühlen lassen, dann aus der Form lösen und auf dem Kuchenrost erkalten lassen.

Tipps: Halbieren Sie sehr große Mandarinenstücke. Die Muffins glänzen, wenn sie mit Aprikosenkonfitüre bestrichen werden. Dafür 80 g Aprikosenkonfitüre pürieren oder durch ein Sieb streichen, mit 1 Esslöffel Wasser verrühren und aufkochen lassen. Die heißen Muffins damit bestreichen und erkalten lassen.

Marienkäferchen | Kleine Glücksbringer

10 Stück

Pro Stück: E: 4 g, F: 13 g, Kh: 54 g, kJ: 1442, kcal: 345, BE: 4,5

Für den Rührteig:

100 g Butter oder Margarine (zimmerwarm)
100 g Zucker
1 Pck. Dr. Oetker Vanillin-Zucker
1 Prise Salz
2 Eier (Größe M)
200 g Weizenmehl
1 gestr. TL Dr. Oetker Backin
1 Pck. Saucenpulver Vanille-Geschmack zum Kochen
3 EL Milch (3,5 % Fett)

Zum Verzieren:

50 g Halbbitter-Kuvertüre
175 g Puderzucker
2–3 EL Zitronensaft
rote Speisefarbe

Zum Dekorieren:

Schoko-Mokkabohnen
Zuckerperlen
Schokolinsen

Zubereitungszeit: 45 Minuten, ohne Abkühlzeit
Backzeit: etwa 15 Minuten

1. Den Backofen vorheizen.
Ober-/Unterhitze: etwa 180 °C
Heißluft: etwa 160 °C

2. Für den Teig Butter oder Margarine mit einem Mixer (Rührstäbe) auf höchster Stufe geschmeidig rühren. Nach und nach Zucker, Vanillin-Zucker und Salz unterrühren. So lange rühren, bis eine gebundene Masse entstanden ist.

3. Eier nach und nach unterrühren (jedes Ei etwa 1/2 Minute). Mehl mit Backpulver und Saucenpulver mischen und in 2 Portionen mit der Milch auf mittlerer Stufe unterrühren.

4. Den Teig in 10 Portionen teilen und daraus mit bemehlten Händen ovale Halbkugeln formen. Die Teighalbkugeln auf ein Backblech (gefettet, mit Backpapier belegt) legen. Das Backblech in den vorgeheizten Backofen schieben. Die Teighalbkugeln **etwa 15 Minuten backen.**

5. Das Gebäck mit dem Backpapier vom Backblech auf einen Kuchenrost ziehen und erkalten lassen.

6. Zum Verzieren Kuvertüre in kleine Stücke hacken oder brechen. Zwei Drittel davon in einem Topf im Wasserbad bei schwacher Hitze unter Rühren schmelzen. Den Topf aus dem Wasserbad nehmen und die restliche Kuvertüre darin unter Rühren schmelzen. Puderzucker mit Zitronensaft zu einer dickflüssigen Masse geschmeidig verrühren. Die Hälfte des Puderzuckergusses mit roter Speisefarbe kräftig einfärben.

7. Das Gebäck mit der aufgelösten Kuvertüre und mit dem weißen und roten Guss bestreichen und verzieren. Augen, Nase und Punkte aufmalen. Die Marienkäfer mit Mokkabohnen, Zuckerperlen und Schokolinsen garnieren.

Tipp: Schneiden Sie aus schwarzem Fotokarton eine Unterlage mit Käferfüßchen aus. Dafür ein Oval etwa 3 cm größer als das Gebäck ausschneiden. Anschließend so zurechtschneiden, dass 6 kleine Füßchen unter den Käfern herausschauen. Mit etwas Kuvertüre fixieren.

Marshmallows | Zart und luftig

48 Stück

Pro Stück: E: 0 g, F: 0 g, Kh: 13 g, kJ: 222, kcal: 53, BE: 1,0

Zum Vorbereiten:

3 Pck.	*gem. Gelatine (weiß)*
125 ml	*kaltes Wasser*

Für die Marshmallowmasse:

125 ml	*Wasser*
400 g	*Zucker*
2–3 Pck.	*Dr. Oetker Vanillin-Zucker*
	rote Speisefarbe
150–200 g	*Puderzucker*
1–2 EL	*Speisestärke*

Außerdem:

1	*Backblech (sollte in den Kühlschrank passen)*

Zubereitungszeit: 30 Minuten, ohne Kühlzeit

1. Zum Vorbereiten die Gelatine in einen kleinen Topf geben. Wasser hinzugeben und die Gelatine quellen lassen (etwa 10 Minuten). Ein Backblech leicht fetten (so rutscht das Backpapier nicht weg), mit Backpapier belegen. An den Rändern so knicken, dass ein etwa 2 cm hoher Rand entsteht.

2. Für die Marshmallows Wasser zum Kochen bringen. Zucker und Vanillin-Zucker in eine Rührschüssel geben.

3. Gelatine bei schwacher Hitze unter Rühren auflösen. Heißes, aber nicht mehr kochendes Wasser hinzugeben und mit einem Schneebesen gründlich unterrühren.

4. Die Gelatine-Wasser-Mischung nach und nach unter ständigem Rühren mit einem Mixer (Rührstäbe) in die Zuckermischung geben. Auf höchster Stufe zu einer weiß-cremigen Masse aufschlagen.

5. Etwa die Hälfte der Masse auf eine Seite des Backbleches geben. Masse mit einer Teigkarte sofort verteilen, sodass eine etwa 1 cm dicke Schicht entsteht.

6. Restliche Masse sofort mit einigen Tropfen roter Speisefarbe unter ständigem Schlagen rosa einfärben, zügig auf die andere Seite des Backbleches geben und ebenfalls verstreichen.

7. Die Marshmallow-Platte auf dem Blech in den Kühlschrank stellen und fest werden lassen.

8. Marshmallow-Platte auf eine dick mit Puderzucker bestreute Arbeitsfläche stürzen. Das Backpapier vorsichtig abziehen. Marshmallow-Platte mit Puderzucker bestäuben. Mit einem Ausstecher Herzchen oder andere beliebige Formen ausstechen. Marshmallows beiseitelegen.

9. Speisestärke in ein feines Sieb geben. Marshmallows dünn mit Speisestärke bepudern, dabei einmal wenden und auch die Ränder bepudern. So kleben die Marshmallows nicht aneinander. Überschüssige Speisestärke vorsichtig abklopfen.

10. Marshmallows bis zum Verzehr in dicht schließenden Kunststoffdosen aufbewahren.

Maulwurf-Cupcakes

Die mögen alle gern

12 Stück

Pro Stück: E: 6 g, F: 22 g, Kh: 25 g, kJ: 1294, kcal: 309, BE: 2,0

Für den Teig:

100 g Weizenmehl
100 g gem. Haselnusskerne
20 g gesiebtes Kakaopulver
3 gestr. TL Dr. Oetker Backin
1 Prise Salz
120 g Zucker
1 Pck. Dr. Oetker Vanillin-Zucker
80 ml Milch (3,5 % Fett)
100 ml Sonnenblumenöl
2 Eier (Größe M)

Für die Füllung:

200 g Schlagsahne (mind. 30 % Fett)
2 TL Puderzucker
250 g rote Grütze (aus dem Kühlregal)

Zum Bestreuen:

1–2 EL gesiebtes Kakaopulver

Zubereitungszeit: 25 Minuten, ohne Abkühlzeit
Backzeit: etwa 25 Minuten

1. Den Backofen vorheizen.
Ober-/Unterhitze: etwa 180 °C
Heißluft: etwa 160 °C

2. Für den Teig Mehl, Haselnusskerne, Kakao, Backpulver, Salz, Zucker und Vanillin-Zucker in einer Rührschüssel mit einem Schneebesen verrühren. Milch, Speiseöl und Eier in einem Rührbecher mit dem Schneebesen glatt rühren. Die flüssigen Zutaten zu der Mehl-Nuss-Mischung in die Rührschüssel geben und zu einem glatten Teig verrühren.

3. Den Teig in eine Muffinform (für 12 Muffins, gefettet, bemehlt) geben. Die Form auf dem Rost in den vorgeheizten Backofen schieben. Muffins **etwa 25 Minuten backen.**

4. Die Form auf einen Kuchenrost stellen. Muffins etwa 5 Minuten in der Form abkühlen lassen, dann aus der Form lösen und auf dem Kuchenrost erkalten lassen.

5. Jeden Muffin etwas aushöhlen, dabei rundherum einen etwa 1 cm breiten Rand stehen lassen. Gebäckbrocken fein zerbröseln.

6. Für die Füllung die Sahne mit Puderzucker steif schlagen. Zwei Drittel der Gebäckbrösel unterrühren. Nacheinander rote Grütze und Bröselsahne in die Muffins füllen. Mit den restlichen Bröseln und Kakao bestreuen. Bis zum Servieren kalt stellen.

Tipp: Ersetzen Sie die rote Grütze durch Bananenscheiben.

Mäuschenkuchen

Für den Kindergeburtstag

12 Stücke

Pro Stück: E: 7 g, F: 28 g, Kh: 52 g, kJ: 2031, kcal: 485, BE: 4,5

Für den Rührteig:

200 g Butter oder Margarine (zimmerwarm)
175 g Zucker
1 Pck. Dr. Oetker Vanillin-Zucker
1 Prise Salz
4 Eier (Größe M)
175 g Weizenmehl
25 g Speisestärke
25 g gesiebtes Kakaopulver
1 gestr. TL Dr. Oetker Backin
2 EL Milch (3,5 % Fett)
50 g Raspelschokolade (Vollmilch oder Zartbitter)

Zum Dekorieren:

50 g Zartbitter-Kuvertüre
2 Doppelkekse mit Kakaocremefüllung
2–3 EL heiße Aprikosenkonfitüre (ohne Fruchtstücke)
250 g weiße Kuvertüre
4 Schokolinsen
6 Schoko-Gebäckstäbchen
weiße Zuckerschrift

Zubereitungszeit: 45 Minuten, ohne Abkühlzeit
Backzeit: 25–30 Minuten

1. Den Backofen vorheizen.
Ober-/Unterhitze: etwa 180 °C
Heißluft: etwa 160 °C

2. Für den Teig Butter oder Margarine mit einem Mixer (Rührstäbe) auf höchster Stufe geschmeidig rühren.

3. Nach und nach Zucker, Vanillin-Zucker und Salz hinzufügen. So lange rühren, bis eine gebundene Masse entstanden ist.

4. Eier nach und nach unterrühren (jedes Ei etwa ½ Minute). Mehl mit Speisestärke, Kakaopulver und Backpulver mischen, abwechselnd mit der Milch in 2 Portionen auf mittlerer Stufe kurz unterrühren. Zuletzt Raspelschokolade kurz unterrühren.

5. Den Teig in eine Springform (Ø 24 cm, Boden gefettet, mit Backpapier belegt) geben.

6. Die Form auf dem Rost in den vorgeheizten Backofen schieben. Den Kuchen **25–30 Minuten backen.**

7. Die Form auf einen Kuchenrost stellen. Den Kuchen etwa 5 Minuten abkühlen lassen. Kuchen zunächst vom Rand, dann aus der Form lösen und auf dem Kuchenrost erkalten lassen.

8. Zartbitter-Kuvertüre in kleine Stücke hacken. Zwei Drittel davon in einem Topf im Wasserbad bei schwacher Hitze unter Rühren schmelzen.

9. Den Topf aus dem Wasserbad nehmen und die restliche Kuvertüre darin unter Rühren schmelzen.

10. Die Doppelkekse damit vollständig überziehen. Schokolierte Kekse auf Backpapier trocknen lassen.

11. Den Kuchen mit der Aprikosenkonfitüre bestreichen (aprikotieren).

12. Die weiße Kuvertüre in kleine Stücke hacken und wie unter Punkt 8–9 beschrieben schmelzen. Den Kuchen vollständig mit der weißen Kuvertüre überziehen.

13. Schokolinsen als Augen, Nase und Mund in die noch feuchte Kuvertüre setzen, Gebäckstäbchen als Schnurrhaare in den Kuchen stecken. Die Kuvertüre trocknen lassen.

14. Den Kuchen da etwas einschneiden, wo die Ohren hin sollen. Doppelkekse als Ohren in den Kuchen stecken. Augen und Nase mit Zuckerschrift aufmalen.

Tipp: Soll es schneller gehen, verwenden Sie eine Backmischung „Schokokuchen".

Milchreis | Süße Mahlzeit

4 Portionen

Pro Portion: E: 13 g, F: 9 g, Kh: 60 g, kJ: 1568, kcal: 375, BE: 5,0

1 l Milch (3,5 % Fett)
1 Prise Salz
20 g Zucker
1 Pck. Dr. Oetker Vanillin-Zucker
175 g Milchreis (Rundkornreis)
20–30 g Zucker
½ TL gem. Zimt

Zubereitungszeit: 15 Minuten
Garzeit: etwa 35 Minuten

1. Die Milch mit Salz, Zucker und Vanillin-Zucker in einem Topf unter gelegentlichem Rühren zum Kochen bringen.

2. Milchreis unterrühren, unter Rühren zum Kochen bringen und mit halb aufgelegtem Deckel bei schwacher Hitze etwa 35 Minuten ausquellen lassen. Dabei gelegentlich umrühren, damit der Reis nicht anbrennt.

3. Den fertigen Milchreis noch warm mit Zucker und Zimt bestreuen und servieren. Oder den Milchreis erkalten lassen und dann mit Zimt und Zucker bestreut servieren.

Dazu schmeckt: Apfelmus, Aprikosenkompott oder Sauerkirschen (aus dem Glas). Probieren Sie während der Saison dazu frische Erdbeeren oder ein Erdbeer-Rhabarber-Kompott.

Tipp: Besonderes fein im Geschmack wird der Milchreis, wenn Sie ein Stück aufgeschnittene Vanillestange mitkochen. Nach Belieben das Mark vorher herauskratzen und in die Milch geben. Vor dem Servieren die Vanillestange entfernen.

Milch-Shake-Trio | Beliebt

je 1 Portion

Pro Erdbeer-Shake: E: 8 g, F: 22 g, Kh: 30 g, kJ: 1506, kcal: 360, BE: 2,5
Pro Bananen-Shake: E: 10 g, F: 9 g, Kh: 31 g, kJ: 1071, kcal: 256, BE: 2,5
Pro Vanille-Shake: E: 9 g, F: 31 g, Kh: 26 g, kJ: 1768, kcal: 422, BE: 2,0

Für 1 Erdbeer-Shake:

100 g Erdbeeren (frisch oder TK)
1 TL Zitronensaft
175 ml Milch (3,5 % Fett)
50 g Schlagsahne
1–2 EL Puderzucker

Für 1 Bananen-Shake:

½ kleine Banane
2 TL Zitronensaft
150 g Joghurt (3,5 % Fett)
100 ml Milch (3,5 % Fett)
2–3 TL Puderzucker

Für 1 Vanille-Shake:

1 Pck. Dr. Oetker Bourbon-Vanille-Zucker
1–2 TL Puderzucker
2 EL Zitronensaft
200 ml Milch (3,5 % Fett)
75 g Schlagsahne

Zubereitungszeit: 10 Minuten je Shake

1. Für den **Erdbeer-Shake** die frischen Erdbeeren abspülen, abtropfen lassen und die Stielansätze entfernen (tiefgekühlte Erdbeeren antauen lassen). Erdbeeren, Zitronensaft, Milch, Sahne und Puderzucker in einen Mixer oder hohen Rührbecher geben und alles kräftig durchmixen. Den Shake in ein Glas gießen und sofort servieren.

2. Für den **Bananen-Shake** die Banane schälen und in Stücke schneiden. Bananenstücke, Zitronensaft, Joghurt, Milch und Puderzucker in einen Mixer oder hohen Rührbecher geben und kräftig durchmixen. Shake in ein Glas gießen und sofort servieren.

3. Für den **Vanille-Shake** Vanille-Zucker, Puderzucker, Zitronensaft, Milch und Sahne in einen Mixer oder hohen Rührbecher geben und alles kräftig durchmixen. Den Shake in ein Glas geben und sofort servieren.

Tipps: Milch ist ein guter Kalzium-Lieferant, allerdings mögen nicht alle Kinder die Milch pur. Meist sind sie jedoch begeistert, wenn Sie Milchshakes bekommen. Bei Verwendung von vollreifen Früchten können Sie den Zucker weglassen, da genügt die Süße aus den Früchten. Möchten Sie die Shakes weniger gehaltvoll, lassen Sie die Schlagsahne weg und erhöhen die Milchmenge entsprechend. Auch mit fettarmer Milch schmecken die Shakes gut. Stecken Sie Fruchtstücke an den Glasrand und servieren sie die Shakes mit dicken Strohhalmen.

Mini-Pizza-Gesichter I

Für den Kindergeburtstag
4 Stück

Pro Stück: E: 25 g, F: 26 g, Kh: 67 g, kJ: 2514, kcal: 600, BE: 5,5

Für den Hefeteig:

300 g Weizenmehl
1 Pck. Dr. Oetker Trockenbackhefe
1 TL Zucker
½ TL Salz
2 EL Speiseöl z. B. Sonnenblumenöl
200 ml lauwarmes Wasser

Für den Belag:

150 g TK-Brokkoliröschen
Salz
200 g kleine Tomaten
4 EL Tomatenketchup
80 g Salami in Scheiben
gem. Pfeffer
gerebelter Oregano
200 g ger. Mozzarella oder Gouda

Zum Bestreuen:

einige Basilikumblättchen

Zubereitungszeit: 45 Minuten, ohne Teiggehzeit
Backzeit: etwa 20 Minuten je Backblech

1. Für den Teig Mehl in einer Rührschüssel mit Trockenbackhefe sorgfältig vermischen. Übrige Teigzutaten hinzufügen und alles mit einem Mixer (Knethaken) kurz auf niedrigster, dann auf höchster Stufe in etwa 5 Minuten zu einem glatten Teig verarbeiten.

2. Den Teig zugedeckt so lange an einem warmen Ort gehen lassen, bis er sich sichtbar vergrößert hat.

3. Für den Belag Brokkoliröschen in Salzwasser nach Packungsanleitung garen und abtropfen lassen.

4. Tomaten abspülen, abtrocknen und in Scheiben schneiden, die Stängelansätze herausschneiden.

5. Den Backofen vorheizen.
Ober-/Unterhitze: etwa 200 °C
Heißluft: etwa 180 °C

6. Den Teig leicht mit Mehl bestäuben, aus der Schüssel nehmen und auf der leicht bemehlten Arbeitsfläche nochmals kurz durchkneten. Den Teig in 4 gleich große Stücke teilen, zu Kugeln formen und jeweils zu einer runden Platte (Ø etwa 14 cm) ausrollen.

7. Jeweils 2 Teigplatten auf ein Backblech (mit Backpapier belegt) legen und mit dem Ketchup bestreichen, dabei am Rand etwa 1 cm frei lassen.

8. Den geriebenen Käse darauf verteilen. Die Salami- und Tomatenscheiben sowie die Brokkoliröschen darauf verteilen und mit Salz, Pfeffer und Oregano bestreuen.

9. Die Backbleche nacheinander (bei Heißluft zusammen) im unteren Drittel in den vorgeheizten Backofen schieben. Die Pizzen **etwa 20 Minuten je Backblech backen.**

10. Zum Bestreuen Basilikum abspülen, trocken tupfen und die Blättchen von den Stängeln zupfen. Blättchen nach Belieben in Streifen schneiden, die Pizzen vor dem Servieren damit bestreuen.

Tipps: Sie können den Teig auch mit halb Weizenmehl und halb Weizenvollkornmehl zubereiten. Legen Sie die Zutaten so auf die Teigfladen, dass Sie Gesichter bilden. Dabei sind Ihrer Fantasie kaum Grenzen gesetzt.

Rezeptvariante: Für **Mini-Pizza mit vegetarischem Belag** 200 g Doppelrahm-Frischkäse mit 1 gehäuften Teelöffel Senf, etwas Salz und 1 Esslöffel fein gehackten Basilikumblättchen verrühren. 3 Tomaten abspülen, abtrocknen, halbieren und die Stängelansätze herausschneiden. Tomatenhälften in Würfel schneiden. 170 g Champignonscheiben (aus dem Glas) abtropfen lassen. 150 g Edamer fein würfeln. Die Teigplatten mit der Frischkäsemasse bestreichen, Tomaten, Pilze und Käse darauf verteilen. Pizzen wie angegeben backen.

Möhrenaufstrich | Vegetarisch

etwa 480 g

Insgesamt: E: 40 g, F: 3 g, Kh: 78 g, kJ: 2179, kcal: 520, BE: 6,5

220 g Möhren
200 g Magerquark
Saft von
1 Orange
1 EL flüssiger Honig
2 EL Hefeflocken
2 EL Haferflocken
2 EL Rosinen
Salz

Zubereitungszeit: 30 Minuten
Haltbarkeit: gekühlt 3–4 Tage

1. Möhren putzen, schälen, abspülen, abtropfen lassen und fein raspeln. Quark mit Orangensaft und Honig verrühren. Möhrenraspel, Hefe-, Haferflocken und Rosinen unterrühren.

2. Aufstrich mit Salz abschmecken und in 2 gründlich gereinigte, gespülte und getrocknete Gläser füllen. Die Gläser mit Deckeln fest verschließen und in den Kühlschrank stellen.

Dazu schmeckt: Kürbiskern- oder Sonnenblumenkernbrot oder -brötchen.

Möhrensuppe mit Kichererbsen

Orientalisch

4 Portionen

Pro Portion: E: 10 g, F: 21 g, Kh: 29 g, kJ: 1504, kcal: 360, BE: 2,0

600 g Möhren
1 kleine Fenchelknolle
1 Zwiebel
1 Stück frischer Ingwer (walnussgroß)
1 Stängel Zitronengras
4 EL Butter oder Margarine
1–2 TL Currypulver
evtl. 4 Sternanis
Salz
800 ml Geflügelbrühe
200–300 ml Orangensaft
265 g abgetropfte Kichererbsen (aus der Dose)
200 g Joghurt (3,5 % Fett)
1 getrocknete Chilischote

Zubereitungszeit: 30 Minuten
Garzeit: etwa 15 Minuten

1. Möhren putzen, schälen, abspülen, abtropfen lassen und in grobe Stücke schneiden. Von der Fenchelknolle die Stiele dicht oberhalb der Knolle abschneiden. Braune Stellen und Blätter entfernen (Fenchelgrün evtl. zum Garnieren beiseitelegen). Das Wurzelende gerade schneiden. Knolle abspülen, abtropfen lassen, halbieren und in Stücke schneiden.

2. Zwiebel abziehen, Ingwer schälen. Zwiebel und Ingwer klein würfeln. Von dem Zitronengrasstängel die äußeren Blätter ablösen. Den Stängel in 2–3 Stücke schneiden und etwas flach klopfen.

3. Butter oder Margarine in einem Topf zerlassen. Curry, Zitronengrasstücke und nach Belieben Sternanis darin andünsten. Zwiebel-, Ingwerwürfel, Möhren- und Fenchelstücke portionsweise hinzugeben und mit andünsten. Mit 1 Teelöffel Salz würzen. Geflügelbrühe und Orangensaft hinzugießen, zum Kochen bringen und die Zutaten zugedeckt etwa 15 Minuten bei mittlerer Hitze kochen lassen.

4. Anis und Zitronengrasstücke aus der Suppe entfernen. Die Hälfte der Kichererbsen unterrühren. Die Suppe mit einem Pürierstab zu einer sämigen Suppe pürieren, nochmals mit den Gewürzen abschmecken.

5. Restliche Kichererbsen in die Suppe geben und erhitzen. Joghurt unterrühren (dann Suppe nicht mehr kochen lassen) oder separat dazureichen.

6. Chilischote im Mörser zerstoßen. Eventuell beiseitegelegtes Fenchelgrün abspülen, trocken tupfen und klein schneiden. Die Möhrensuppe mit Chili und Fenchelgrün bestreut servieren.

Dazu schmeckt: Knuspriges Baguette oder indisches Naan-Brot (aus dem Asialaden).

Tipps: Wenn ganz kleine Kinder mitessen, Chili separat dazureichen oder die Chilischote durch Paprikapulver edelsüß ersetzen. Servieren Sie den Joghurt separat dazu. Kinder lieben es, wenn sie selbst tätig werden dürfen, und akzeptieren dann auch noch unbekannte Geschmacksrichtungen eher.

Möhren-Tofu-Suppe I

Vegetarisch

4 Portionen

Pro Portion: E: 9 g, F: 9 g, Kh: 12 g, kJ: 704, kcal: 168, BE: 1,0

1 Zwiebel
600 g Möhren
2 EL Speiseöl, z. B. Sonnenblumenöl
750 ml Gemüsebrühe
2 Lorbeerblätter
1 Stange Porree (Lauch)
175 g geräucherter Tofu (aus dem Kühlregal)
1 Bio-Zitrone (unbehandelt, ungewachst)
1–2 TL Sojasauce
1 Prise Zucker
Salz
gem. Pfeffer
1 EL TK-Petersilie

Zubereitungszeit: 25 Minuten

1. Die Zwiebel abziehen, halbieren und in feine Würfel schneiden. Die Möhren putzen, schälen, abspülen und abtropfen lassen. 1 Möhre beiseitelegen, die restlichen Möhren in Scheiben schneiden.

2. Von dem Speiseöl 1 Esslöffel in einem Topf erhitzen. Die Zwiebelwürfel darin unter Rühren bei mittlerer Hitze in etwa 2 Minuten andünsten.

3. Die Möhrenscheiben hinzugeben und unter Rühren kurz mitdünsten. Dann die Gemüsebrühe und die Lorbeerblätter hinzugeben.

4. Die Suppe einmal aufkochen lassen und zugedeckt bei mittlerer Hitze etwa 15 Minuten köcheln lassen, bis die Möhrenscheiben weich sind.

5. In der Zwischenzeit den Porree putzen, die Stange längs halbieren, gründlich waschen und abtropfen lassen. Den Porree in schmale Streifen schneiden. Die beiseitegelegte Möhre in kleine Würfel schneiden.

6. Den Tofu in mundgerechte Würfel schneiden. Das restliche Speiseöl in einer großen Pfanne erhitzen. Die Porreestreifen, Möhren- und Tofuwürfel darin von allen Seiten unter gelegentlichem Rühren bei mittlerer Hitze in 5–6 Minuten anbraten. Das Gemüse beiseitestellen.

7. Die Zitrone heiß abwaschen und abtrocknen. Die Hälfte der Schale abreiben. Zitrone halbieren und von einer Hälfte den Saft auspressen.

8. Die Lorbeerblätter aus der Suppe nehmen. Die Zitronenschale in die Suppe einrühren. Die Suppe mit den Möhrenscheiben mit einem Pürierstab pürieren und nochmals kurz aufkochen lassen.

9. Das restliche Gemüse mit den Tofuwürfeln in die Suppe geben und noch etwa 3 Minuten bei schwacher Hitze darin gar ziehen lassen. Die Suppe mit 1 1/2–2 Esslöffeln Zitronensaft, der Sojasauce, dem Zucker, Salz und Pfeffer abschmecken. Zuletzt die Petersilie unter die Tofu-Möhren-Suppe rühren und sofort servieren.

Dazu schmeckt: Dünn geschnittenes Fladenbrot.

Tipps: Die Zitronenschale können Sie durch 1 Teelöffel Dr. Oetker Finesse Geriebene Zitronenschale ersetzen. Geräucherter Tofu in Kombination mit Zitronensaft, Sojasauce und Zucker gibt der Suppe ein feines, säuerlich-rauchiges Aroma. Sie können die Suppe jedoch auch mit Tofu natur zubereiten.

Mozzarella-Kartoffel-Pfanne

Vegetarisch

4 Portionen

Pro Portion: E: 13 g, F: 17 g, Kh: 21 g, kJ: 1248, kcal: 298, BE: 1,5

600 g	*festkochende Kartoffeln*
1	*Zwiebel*
3 EL	*Olivenöl*
	Salz
	gem. Pfeffer
einige	
Stängel	*frischer oder*
	½ TL gerebelter Thymian
350 g	*Zucchini*
200 g	*Mozzarella oder Mini-Mozzarella*
200 g	*Cocktailtomaten*

Zubereitungszeit: 25 Minuten
Garzeit: etwa 25 Minuten

1. Kartoffeln schälen, abspülen und abtropfen lassen. Die Kartoffeln in Scheiben oder Spalten schneiden.

2. Die Zwiebeln abziehen, zuerst in Scheiben schneiden, dann in Ringe teilen.

3. Olivenöl in einer großen Pfanne erhitzen. Kartoffelscheiben oder -spalten mit den Zwiebelringen hinzugeben und unter Wenden anbraten. Mit Salz und Pfeffer würzen.

4. Thymianstängel abspülen und trocken tupfen. Den Thymian und etwa 8 Esslöffel Wasser zu den Kartoffelscheiben oder -spalten geben und zugedeckt etwa 10 Minuten bei mittlerer Hitze garen. Dabei die Kartoffelscheiben oder -spalten gelegentlich wenden, evtl. noch etwas Wasser hinzufügen.

5. Die Zucchini abspülen, abtrocknen und die Enden abschneiden. Die Zucchini in Scheiben schneiden.

6. Die Zucchinischeiben zu den Kartoffelscheiben oder -spalten geben und weitere etwa 5 Minuten ohne Deckel unter Wenden braten.

7. Den Mozzarella abtropfen lassen, in kleine Würfel schneiden oder den Mini-Mozzarella halbieren.

8. Tomaten abspülen, trocken tupfen, evtl. halbieren und die Stängelansätze herausschneiden.

9. Tomaten und Mozzarellawürfel auf die Kartoffelscheiben oder -spalten in die Pfanne setzen. Den Deckel darauflegen.

10. Die Mozzarella-Kartoffel-Pfanne noch etwa 3 Minuten bei ausgeschalteter Kochstelle ziehen lassen. Nochmals mit Salz und Pfeffer abschmecken.

Tipps: Ganz pikant: Statt Mozzarella 4 Scheiben kräftigen Ziegenkäse auf die Kartoffelscheiben oder -spalten setzen und erwärmen. Für Fleisch-Fans fertig gekaufte Mini-Frikadellen oder zusätzlich kleine Rinder- oder Putensteaks extra braten und zu der Mozzarellapfanne reichen.

Müsli mit frischen Früchten I

Zum Frühstück

4 Portionen

Pro Portion: E: 12 g, F: 5 g, Kh: 67 g, kJ: 1541, kcal: 368, BE: 5,5

6 EL Haferflocken
6 EL Cornflakes
40 g Rosinen
je 120 g blaue und grüne kernlose Weintrauben
2 Äpfel
4 Kiwis
2 Bananen (etwa 50 g)
800 ml Milch (1,5 % Fett)

Zubereitungszeit: 15 Minuten

1. Haferflocken mit Cornflakes und Rosinen in einer Schale mischen.

2. Weintrauben abspülen und gut abtropfen lassen und trocken tupfen. Weintrauben von den Stängeln zupfen und in eine Schüssel geben.

3. Die Äpfel heiß abwaschen, abtrocknen, halbieren und die Kerngehäuse entfernen. Äpfel in dünne Spalten schneiden und zu den Weintrauben in die Schüssel geben.

4. Kiwis schälen und in Scheiben schneiden, ebenfalls in die Schüssel geben und alles vorsichtig miteinander vermengen.

5. Das Obst in Portionsschalen verteilen. Bananen schälen und in Scheiben schneiden, auf der Obstmischung verteilen.

6. Die Müslimischung auf dem Obst verteilen und die Milch daraufgießen.

Tipps: Bereiten Sie von der trockenen Müslimischung eine größere Menge zu und geben Sie sie in eine gut schließende Vorratsdose. So brauchen Sie am Morgen, wenn die Zeit knapp ist, nur noch das Obst vorzubereiten. Soll das Müsli mit in den Kindergarten, in die Schule oder ins Büro, geben Sie die Milch am besten erst unmittelbar vor dem Essen dazu. Kiwis machen die Milch bitter, wenn sie längere Zeit darin liegen.

Nudelauflauf mit Schinken I

Das mögen alle gern

4 Portionen

Pro Portion: E: 32 g, F: 20 g, Kh: 50 g, kJ: 2156, kcal: 515, BE: 3,5

2 1/2 l Wasser
2 1/2 gestr. TL Salz
250 g Nudeln, z. B. Hörnchen, Hütchen oder Penne

250 ml Fleisch- oder Gemüsebrühe
300 g TK-Pfannengemüse, italienische Art
2 Fleischtomaten
200 g Kochschinken
125 ml Milch (3,5 % Fett)
3 Eier (Größe M)
Salz
gem. Pfeffer
100 g ger. Mozzarella

Zubereitungszeit: 30 Minuten
Garzeit: etwa 45 Minuten

1. Wasser in einem großen Topf zugedeckt zum Kochen bringen. Dann Salz und Nudeln hinzugeben. Die Nudeln im geöffneten Topf bei mittlerer Hitze nach Packungsanleitung kochen lassen, dabei zwischendurch 4–5-mal umrühren.

2. Anschließend die Nudeln in ein Sieb geben, mit heißem Wasser abspülen, abtropfen lassen.

3. Den Backofen vorheizen.
Ober-/Unterhitze: etwa 180 °C
Heißluft: etwa 160 °C

4. Brühe in einem Topf zum Kochen bringen. Das Pfannengemüse hinzugeben und etwa 2 Minuten kochen lassen.

5. Die Tomaten abspülen, abtropfen lassen, dann kreuzweise einschneiden und mit kochendem Wasser übergießen. Nach 1–2 Minuten herausnehmen und mit kaltem Wasser abschrecken. Tomaten enthäuten, halbieren, entkernen, Stängelansätze herausschneiden. Tomaten in Würfel schneiden. Schinken ebenfalls würfeln.

6. Milch mit Eiern in einer großen Schüssel verschlagen, mit Salz und Pfeffer würzen. Tomaten-, Schinkenwürfel und das Pfannengemüse mit der Brühe untermischen.

7. Die Schinken-Gemüse-Masse abwechselnd mit den Nudeln in eine große, flache Auflaufform (gefettet) geben und mit Käse bestreuen.

8. Die Form auf dem Rost in den vorgeheizten Backofen schieben. Den Auflauf **etwa 45 Minuten garen.**

Tipps: Dieser absolute Lieblings-Auflauf-Klassiker lässt sich bestens vorbereiten. Da die Familie leider nicht immer gemeinsam essen kann, lässt sich das Gericht bei Bedarf portionsweise in der Mikrowelle erhitzen. Auch mit der gleichen Menge purem TK-Gemüse (z. B. Brokkoli, Blumenkohlröschen usw.) schmeckt der Auflauf lecker. Dann evtl. etwas pikanter würzen. Falls mal etwas mehr Zeit vorhanden ist und Sie frisches Gemüse verwenden möchten, benötigen Sie für diesen Auflauf etwa 500 g ungeputztes Gemüse Ihrer Wahl. Frisches Gemüse (z. B. Brokkoli, Blumenkohl, Paprika o. ä.) putzen, waschen, abtropfen lassen und etwa 5 Minuten in der Brühe vorgaren. Mit Vollkornnudeln zubereitet, liefert der Auflauf zusätzlich gesunde Ballaststoffe und Mineralien.

Nudel-Eier-Pfanne

Vegetarisch – preiswert

4 Portionen

Pro Portion: E: 22 g, F: 17 g, Kh: 80 g, kJ: 2345, kcal: 561, BE: 6,5

4 l Wasser
4 gestr. TL Salz
400 g bunte Nudeln, z. B. Spirelli
2 rote Paprikaschoten
2 grüne Paprikaschoten
4 Eier (Größe M)
8 EL Milch (3,5 % Fett)
Salz, gem. Pfeffer
Paprikapulver edelsüß
3–4 EL Speiseöl, z. B. Sonnenblumenöl

Zubereitungszeit: 30 Minuten

1. Das Wasser in einem großen Topf zugedeckt zum Kochen bringen. Salz und Nudeln zugeben. Nudeln im geöffneten Topf bei mittlerer Hitze nach Packungsanleitung bissfest kochen, ab und zu umrühren. Die Nudeln in ein Sieb geben, mit kaltem Wasser abspülen und abtropfen lassen.

2. In der Zwischenzeit Paprika halbieren, entstielen, entkernen und die weißen Scheidewände entfernen. Die Schoten abspülen, abtropfen lassen, nochmals halbieren und in dünne Streifen schneiden. Eier mit Milch verschlagen, mit Salz, Pfeffer und Paprikapulver würzen.

3. Das Öl in einer großen, beschichteten Pfanne erhitzen. Paprikastreifen unter Rühren etwa 3 Minuten darin dünsten. Nudeln unterrühren und die Eiermilch gleichmäßig daraufgießen. Die Masse bei schwacher Hitze einige Minuten stocken lassen und anschließend sofort servieren.

Dazu schmeckt: Knuspriges Ciabatta.

Tipps: Nach Belieben Tomatenketchup oder Tomatensauce dazureichen. Geben Sie nach Belieben einige schwarze Oliven mit in die Pfanne.

Nudelgratin mit Erbsen, Tomaten und Mozzarella | Einfach

4 Portionen

Pro Portion: E: 32 g, F: 32 g, Kh: 84 g, kJ: 3195, kcal: 764, BE: 7,0

4 l Wasser
4 gestr. TL Salz
400 g Nudeln, z.B. Spirelli
250 g abgetropfter Mozzarella
½ Bund Schnittlauch
200 g Schlagsahne
1 geh. TL Gemüsebrühenpulver
400 g stückige Tomaten (aus der Dose)
300 g TK-Erbsen
Salz
gem. Pfeffer

Zubereitungszeit: 30 Minuten
Überbackzeit: etwa 20 Minuten

1. Das Wasser in einem großen Topf zugedeckt zum Kochen bringen. Dann Salz und Nudeln zugeben. Die Nudeln im geöffneten Topf bei mittlerer Hitze nach Packungsanleitung bissfest kochen, dabei gelegentlich umrühren. Anschließend die Nudeln in ein Sieb geben, mit kaltem Wasser abspülen und abtropfen lassen.

2. Den Mozzarella in kleine Würfel schneiden. Den Schnittlauch abspülen, trocken tupfen und in Röllchen schneiden.

3. Den Backofen vorheizen.
Ober-/Unterhitze: etwa 200 °C
Heißluft: etwa 180 °C

4. Die Sahne in einem Topf unter Rühren erwärmen. Die Gemüsebrühe unter Rühren darin auflösen. Die Nudeln in eine große, flache Auflaufform (gefettet) geben. Stückige Tomaten mit der Sahne verrühren und auf den Nudeln verteilen.

5. Gefrorene Erbsen, zwei Drittel der Mozzarella-Würfel und zwei Drittel der Schnittlauchröllchen daraufgeben, gut mit den Nudeln vermengen. Das Ganze mit Salz und Pfeffer würzen. Restliche Mozzarella-Würfel darauf verteilen. Die Form auf dem Rost auf mittlerer Einschubleiste in den vorgeheizten Backofen schieben. Das Gratin **etwa 20 Minuten überbacken.**

6. Das Gratin vor dem Servieren mit den restlichen Schnittlauchröllchen bestreuen.

Tipp: Wenn das Gratin würziger sein soll, ersetzen Sie den Mozzarella durch 200 g mittelalten Gouda oder Bergkäse, beides dann ebenfalls fein würfeln.

Nudelsalat „Ratzfatz“ I

Auch zum Mitnehmen

4 Portionen

Pro Portion: E: 28 g, F: 20 g, Kh: 69 g, kJ: 2393, kcal: 572, BE: 5,0

3 l	*Wasser*
3 gestr. TL	*Salz*
300 g	*Nudeln, z. B. Farfalle, Spirelli oder Hörnchennudeln*
150 g	*Joghurt (3,5 % Fett)*
2–3 EL	*Salatmayonnaise*
1	*Knoblauchzehe*
	Salz
	gem. Pfeffer
140 g	*TK-Erbsen*
100 g	*Gouda*
100 g	*Kochschinken*
150 g	*Cocktailtomaten*
2	*rote Paprikaschoten*
140 g	*abgetropfter Gemüsemais (aus der Dose)*
evtl. 100 ml	*Gemüsebrühe*

Zubereitungszeit: 20 Minuten, ohne Durchziehzeit

1. Das Wasser in einem großen Topf zugedeckt zum Kochen bringen. Salz und Nudeln zugeben und die Nudeln nach Packungsanleitung bei mittlerer Hitze bissfest kochen, dabei gelegentlich umrühren.

2. In der Zwischenzeit den Joghurt mit Mayonnaise in einer kleinen Schüssel verrühren. Knoblauch abziehen und durch die Knoblauchpresse in die Sauce drücken. Sauce mit etwa ½ Teelöffel Salz und etwas Pfeffer abschmecken.

3. Anschließend die Nudeln in ein Sieb abgießen, mit warmem Wasser abspülen, gut abtropfen lassen und in eine Schüssel geben. Tiefgefrorene Erbsen hinzugeben und unterrühren.

4. Gouda und Schinken in feine Würfel schneiden. Tomaten abspülen, trocken tupfen, halbieren und Stängelansätze herausschneiden. Paprikaschoten halbieren, entstielen, entkernen und Scheidewände herausschneiden. Paprika abspülen, abtropfen lassen und in Würfel schneiden.

5. Mais, Käse-, Schinken-, Tomaten- und Paprikawürfel in die Schüssel zur Nudel-Erbsen-Mischung geben. Salatsauce unterrühren und alles gut miteinander vermengen. Den Salat zugedeckt etwa 1 Stunde im Kühlschrank durchziehen lassen.

6. Den Nudelsalat nochmals mit Salz und Pfeffer abschmecken, evtl. noch etwas Brühe unterrühren.

Tipps: Wenn Sie die Tomatenkerne entfernen oder die Cocktailtomaten, wenn sie sehr klein sind, ganz lassen, bleibt der Salat noch länger ansehnlich. Zum Picknick nehmen Sie Salz und Pfeffer mit, um vor Ort eventuell nachzuwürzen. Sehr lecker schmecken auch einige fein geschnittene Basilikumblättchen oder Schnittlauchröllchen im Salat.

Nudelsalat mit Schinkenröllchen

Gut vorzubereiten

4 Portionen

Pro Portion: E: 31 g, F: 14 g, Kh: 85 g, kJ: 2510, kcal: 601, BE: 7,0

4 l	*Wasser*
4 TL	*Salz*
400 g	*Hartweizennudeln, z. B. Spirelli*
600 g	*Zucchini*
1 EL	*Speiseöl, z. B. Olivenöl*
	Salz, gem. Pfeffer
100 g	*Rucola (Rauke)*
½ Bund	*glatte Petersilie*

Für die Salatsauce:

3 EL	*mittelscharfer Senf*
3 EL	*saure Sahne (10 % Fett)*
2 Msp.	*gem. Piment*
2 EL	*Olivenöl*

285 g	*abgetropfter Gemüsemais (aus der Dose)*
4 Scheiben	*Kochschinken*

Zubereitungszeit: 30 Minuten

1. Das Wasser in einem großen Topf zugedeckt zum Kochen bringen. Dann Salz und Nudeln zugeben. Die Nudeln im geöffneten Topf bei mittlerer Hitze nach Packungsanleitung bissfest kochen, dabei gelegentlich umrühren.

2. In der Zwischenzeit Zucchini abspülen, abtrocknen und die Enden abschneiden. Zucchini in etwa 5 cm lange dünne Streifen schneiden. Öl in einer Pfanne erhitzen. Die Zucchinistreifen darin unter Rühren anbraten, mit Salz und Pfeffer würzen, aus der Pfanne nehmen.

3. Die Nudeln in ein Sieb geben, mit kaltem Wasser abspülen und abtropfen lassen.

4. Den Rucola verlesen, dicke Stängel abschneiden. Rucola waschen und trocken schleudern, einige Blätter zum Garnieren beiseitelegen. Petersilie abspülen, trocken tupfen und die Blättchen von den Stängeln zupfen. Rucola und Petersilie in Streifen schneiden.

5. Für die Salatsauce den Senf mit saurer Sahne und Piment verrühren, mit Salz und Pfeffer abschmecken. Öl unterschlagen. Nudeln mit Mais, Rucola und Petersilie vermischen. Salatsauce unterrühren.

6. Zucchinistreifen auf die Schinkenscheiben legen. Schinken aufrollen und auf dem Salat anrichten. Den Nudelsalat mit den beiseitegelegten Rucolablättern garniert servieren.

Nudelspieße, überbacken

Einfach

4 Portionen

Pro Portion: E: 22 g, F: 24 g, Kh: 35 g, kJ: 1855, kcal: 443, BE: 2,5

250 g Cocktailtomaten
200 g Zucchini
200 g kleine Champignons
400 g Tortellini mit Käsefüllung (aus dem Kühlregal)
400 g stückige Tomaten (aus der Dose)
Salz
gem. Pfeffer
2 EL Olivenöl
100 g ger. Parmesan
1 EL gehacktes Basilikum
evtl. Parmesan zum Bestreuen

Außerdem:

6–8 Schaschlikspieße

Zubereitungszeit: 30 Minuten
Garzeit: etwa 25 Minuten

1. Den Backofen vorheizen.
Ober-/Unterhitze: etwa 200 °C
Heißluft: etwa 180 °C

2. Tomaten abspülen, abtrocknen und evtl. die Stängelansätze herausschneiden. Die Zucchini abspülen, abtrocknen und die Enden abschneiden. Zucchini in knapp 1 cm dicke Scheiben schneiden. Champignons putzen, mit Küchenpapier abreiben, evtl. abspülen und gut abtropfen lassen.

3. Abwechselnd die Tortellini, Tomaten, Champignons und Zucchinischeiben auf die Holzspieße stecken (auf jeden Spieß mindestens 4 Tortellini). Stückige Tomaten in einer großen, flachen Auflaufform (gefettet) verteilen. Die Spieße darauflegen.

4. Die restlichen Tomaten, Zucchinischeiben und Champignons mit in die Form geben, mit Salz und Pfeffer würzen. Olivenöl daraufträufeln.

5. Die Form auf dem Rost im unteren Drittel in den vorgeheizten Backofen schieben. Die Nudelspieße zunächst **etwa 10 Minuten garen.**

6. Dann die Backofentemperatur auf Ober-/Unterhitze: etwa 180 °C, Heißluft: etwa 160 °C herunterschalten. Den Parmesan auf die Nudelspieße streuen. Die Nudelspieße **weitere etwa 15 Minuten überbacken.**

7. Nudelspieße mit Basilikum bestreut servieren. Nach Belieben etwas Parmesan auf die Nudelspieße streuen oder hobeln.

Dazu schmeckt: Knuspriges Baguette oder Ciabatta.

Tipps: Die Nudelspieße können auch am Vortag vorbereitet und zugedeckt in den Kühlschrank gestellt werden. Die Garzeit erhöht sich in diesem Fall um etwa 10 Minuten. Sie können auch die Hälfte des Parmesans durch Gouda ersetzen.

Nudelsuppe | Schnell

4 Portionen

Pro Portion: E: 17 g, F: 3 g, Kh: 23 g, kJ: 797, kcal: 191, BE: 2,0

300 g Möhren
1 Kohlrabi
1 1/2 l Gemüsebrühe
50 g TK-Suppengrün
100 g Fadennudeln
200 g Kochschinken in dicken Scheiben
1/2 Bund Schnittlauch
Salz, gem. Pfeffer

Zubereitungszeit: 20 Minuten

1. Möhren putzen. Möhren und Kohlrabi schälen, abspülen, abtropfen lassen und grob raspeln.

2. Die Gemüsebrühe in einem Topf aufkochen lassen. Gefrorenes Suppengrün, Fadennudeln und Gemüseraspel hinzufügen, zum Kochen bringen und etwa 5 Minuten bei mittlerer Hitze kochen lassen.

3. In der Zwischenzeit den Schinken in kurze Streifen schneiden. Schnittlauch abspülen, trocken tupfen und in Röllchen schneiden.

4. Die Schinkenstreifen in die Suppe geben und miterwärmen. Die Suppe mit Salz und Pfeffer abschmecken, mit Schnittlauchröllchen bestreut servieren.

Dazu schmeckt: Frisches Weißbrot oder Brötchen.

Tipp: Diese Suppe ist sehr leicht und eignet sich daher ideal als Vorspeise oder für Tage, an denen das Dessert gehaltvoller ist, wie z. B. bei Kaiserschmarren (Seite 103) oder Milchreis (Seite 166).

Obstsalat | Klassisch

4–6 Portionen

Pro Portion: E: 1 g, F: 1 g, Kh: 17 g, kJ: 332, kcal: 79, BE: 1,5

1 kleiner Apfel
1 kleine Mango
1 kleine Nektarine
1 kleiner Pfirsich
1 kleine Orange
1 Kiwi
1 kleine Banane
100 g Erdbeeren
3 EL Zitronensaft
einige vorbereitete Zitronenmelisseblättchen

Zubereitungszeit: 30 Minuten

1. Den Apfel schälen, vierteln und das Kerngehäuse entfernen. Das Mangofruchtfleisch vom Stein schneiden, das Fruchtfleisch schälen. Nektarine und Pfirsich abspülen, abtrocknen, halbieren und entsteinen. Vorbereitetes Obst in Stücke schneiden. Die Orange so schälen, dass die weiße Haut mitentfernt wird. Die Orange filetieren, den dabei austretenden Saft auffangen.

2. Kiwi schälen, halbieren und in Scheiben schneiden. Die Banane schälen und ebenfalls in Scheiben schneiden. Erdbeeren abspülen, gut abtropfen lassen, entstielen und je nach Größe halbieren oder vierteln.

3. Das Obst (ohne die Bananenscheiben) mit dem Zitronensaft in einer Schüssel vermengen. Dann die Bananenscheiben sehr vorsichtig unterheben. Den Obstsalat in Portionsschälchen anrichten und mit Zitronenmelisseblättchen garniert servieren.

Tipps: Wenn es im Sommer sehr heiß ist, servieren Sie den Obstsalat zusammen mit einer Kugel Vanilleeis oder gut gekühltem Joghurt. So haben Sie eine leichte und erfrischende Mittagsmahlzeit. Den Obstsalat statt mit Zitronenmelisseblättchen mit einigen Pfefferminzblättchen garniert servieren. Ersetzen Sie den Zitronensaft dann durch die gleiche Menge Limettensaft.

Obstsalat „Kunterbunt" I

Knusprig

4 Portionen

Pro Portion: E: 5 g, F: 7 g, Kh: 34 g, kJ: 964, kcal: 230, BE: 3,0

50 g Mandelstifte
4 Kiwis
2 Orangen
2 Bananen
2 rotschalige Äpfel
2–3 EL Zitronensaft
2–3 TL Honig oder Apfeldicksaft

Zubereitungszeit: 20 Minuten, ohne Durchziehzeit

1. Mandeln in einer Pfanne ohne Fett goldbraun rösten, auf einen Teller geben und abkühlen lassen.

2. Kiwis, Orangen und Bananen schälen und alles in mundgerechte Stücke schneiden. Die Äpfel abspülen, abwaschen, trocken tupfen und vierteln. Kerngehäuse herausschneiden und das Fruchtfleisch in Würfel schneiden.

3. Die vorbereiteten Früchte mit dem Zitronensaft und Honig bzw. Dicksaft in einer Schüssel mischen und zugedeckt etwa 10 Minuten durchziehen lassen.

4. Den Obstsalat vor dem Servieren nach Belieben nochmals mit etwas Zitronensaft abschmecken und die Mandeln daraufstreuen.

Tipps: Dieser Obstsalat schmeckt frisch am besten. Möchten Sie ihn vorbereiten, stellen Sie den Obstsalat bis zum Servieren in den Kühlschrank. Wenn Sie sehr reife Früchte verwenden, benötigen Sie weniger Honig oder Agavendicksaft. Dosieren Sie dann vorsichtig.

Ofenfilet all' italiana

Leicht

4 Portionen

Pro Portion: E: 40 g, F: 15 g, Kh: 6 g, kJ: 1347, kcal: 322, BE: 0,5

600 g	*festes Fischfilet, z. B. Seelachs oder Tilapia*
1	*Bio-Zitrone (unbehandelt, ungewachst)*
500 g	*Strauchtomaten*
	Salz
	gem. Pfeffer
einige	*Stängel Rosmarin, Thymian oder Basilikum*
125 g	*abgetropfter Mozzarella*
4 EL	*ger. Parmesan*
1 EL	*Vollkorn-Semmelbrösel*
einige	*Basilikumblättchen*

Zubereitungszeit: 20 Minuten
Garzeit: etwa 25 Minuten

1. Fischfilets kurz unter fließendem kalten Wasser abspülen, trocken tupfen und in 4 Portionen teilen.

2. Die Zitrone heiß abwaschen, abtrocknen und die Schale abreiben. Von der Zitronenschale etwa 1 Teelöffel abmessen. Zitrone halbieren, den Saft auspressen und 2 Esslöffel abmessen. Die Fischfiletstücke mit 2 Esslöffeln Zitronensaft beträufeln.

3. Den Backofen vorheizen.
Ober-/Unterhitze: etwa 180 °C
Heißluft: etwa 160 °C

4. Die Tomaten kreuzweise einschneiden und mit kochendem Wasser begießen. Nach 1–2 Minuten herausnehmen und mit kaltem Wasser abschrecken. Anschließend enthäuten, halbieren und die Stängelansätze herausschneiden. Tomatenhälften in dicke Scheiben schneiden.

5. Die Fischfiletstücke in einer flachen Auflaufform (gefettet) verteilen. Fischstücke mit Salz, Pfeffer und der abgemessenen Zitronenschale würzen. Die Tomatenscheiben dachziegelartig auf die Fischfiletstücke legen, diese auch mit Salz und Pfeffer würzen.

6. Kräuter abspülen und trocken tupfen. Die Blättchen bzw. Nadeln von den Stängeln zupfen. Blättchen und Nadeln klein schneiden und auf den Tomatenscheiben verteilen.

7. Den Mozzarella in dünne Scheiben schneiden und auf die Tomatenscheiben legen. Parmesan mit Semmelbröseln mischen und daraufstreuen. Die Form auf dem Rost in den vorgeheizten Backofen schieben. Ofenfilets **etwa 25 Minuten garen.**

8. Basilikumblättchen abspülen und trocken tupfen. Die Ofenfilets auf einer vorgewärmten Platte anrichten und mit den Basilikumblättchen bestreut servieren.

Dazu schmecken: Reis, Orecchiette (kleine öhrchenförmige Nudeln) oder Polenta.

Ofengemüse mit Käsehaube

Vegetarisch

4 Portionen

Pro Portion: E: 18 g, F: 19 g, Kh: 49 g, kJ: 1872, kcal: 447, BE: 4,0

3	*Möhren*
1 1/4 kg	*große Kartoffeln*
1	*mittelgroße Zucchini*
1 Stange	*Porree (Lauch)*
	Salz
	gem. Pfeffer
125 ml	*Gemüsebrühe*
100 ml	*Milch (1,5 % Fett)*
150 g	*Crème légère*
2	*Eier (Größe M)*
1/2 gestr. TL	*Kümmelsamen*
	ger. Muskatnuss
1 Bund	*Schnittlauch*
100 g	*Gratin-Käse (42 % Fett)*
evtl. einige	*vorbereitete Petersilienblättchen*

Zubereitungszeit: 40 Minuten
Garzeit: etwa 45 Minuten

1. Den Backofen vorheizen.
Ober-/Unterhitze: etwa 200 °C
Heißluft: etwa 180 °C

2. Die Möhren putzen. Möhren und Kartoffeln schälen, abspülen, abtropfen lassen und in dünne Scheiben schneiden oder hobeln. Zucchini abspülen, abtrocknen und die Enden abschneiden. Die Zucchini ebenfalls in Scheiben schneiden. Porree putzen, gründlich waschen, abtropfen lassen und in Streifen schneiden.

3. Salzwasser in einem Topf zum Kochen bringen. Die Kartoffel- und Möhrenscheiben darin etwa 5 Minuten vorgaren, mit einem Schaumlöffel herausnehmen und abtropfen lassen.

4. Die Zucchinischeiben und Porreestreifen darin etwa 1–2 Minuten vorgaren. Die Zucchinischeiben und Porreestreifen anschließend ebenfalls abtropfen lassen.

5. Gemüse in eine Auflaufform (gefettet) einschichten, zwischendurch mit Salz und Pfeffer bestreuen. Gemüsebrühe, Milch, Crème légère und Eier verquirlen, mit Salz, Kümmel, Muskat und Pfeffer kräftig würzen.

6. Schnittlauch abspülen, trocken tupfen, in feine Röllchen schneiden und hinzugeben. Die Eiermilch auf das Gemüse gießen und den Gratin-Käse darauf verteilen. Die Form auf dem Rost in den vorgeheizten Backofen schieben. Das Ofengemüse **etwa 45 Minuten garen.**

7. Das Ofengemüse zum Ende der Garzeit evtl. mit Alufolie zudecken, damit der Käse nicht zu dunkel wird. Nach Belieben mit Petersilie garnieren.

Orangen-Whoopies mit Himbeer- und Kokosfüllung I

Für den Kindergeburtstag

34 Stück

Pro Stück: E: 0 g, F: 3 g, Kh: 4 g, kJ: 182, kcal: 43, BE: 0,5

Zum Vorbereiten:

20 g Kokosraspel

Für die Füllung:

50 g Butter oder Margarine (zimmerwarm)
100 g Joghurt-Frischkäse (12 % Fett)
25 g Puderzucker
1 Pck. Dr. Oetker Bourbon-Vanille-Zucker
1 EL Himbeergelee

125 g runde Biskuitplätzchen mit Orangengeschmack

Zubereitungszeit: 25 Minuten

1. Zum Vorbereiten die Kokosraspel in einer kleinen Pfanne ohne Fett unter Rühren leicht anrösten. Kokosraspel auf einen Teller geben und abkühlen lassen. Ein Tablett (soll in den Kühlschrank passen) mit Backpapier belegen.

2. Inzwischen für die Füllung Butter oder Margarine, Frischkäse, Puderzucker und Vanille-Zucker in eine Rührschüssel geben und mit einem Mixer (Rührstäbe) auf mittlerer Stufe zu einer glatten Creme rühren. Creme halbieren. Eine Hälfte der Creme in eine andere Schüssel geben.

3. Für die Himbeer-Frischkäse-Creme das Himbeergelee mit einer Gabel glatt rühren, dann mit einem Schneebesen unter eine Hälfte der Creme rühren. Für die Kokos-Frischkäse-Creme die Hälfte der Kokosraspel unter die andere Hälfte der Creme rühren.

4. Ein Viertel der Biskuit-Plätzchen (etwa 17 Stück) mit einem Messer mit der Himbeer-Frischkäse-Creme bestreichen. Mit je 1 Biskuit-Plätzchen zu einem kleinen Whoopie zusammensetzen. Ein weiteres Viertel der Plätzchen mit der Kokos-Frischkäse-Creme bestreichen und ebenfalls mit je 1 weiteren Plätzchen zu einem Whoopie zusammensetzen.

5. Den Rand der zusammengesetzten Kokos-Whoopies in den restlichen Kokosraspeln wälzen. Orangen-Whoopies auf dem Backpapier bis zum Verzehr in den Kühlschrank stellen.

Tipps: Diese Whoopies sind schnell gemacht. Sie sollten nicht vorbereitet werden, da sie schnell durchweichen. Die Creme und die Kokosraspel können schon am Vortag zubereitet werden. Whoopies kurz vor dem Servieren zusammensetzen. Statt Himbeergelee schmecken auch andere Fruchtsorten, z. B. Pfirsich oder Mango. Es eignen sich sowohl Gelees als auch samtige Fruchtaufstriche.

Orecchiette-Blumenkohl-Pfanne

Preiswert
4 Portionen

Pro Portion: E: 19 g, F: 26 g, Kh: 59 g, kJ: 2303, kcal: 551, BE: 5,0

2	*Eier (Größe M)*
2	*Frühlingszwiebeln*
50 g	*roher Schinken, in dünnen Scheiben*
30 g	*Butter*
2 EL	*Semmelbrösel*
	1 TL abgeriebene Schale von
1	*Bio-Zitrone (unbehandelt, ungewachst)*
1	*Blumenkohl*
2 EL	*Speiseöl, z. B. Rapsöl*
200 ml	*Gemüsebrühe*
125 g	*Schlagsahne*
	Salz
	gem. Pfeffer
	ger. Muskatnuss
2 1/2–3 l	*Wasser*
2 1/2–3 gestr. TL	*Salz*
250–300 g	*Orechiette (Öhrchennudeln)*
1–2 TL	*Weizenmehl*
1 EL	*kaltes Wasser*

Zubereitungszeit: 25 Minuten
Garzeit: 8–10 Minuten

1. Eier in kochendem Wasser in etwa 8 Minuten wachsweich kochen. Die Eier abschrecken und warm stellen.

2. In der Zwischenzeit Frühlingszwiebeln putzen, abspülen, abtropfen lassen und in Scheiben schneiden. Schinken in Streifen schneiden.

3. Butter in einer großen Pfanne zerlassen. Schinkenstreifen darin knusprig braten, herausnehmen und auf Küchenpapier abtropfen lassen. Semmelbrösel und die Zitronenschale in dem verbliebenen Bratfett unter Rühren goldbraun rösten, herausnehmen und auf einem Teller abkühlen lassen.

4. Vom Blumenkohl die Blätter entfernen und den Strunk abschneiden. Den Blumenkohl in kleine Röschen teilen, abspülen und abtropfen lassen.

5. Speiseöl zum Bratfett in die Pfanne geben. Blumenkohlröschen darin unter vorsichtigem Wenden leicht anbraten. Frühlingszwiebelscheiben hinzugeben und kurz mit anbraten. Brühe und Sahne hinzugießen, mit Salz, Pfeffer und Muskat würzen. Die Zutaten zum Kochen bringen und zugedeckt 8–10 Minuten garen.

6. Inzwischen Wasser in einem großen Topf zugedeckt zum Kochen bringen. Salz und hinzugeben. Die Orecchiette im geöffneten Topf bei mittlerer Hitze nach Packungsanleitung bissfest garen, dabei gelegentlich umrühren.

7. Mehl mit Wasser anrühren, unter Rühren zu den Blumenkohlröschen geben und unter gelegentlichem Rühren 2–3 Minuten köcheln lassen. Dann die garen Orecciette in ein Sieb geben, mit heißem Wasser abspülen und abtropfen lassen. Die Orecchiette zu den Blumenkohlröschen in die Pfanne geben und gut vermischen. Nochmals mit den Gewürzen abschmecken. Eier pellen und halbieren. Orecchiette mit Blumenkohl, Eierhälften, Semmelbröseln und Schinkenstreifen auf Tellern anrichten.

Paprikanest | Kleiner Snack

4 Portionen

Pro Portion: E: 10 g, F: 7 g, Kh: 36 g, kJ: 1043, kcal: 249, BE: 2,0

125 g Zartweizen (vorgegarter Weizen)
1 l Gemüsebrühe
2 rote oder gelbe Paprikaschoten
3 Möhren
1 Kästchen Kresse
50 g Kochschinken ohne Fettrand

Für die Marinade:

1 EL Weißweinessig
2 EL Olivenöl
Salz
1 Prise Currypulver
1 Prise Zucker

Zubereitungszeit: 20 Minuten

1. Zartweizen nach Packungsanleitung in der Gemüsebrühe zubereiten und abgießen.

2. In der Zwischenzeit Paprika halbieren, entstielen, entkernen und die weißen Scheidewände entfernen. Die Schoten abspülen und abtropfen lassen.

3. Möhren putzen, schälen, abspülen, abtropfen lassen und raspeln.

4. Kresse abspülen, vorsichtig trocken tupfen und vom Beet schneiden. Schinken in dünne Streifen schneiden.

5. Für die Marinade Essig mit Öl verrühren, mit Salz, Curry und Zucker abschmecken. Möhrenraspel, Kresse, gekochten Zartweizen und Schinken mit der Marinade vermengen.

6. Die Füllung nochmals mit den Gewürzen abschmecken und in die Paprikahälften füllen. Evtl. restliche Füllung dazureichen.

Paprika-Nudel-Eintopf

Einfach – macht richtig satt

4 Portionen

Pro Portion: E: 32 g, F: 27 g, Kh: 54 g, kJ: 2492, kcal: 595, BE: 3,5

Für die Fleischklößchen:

1 Brötchen (Semmel) vom Vortag
400 g Gehacktes (halb Rind-, halb Schweinefleisch)
1 Ei (Größe M)
Salz
gem. Pfeffer
Paprikapulver edelsüß

Für den Eintopf:

1 Bund Suppengrün (Möhren, Sellerie, Porree)
2–3 EL Speiseöl, z. B. Sonnenblumenöl
je 1 rote, grüne und gelbe Paprikaschote
1 l Fleischbrühe
400 g stückige Tomaten (aus der Dose)
2 l Wasser
2 gestr. TL Salz
200 g Hörnchennudeln

1 EL fein gehackte Petersilie

Zubereitungszeit: 30 Minuten
Garzeit: etwa 15 Minuten

1. Für die Klößchen das Brötchen in kaltem Wasser einweichen und anschließend gut ausdrücken. Das Gehackte in einer Schüssel mit dem ausgedrückten Brötchen und dem Ei zu einem glatten Teig verkneten. Die Fleischmasse mit Salz, Pfeffer und Paprika würzen. Aus der Masse mit angefeuchteten Händen kleine Klößchen formen.

2. Für den Eintopf Sellerie und Möhren putzen, schälen, abspülen und abtropfen lassen. Beides in Würfel schneiden. Porree putzen, die Stange längs halbieren, gründlich waschen, abtropfen lassen und in Stücke schneiden. Das Öl in einem Topf erhitzen. Die Gemüsestücke darin andünsten.

3. Die Paprikaschoten halbieren, entstielen, entkernen und die weißen Scheidewände entfernen. Die Schotenhälften abspülen, abtropfen lassen und in kleine Stücke schneiden.

4. Die Paprikastücke zum angedünsteten Gemüse geben. Anschließend die Fleischbrühe hinzugießen, zum Kochen bringen und etwa 5 Minuten zugedeckt bei schwacher Hitze kochen lassen.

5. Die Fleischklößchen und die Tomaten in den Eintopf geben. Die Zutaten zum Kochen bringen und zugedeckt bei schwacher Hitze etwa 10 Minuten gar ziehen lassen.

6. In der Zwischenzeit das Wasser in einem großen Topf zugedeckt zum Kochen bringen. Dann Salz und Nudeln hinzugeben. Die Nudeln im geöffneten Topf bei mittlerer Hitze nach Packungsanleitung bissfest kochen, dabei gelegentlich umrühren. Dann die Nudeln in ein Sieb geben, mit heißem Wasser abspülen und abtropfen lassen.

7. Die Nudeln in den Eintopf geben. Den Eintopf mit Salz und Pfeffer abschmecken, mit Petersilie bestreut servieren.

Dazu schmeckt: Tomaten- oder Kräuter-Baguette.

Penne mit Tomatensauce „Primavera" | Vegetarisch

4 Portionen

Pro Portion: E: 21 g, F: 8 g, Kh: 92 g, kJ: 2215, kcal: 530, BE: 7,0

2 rote Paprikaschoten
4 kleine Zucchini
200 g Zuckerschoten
1 Bund Frühlingszwiebeln
2 EL Olivenöl
3 l Wasser
400 g stückige Tomaten (aus der Dose)
Salz, gem. Pfeffer
Paprikapulver edelsüß
gerebelter Oregano
3 gestr. TL Salz
400 g Pennini (kleine Penne-Nudeln)
2–3 EL gehackte Petersilie

Zubereitungszeit: 30 Minuten
Garzeit: etwa 15 Minuten

1. Paprikaschoten halbieren, entstielen, entkernen und die weißen Scheidewände entfernen. Schoten abspülen, abtropfen lassen und in Streifen schneiden.

2. Zucchini abspülen, abtrocknen und die Enden abschneiden. Zucchini längs halbieren, evtl. vierteln und in Scheiben schneiden.

3. Von den Zuckerschoten die Enden abschneiden, evtl. abfädeln. Schoten abspülen, abtropfen lassen und evtl. halbieren. Die Frühlingszwiebeln putzen, abspülen, abtropfen lassen und in Scheiben schneiden. Einige Frühlingszwiebelscheiben beiseitelegen.

4. Olivenöl in einem großen Topf erhitzen. Paprikastreifen hinzufügen und etwa 2 Minuten unter Rühren andünsten. Zucchini- und Frühlingszwiebelscheiben hinzugeben und unter Rühren weitere etwa 5 Minuten dünsten.

5. Für die Nudeln Wasser in einem großen Topf zugedeckt zum Kochen bringen.

6. In der Zwischenzeit die Tomaten unter die Sauce rühren. Mit Salz, Pfeffer, Paprika und Oregano würzen. Zuckerschoten daraufgeben, nicht unterrühren. Die Tomatensauce etwa 5 Minuten bei schwacher Hitze leicht kochen lassen.

7. Salz und Nudeln in den Topf mit dem kochenden Wasser geben. Die Nudeln im geöffneten Topf bei mittlerer Hitze nach Packungsanleitung bissfest kochen, dabei gelegentlich umrühren. Anschließend die Nudeln in ein Sieb geben, mit heißem Wasser abspülen und abtropfen lassen.

8. Die Tomatensauce mit den Nudeln vermischen, auf Tellern anrichten und mit den beiseitegelegten Frühlingszwiebeln und Petersilie bestreut servieren

Tipps: Die leckere Sauce passt sehr gut auch zu Vollkornreis. Besonders schön sieht es aus, wenn Sie etwas von dem angedünsteten Gemüse vor dem Vermischen mit den Tomaten beiseitelegen und vor dem Servieren leicht unter das fertige Gericht mischen.

Penneauflauf mit Brokkoli und Tomaten | Schnell

4 Portionen

Pro Portion: E: 24 g, F: 21 g, Kh: 56 g, kJ: 2146, kcal: 512, BE: 4,5

2 1/2 l	*Wasser*
2 1/2 gestr. TL	*Salz*
250 g	*Nudeln, z. B. Penne*
500 g	*Brokkoli*
	Salz
25 g	*Butter*
2 EL	*TK-Zwiebelwürfel*
25 g	*Weizenmehl*
375 ml	*Milch (3,5 % Fett)*
125 g	*ger. Emmentaler*
	Kräutersalz
	gem. Pfeffer
150 g	*Cocktailtomaten*

Zubereitungszeit: 25 Minuten
Garzeit: etwa 25 Minuten

1. Wasser in einem großen Topf zugedeckt zum Kochen bringen. Dann Salz und Nudeln hinzugeben. Die Nudeln im geöffneten Topf bei mittlerer Hitze nach Packungsanleitung knapp bissfest kochen, dabei gelegentlich umrühren.

2. In der Zwischenzeit vom Brokkoli die Blätter entfernen. Brokkoli in Röschen teilen. Salzwasser in einem Topf zum Kochen bringen. Brokkoliröschen abspülen, abtropfen lassen und in den Topf geben. Brokkoli zugedeckt bei schwacher Hitze etwa 4 Minuten kochen. Dann Nudeln und Brokkoli in ein Sieb geben, mit kaltem Wasser abspülen und abtropfen lassen.

3. Den Backofen vorheizen.
Ober-/Unterhitze: etwa 200 °C
Heißluft: etwa 180 °C

4. Butter in einem Topf zerlassen. Zwiebelwürfel darin andünsten. Mehl hinzufügen und unter Rühren so lange erhitzen, bis es hellgelb ist. Milch unter Rühren hinzugießen, mit einem Schneebesen durchschlagen. Dabei darauf achten, dass keine Klümpchen entstehen. Die Sauce unter gelegentlichem Rühren etwa 2 Minuten köcheln lassen.

5. Den Topf von der Kochstelle nehmen. Etwa zwei Drittel vom Käse unter die Sauce rühren und mit Kräutersalz und Pfeffer würzen. Tomaten abspülen, abtrocknen und halbieren, die Stängelansätze herausschneiden. Nudeln mit Brokkoliröschen und Tomatenhälften in eine große, flache Auflaufform (gefettet) geben. Sauce und restlichen Käse darauf verteilen.

6. Die Form auf dem Rost auf mittlerer Einschubleiste in den vorgeheizten Backofen schieben. Den Auflauf **etwa 25 Minuten garen.**

Tipp: Noch schneller ist der Auflauf zubereitet, wenn Sie die Brokkoliröschen zusammen mit den Nudeln kochen. Dazu die Brokkoliröschen etwa die letzten 4 Minuten mit zu den Nudeln in den Topf geben und mitgaren.

Pesto-Filet | Echtes Sonntagsessen

4 Portionen

Pro Portion: E: 39 g, F: 16 g, Kh: 6 g,
kJ: 1373, kcal: 328, BE: 0,0

600–700 g Schweinefilet
Salz
gem. Pfeffer
2 EL Butterschmalz
3–4 mittelgroße Zucchini
2 Knoblauchzehen
2 EL Olivenöl
2 TL Zucker
2 EL Weißweinessig
2 Zweige frischer oder
½ TL gerebelter Oregano
2 EL Basilikum-Pesto
(aus dem Glas)

Zubereitungszeit: 15 Minuten, ohne Ruhezeit
Garzeit: etwa 15 Minuten

1. Schweinefilet mit Küchenpapier trocken tupfen, mit Salz und Pfeffer würzen. Butterschmalz in einer Pfanne erhitzen. Schweinefilet darin von allen Seiten bei starker Hitze kräftig anbraten. Das Schweinefilet 10–15 Minuten bei mittlerer Hitze unter mehrmaligem Wenden braten.

2. Zucchini abspülen, abtrocknen und die Enden abschneiden. Zucchini in dicke Scheiben schneiden. Knoblauch abziehen und zerdrücken.

3. Olivenöl in einer Pfanne erhitzen. Knoblauch und Zucchinischeiben darin unter Rühren anbraten. Mit Zucker bestreuen und leicht karamellisieren lassen. Zucchinischeiben mit Essig, Salz und Pfeffer würzen, unter Rühren etwa 2 Minuten dünsten.

4. Oreganozweige abspülen und trocken tupfen. Die Blättchen von den Stängeln zupfen. Blättchen evtl. klein schneiden. Oregano unter das Zucchini-Gemüse mischen.

5. Schweinefilet aus der Pfanne nehmen, kurz in Alufolie wickeln und einige Minuten ruhen lassen.

6. Schweinefilet aus der Alufolie wickeln. Den ausgetretenen Fleischsaft zu dem Zucchini-Gemüse geben und unterrühren.

7. Die Schweinefilet rundherum mit Pesto einstreichen, in Scheiben schneiden und mit dem Zucchini-Gemüse auf einer vorgewärmten Platte anrichten.

Dazu schmecken: Polenta, Bandnudeln oder Röstkartoffeln.

Tipps: Probieren Sie Pesto mal zu frischen, neuen Pellkartoffeln oder Ofenkartoffeln in der Folie. Gebratene Koteletts oder Hackbraten bringen, mit etwas Pesto bestrichen, Abwechslung in den Speiseplan. Haben Sie Kinder, die kein Fleisch essen, dann servieren Sie zum Zucchini-Gemüse in der Pfanne leicht geschmolzenen Mozzarella mit etwas Pesto. Falls vom Zucchini-Gemüse etwas übrig bleibt, Gemüse erkalten lassen und z. B. mit einigen gewürfelten Tomaten und Baguette als Antipasti servieren.

Pfannkuchen mit Apfel-Quark-Füllung I

Beliebt

4 Stück

Pro Stück: E: 16 g, F: 13 g, Kh: 41 g, kJ: 1482, kcal: 354, BE: 3,5

2 Eier (Größe M)
150 ml Milch (3,5 % Fett)
1 EL Zucker
1 Prise Salz
100 g Weizenmehl
25 g feine Haferflocken
50 ml Mineralwasser mit Kohlensäure
2 EL Margarine

Für die Füllung:

250 g Magerquark
1 Pck. Dr. Oetker Vanillin-Zucker
1 EL Zitronensaft
1 großer Apfel
1–2 EL Zucker
1 Prise gem. Zimt

Zubereitungszeit: 40 Minuten, ohne Teigruhezeit

1. Eier, Milch, Zucker und Salz in einen hohen Rührbecher geben und alles mit einem Mixer (Rührstäbe) verschlagen. Mehl und Haferflocken dazugeben. Zuerst kurz auf niedrigster Stufe unterrühren, dann auf höchster Stufe kräftig durchrühren. Den Teig etwa 10 Minuten ruhen lassen.

2. In der Zwischenzeit für die Füllung Quark, Vanillin-Zucker und Zitronensaft in einer Schüssel verrühren. Apfel abwaschen und abtrocknen. Apfel halbieren und das Kerngehäuse herausschneiden. Apfel auf einer groben Reibe direkt in den Quark raspeln und unterrühren. Den Apfelquark mit Zucker und Zimt abschmecken.

3. Den Pfannkuchenteig nochmals durchrühren und das Mineralwasser dazugießen, kurz unterrühren. Pro Pfannkuchen etwa 1/2 Teelöffel Margarine bei mittlerer Hitze in einer beschichteten Pfanne (Ø 24 cm) erhitzen. Pro Pfannkuchen etwa ein Viertel des Teiges

in die Pfanne gießen. Den Teig mit einer drehenden Bewegung gleichmäßig auf dem Boden der Pfanne verteilen. Den Pfannkuchen bei mittlerer Hitze etwa 2 Minuten goldbraun backen, bis die Teigoberfläche nicht mehr feucht ist. Pfannkuchen mit einem Pfannenwender wenden, etwas Margarine in die Pfanne geben und den Pfannkuchen fertig backen.

4. Den Pfannkuchen sofort mit dem Apfelquark füllen und aufrollen. Pfannkuchen warm stellen oder sofort servieren. Weitere 3 Pfannkuchen aus dem restlichen Teig backen und füllen.

Dazu schmeckt: Kakaomilchgetränk.

Tipp: Zum Servieren einen Apfel abspülen, abtrocknen und in dünne Spalten schneiden.

Rezeptvariante: Für **Bananen-Schoko-Pfannkuchen** die Pfannkuchen wie beschrieben backen. Dann die Pfannkuchen mit je 1 Teelöffel Nuss-Nougat-Creme bestreichen, mit 1/4 in Scheiben geschnittener Banane belegen und vorsichtig aufrollen.

Piratenkuchen

Für den Kindergeburtstag
12 Stücke

Pro Stück: E: 8 g, F: 32 g, Kh: 61 g, kJ: 2358, kcal: 563, BE: 5,0

Für den All-in-Teig:

200 g Weizenmehl
1 Pck. Dr. Oetker Pudding-Pulver Vanille-Geschmack
3 gestr. TL Dr. Oetker Backin
150 g Zucker
200 g Butter oder Margarine (zimmerwarm)
3 Eier (Größe M)
100 ml Milch (3,5 % Fett)
75 g Raspelschokolade (Vollmilch oder Zartbitter)

Zum Dekorieren:

200 g Marzipan-Rohmasse
1 EL Puderzucker
rote, blaue und grüne Speisefarbe
2–3 EL heiße Aprikosenkonfitüre (ohne Fruchtstücke)
50 g Rollfondant
250 g weiße Kuvertüre
etwa 75 g Schoko-Tröpfchen
1 weiße Schokolinse
1 lange Lakritzstange
braune Zuckerschrift

Zubereitungszeit: 55 Minuten, ohne Abkühlzeit
Backzeit: 25–30 Minuten

1. Den Backofen vorheizen.
Ober-/Unterhitze: etwa 180 °C
Heißluft: etwa 160 °C

2. Für den Teig das Mehl mit Pudding-Pulver und Backpulver in einer Rührschüssel mischen. Zucker, Butter oder Margarine, Eier und Milch hinzufügen. Alles mit einem Mixer (Rührstäbe) erst kurz auf niedrigster, dann auf höchster Stufe etwa 2 Minuten zu einem glatten Teig verarbeiten. Die Raspelschokolade zuletzt kurz unterrühren. Den Teig in eine Springform (Ø 24 cm, Boden gefettet, mit Backpapier ausgelegt) geben und glatt streichen.

3. Die Form auf dem Rost in den vorgeheizten Backofen schieben. Den Kuchen **25–30 Minuten backen.**

4. Die Form auf einen Kuchenrost stellen. Kuchen zunächst vom Rand, dann aus der Form lösen und auf dem Kuchenrost erkalten lassen. Das Backpapier vorsichtig abziehen.

5. Zum Dekorieren Marzipan mit Puderzucker verkneten. Ein walnussgroßes Stück abnehmen und daraus die Nase formen. Das restliche Marzipan mit Speisefarbe rot färben und zwischen zwei Lagen Frischhaltefolie so ausrollen, dass es in etwa die Kopftuchform bekommt.

6. Kuchen mit der Konfitüre bestreichen (aprikotieren).

7. Rote, blaue und grüne Speisefarbe mischen, damit man Schwarz erhält. Fondant weich kneten und in 2 gleich große Portionen teilen. Eine Hälfte Fondant auf der leicht bemehlten Arbeitsfläche dünn ausrollen (für die Streifen auf dem Kopftuch). Die andere Hälfte Fondant schwarz färben.

8. Das ausgerollte Marzipan sauber in Kopftuchform ausschneiden. Aus dem schwarzen Fondant die Augenklappe mit Band formen.

9. Kuvertüre in kleine Stücke hacken. Zwei Drittel davon in einem Topf im Wasserbad bei schwacher Hitze unter Rühren schmelzen. Den Topf aus dem Wasserbad nehmen und die restliche Kuvertüre darin unter Rühren schmelzen. So viele Schoko-Tröpfchen einrühren, bis der Guss hautfarben ist. Den Kuchen vollständig damit überziehen.

10. Schoko-Tröpfchen für die Bartstoppeln, Schokolinse für das Auge, Marzipannase und die Lakritzstange als Mund in den noch feuchten Guss einsetzen. Auf die Linse mit brauner Zuckerschrift eine Pupille malen. Zuletzt das Kopftuch anbringen. Die weißen Fondantstreifen darüberlegen und vorsichtig festdrücken. Guss trocknen lassen.

Piratenschiffkuchen

Für den Kindergeburtstag

12 Stücke

Pro Stück: E: 5 g, F: 27 g, Kh: 52 g, kJ: 1976, kcal: 470, BE: 4,5

Für den Rührteig:

200 g Butter oder Margarine (zimmerwarm)
175 g Zucker
1 Pck. Dr. Oetker Vanillin-Zucker
1 Prise Salz
4 Eier (Größe M)
175 g Weizenmehl
25 g Speisestärke
25 g gesiebtes Kakaopulver
1 gestr. TL Dr. Oetker Backin
2 EL Milch (3,5 % Fett)
50 g Raspelschokolade (Vollmilch oder Zartbitter)

Zum Dekorieren:

2–3 EL heiße Aprikosenkonfitüre (ohne Fruchtstücke)
1–2 EL Puderzucker
eckige schmale Waffeln, z. B. Neapolitaner
schwarzes Tonpapier
Piratenaufkleber
2 lange Holzstäbchen (Schaschlikspieße)
Fruchtgummi-Figuren
300 g dunkle Kuchenglasur
1 Lakritz-Schnecke
4 Stücke Lakritz-Konfekt
4 Zahnstocher

Zubereitungszeit: 55 Minuten, ohne Abkühlzeit
Backzeit: etwa 60 Minuten

1. Den Backofen vorheizen.
Ober-/Unterhitze: etwa 180 °C
Heißluft: etwa 160 °C

2. Für den Teig Butter oder Margarine mit einem Mixer (Rührstäbe) auf höchster Stufe geschmeidig rühren. Nach und nach Zucker, Vanillin-Zucker und Salz unterrühren. So lange rühren, bis eine gebundene Masse entstanden ist.

3. Eier nach und nach unterrühren (jedes Ei etwa ½ Minute). Mehl mit Speisestärke, Kakaopulver und Backpulver mischen, abwechselnd mit der Milch in 2 Portionen auf mittlerer Stufe kurz unterrühren. Zuletzt Raspelschokolade kurz unterrühren. Den Teig in eine Kastenform (25 x 11 cm, gefettet, gemehlt) geben und glatt streichen.

4. Die Form auf dem Rost in den vorgeheizten Backofen stellen und den Kuchen **etwa 60 Minuten backen.**

5. Anschließend die Form auf einen Kuchenrost stellen. Kuchen zunächst vom Rand, dann aus der Form lösen und auf dem Kuchenrost erkalten lassen.

6. Die Oberseite des Kuchens gerade abschneiden. Den unteren Kuchenteil umdrehen. Daraus das Schiff so zuschneiden, dass es eine Erhöhung zum hinteren Steuerradbereich gibt. Kuchen mit der Konfitüre bestreichen (aprikotieren).

7. Puderzucker mit etwas Wasser zu einer dickflüssigen Masse verrühren. Die Waffeln damit zusammenkleben und als Reling auf den Kuchen kleben.

8. Die Segel aus Tonpapier zuschneiden und mit den Aufklebern bekleben, dann die Spieße durchstechen. Fruchtgummi-Figuren evtl. mit Zuckerguss zusammenkleben.

9. Kuchenglasur nach Packungsanleitung auflösen. Das Schiff vollständig damit überziehen.

10. In den noch flüssigen Guss die Segel einstecken. Fruchtgummi-Figuren in die flüssige Schokolade stellen, die Lakritz-Schnecke als Steuerrad einbauen. Lakritz-Konfekt auf Zahnstocher piksen und als Kanonen an den Längsseiten des Schiffs positionieren. Die Glasur trocknen lassen.

Tipp: Soll es schneller gehen, verwenden Sie eine Backmischung „Schokokuchen".

Piratenschmaus I

Sorgt für Begeisterung

4 Portionen

Pro Portion: E: 20 g, F: 26 g, Kh: 50 g, kJ: 2183, kcal: 520, BE: 4,0

1 kg	*mehligkochende Kartoffeln*
	Salz
500 g	*Brokkoli*
4 EL	*Speiseöl*
12–15	*Fischstäbchen*
etwa 200 ml	*Milch (3,5 % Fett)*
50 g	*Butter*
	ger. Muskatnuss

Außerdem:

einige	*Partyfähnchen mit Piratenmotiv*

Zubereitungszeit: 45 Minuten

1. Kartoffeln schälen, abspülen, abtropfen lassen und in Stücke schneiden. Kartoffelstücke in einem Topf knapp mit Wasser bedeckt, zugedeckt zum Kochen bringen und Salz hinzugeben. Die Kartoffelstücke in 15–20 Minuten gar kochen.

2. In der Zwischenzeit Wasser in einem Topf zum Kochen bringen.

3. Den Brokkoli putzen, den Strunk entfernen und Brokkoli in Röschen teilen. Brokkoliröschen abspülen, abtropfen lassen und mit Salz in den Topf geben.

4. Brokkoli zugedeckt bei mittlerer Hitze 5–6 Minuten kochen lassen (der Brokkoli soll noch „Biss" haben).

5. In einer Pfanne das Fett erhitzen und die Fischstäbchen bei mittlerer Hitze darin braten, dabei einmal wenden.

6. Die Kartoffeln abgießen und noch heiß durch eine Kartoffelpresse geben oder fein zerstampfen. Milch erhitzen und nach und nach unterrühren (je nach Beschaffenheit der Kartoffeln, kann die Milchmenge etwas variieren). Butter und Muskatnuss unter das Kartoffelpüree rühren.

7. Zum Servieren das Kartoffelpüree als „Insel" auf den Tellern anrichten. Brokkoliröschen als „Palmen" in das Kartoffelpüree stecken.

8. Jeweils 2–3 Fischstäbchen dicht aneinander neben die Insel legen, sie bilden das „Floß". In jedes Floß eine Piratenflagge stecken. Nach Belieben auch auf die Insel eine Flagge stecken.

Tipps: Die Insel sieht am besten aus, wenn sie unterschiedliche Höhen hat. Ist sie sehr flach, kühlt das Essen auch recht schnell aus. Haben Sie keine Piratenflaggen zur Hand, können Sie sie selbst aus etwas Papier und einem Zahnstocher basteln.

Rezeptvariante: Versuchen Sie es doch auch einmal mit einem **Möhren-Kartoffel-Püree.** Dafür 300 g Möhren putzen, schälen, abspülen und gut abtropfen lassen. 500 g mehligkochende Kartoffeln schälen, abspülen und abtropfen lassen. Beide Zutaten in kleine Würfel schneiden. Einen Topf mit Wasser ausschwenken, die Kartoffeln und Möhren hineingeben. 150 ml Milch (3,5 % Fett) hinzufügen, zum Kochen bringen, bei schwacher Hitze etwa 15 Minuten garen lassen. Die Zutaten anschließend fein zerstampfen. Einige Kerbelzweige abspülen, die Blättchen abzupfen, trocken tupfen und fein schneiden. Den Kerbel mit 20 g Butter unter das Püree geben, mit Salz, Pfeffer und etwas geriebener Muskatnuss abschmecken.

Pizza-Risotto mit Mozzarella und Tomaten | Raffiniert

4 Portionen

Pro Portion: E: 17 g, F: 20 g, Kh: 61 g, kJ: 2072, kcal: 495, BE: 5,0

1	*Knoblauchzehe*
1	*Zwiebel*
2 EL	*Butter oder Margarine*
1–2 TL	*getrocknete italienische Kräuter*
300 g	*Risottoreis*
etwa 1 l	*heiße Gemüse- oder Geflügelbrühe*
125 g	*abgetropfter Mozzarella*
2	*mittelgroße Tomaten*
50 g	*ger. Parmesan*
	Salz
	gem. Pfeffer
evtl. etwas	*frisches Basilikum*

Zubereitungszeit: 15 Minuten
Garzeit: etwa 25 Minuten

1. Knoblauch und Zwiebel abziehen, in sehr kleine Würfel schneiden. Butter oder Margarine in einem Topf zerlassen. Zwiebel- und Knoblauchwürfel darin glasig dünsten. Kräuter hinzufügen und kurz mit andünsten.

2. Reis hinzugeben und unter Rühren glasig dünsten. Etwas von der heißen Brühe hinzugießen. Die Brühe unter Rühren von dem Reis aufnehmen lassen. Nach und nach die gesamte heiße Brühe hinzugießen, sodass der Reis stets gerade mit der Brühe bedeckt ist. Dabei gelegentlich umrühren. Den Reis etwa 25 Minuten bei schwacher Hitze ausquellen lassen.

3. In der Zwischenzeit Mozzarella in kleine Würfel schneiden. Tomaten waschen, trocken tupfen, halbieren und die Stängelansätze herausschneiden. Tomatenhälften in kleine Würfel schneiden.

4. Zwei Esslöffel des Parmesans, die Tomaten- und Mozzarellawürfel unter den Risottoreis heben. Den Risottoreis mit Salz, Pfeffer und eventuell den italienischen Kräutern abschmecken.

5. Nach Belieben Basilikum abspülen und trocken tupfen. Die Blättchen von den Stängeln zupfen. Das Pizza-Risotto mit restlichem Parmesan und Basilikumblättchen anrichten.

Tipps: Sitzen sehr hungrige Teenager oder Fleisch-Liebhaber mit am Tisch, Pizza-Risotto eventuell mit gebratenen Minutenschnitzeln, Bratwurst oder Frikadellen anreichern. Vegetarische Alternativen sind sowohl Bratwürste aus Tofu oder Seitan als auch Getreide-Bratlinge.

Pizza-Toasts | Schnell

4 Portionen

Pro Portion: E: 29 g, F: 18 g, Kh: 27 g, kJ: 1626, kcal: 388, BE: 2,0

8–10 Scheiben Vollkorntoast
2 Fleischtomaten
1 EL TK-Knoblauch-Kräuter-Mischung oder ½–1 TL getrocknete italienische Kräuter
1 EL Olivenöl
Salz, gem. Pfeffer
4–5 kleine Scheiben Kochschinken oder Salami
200–250 g abgetropfter Mozzarella

Zubereitungszeit: 15 Minuten
Überbackzeit: etwa 10 Minuten

1. Den Backofen vorheizen.
Ober-/Unterhitze: etwa 200 °C
Heißluft: etwa 180 °C

2. Toastbrotscheiben im Toaster leicht rösten, abkühlen lassen und auf einem Backblech (mit Backpapier belegt) verteilen.

3. Tomaten waschen, trocken tupfen, halbieren und die Stängelansätze entfernen. Tomatenhälften in kleine Würfel schneiden, in ein Sieb geben und abtropfen lassen.

4. Tomatenwürfel mit den Kräutern und Olivenöl verrühren. Mit Salz und Pfeffer würzen. Die Mischung auf den Toastbrotscheiben verteilen.

5. Schinken- oder Salamischeiben halbieren und auf die Tomatenwürfel legen. Mozzarella in dünne Scheiben schneiden und darauf verteilen. Das Backblech in den vorgeheizten Backofen schieben. Pizza-Toasts **etwa 10 Minuten goldbraun überbacken.**

Tipps: Für **Tunfisch-Pizza-Toasts** 1 kleine Dose Tunfisch in Öl (Abtropfgewicht 130 g) abtropfen lassen. Tunfisch zerzupfen, mit den Tomatenwürfeln mischen und auf den Toastbrotscheiben verteilen. Für **Champignon-Pizza-Toasts** 100 g rosé Champignons putzen, mit Küchenpapier abreiben, eventuell abspülen, gut trocken tupfen und in feine Scheiben schneiden. Champignonscheiben mit den Tomatenwürfeln mischen und auf den Toastbrotscheiben verteilen. Falls nicht alle Familienmitglieder zur gleichen Zeit essen, die schon vorbereitete Tomaten-Mischung kalt stellen und die Pizza-Toasts je nach Bedarf im vorgeheizten Backofen frisch zubereiten.

Popcorn-Cakes | Knuspergenuss

12 Stück

Pro Stück: E: 6 g, F: 27 g, Kh: 31 g, kJ: 1633, kcal: 390, BE: 2,5

Zum Vorbereiten:

250 g abgetropfte Pfirsichhälften (aus der Dose)

Für den Teig:

150 g Butter oder Margarine (zimmerwarm)
120 g Zucker
2 EL Orangenmarmelade mit Stückchen
3 Eier (Größe M)
120 g Maismehl
80 g abgezogene, gem. Mandeln
1 ½ gestr. TL Dr. Oetker Backin

60 ml Pfirsichsaft (aus der Dose)

Für das Topping:

50 g Popkornmais (oder fertiges Popkorn)
2 EL Sonnenblumenöl
20 g Kokosfett
100 g Zartbitter-Schokolade (etwa 50 % Kakaoanteil)
200 g Schlagsahne (mind. 30 % Fett)
1 TL Zucker
1 Pck. Sahnesteif

Außerdem:

12 Muffin-Papierbackförmchen

Zubereitungszeit: 50 Minuten, ohne Abkühlzeit
Backzeit: 25–30 Minuten

1. Zum Vorbereiten von den Pfirsichen den Saft auffangen und beiseitestellen. Die Pfirsichhälften in etwa 1 cm große Würfel schneiden.

2. Den Backofen vorheizen.
Ober-/Unterhitze: etwa 180 °C
Heißluft: etwa 160 °C

3. Für den Teig die Butter oder Margarine mit dem Zucker und der Marmelade in eine Rührschüssel geben. Die Zutaten mit dem Mixer (Rührstäbe) zunächst kurz auf niedrigster, dann auf höchster Stufe etwa 4 Minuten schaumig schlagen. Eier nach und nach unterrühren (jedes Ei etwa ½ Minute).

4. Maismehl mit Mandeln und Backpulver mischen und unter die Eier-Fett-Masse heben. Die Pfirsichwürfel vorsichtig unter den Teig heben.

5. Den Teig gleichmäßig in einer Muffinform (für 12 Muffins, mit Papierbackförmchen ausgelegt) verteilen. Die Muffinform auf dem Rost in den vorgeheizten Backofen schieben. Die Cupcakes **25–30 Minuten backen.**

6. Die Muffinform auf einen Kuchenrost stellen. Die noch heißen Cupcakes mit 60 ml von dem Pfirsichsaft bepinseln. Cupcakes nach etwa 10 Minuten aus der Form lösen und auf dem Kuchenrost erkalten lassen.

7. Für das Topping den Popkornmais mit dem Speiseöl in einem großen Topf erhitzen. Den Topf mit einem Deckel abdecken. Sobald die ersten Maiskörner aufpoppen, die Kochstelle ausschalten.

8. Das Kokosfett und die Schokolade in kleine Stücke hacken. Zwei Drittel davon in einem Topf im Wasserbad bei schwacher Hitze unter Rühren schmelzen. Den Topf aus dem Wasserbad nehmen und die restlichen Kokosfett- und Schokoladenstücke darin unter Rühren schmelzen.

9. Sahne mit Zucker und Sahnesteif steif schlagen. Die Sahne mit einem Esslöffel auf den Cupcakes verteilen.

10. Das Popkorn in die aufgelöste Schokoladen-Kokosfett-Masse geben und gut mischen. Das noch feuchte Schoko-Popkorn auf den Cupcakes verteilen.

11. Die Popcorn-Cakes etwa 10 Minuten in den Kühlschrank stellen und bald servieren.

Tipp: Da das Popkorn nach einiger Zeit weich wird, die Cupcakes immer möglichst frisch servieren.

Prinzessinnen-Cookies I

Für den Kindergeburtstag

8–9 große Cookies

Pro Stück: E: 3 g, F: 15 g, Kh: 33 g, kJ: 1133, kcal: 327, BE: 3,0

Zum Vorbereiten:

75 g weiße Schokolade
100 g Zartbitter-Kuvertüre

Für den Teig:

75 g Butter (zimmerwarm)
75 g Zucker
1 Prise Salz
1 Ei (Größe M)
120 g Weizenmehl
1 Msp. Natron

Zum Bestreuen:

1 EL rosa Zuckerkristalle
1 EL Zuckerherzen

Zubereitungszeit: 30 Minuten
Backzeit: etwa 15 Minuten

1. Die weiße Schokolade und die Kuvertüre getrennt voneinander in kleine Stücke hacken.

2. Zwei Drittel von der Zartbitter-Kuvertüre in einem Topf im Wasserbad bei schwacher Hitze unter Rühren schmelzen. Den Topf aus dem Wasserbad nehmen, die restliche Kuvertüre darin unter Rühren schmelzen.

3. Den Backofen vorheizen.
Ober-/Unterhitze: etwa 200 °C
Heißluft: etwa 180 °C

4. Für den Teig Butter mit der zerlassenen Zartbitter-Kuvertüre sowie Zucker und Salz in eine Rührschüssel geben. Die Zutaten mit einem Mixer (Rührstäbe) zunächst kurz auf niedrigster, dann auf höchster Stufe schaumig schlagen. Ei hinzugeben und etwa 1 Minute unterschlagen.

5. Mehl mit Natron und den weißen Schokoladenstückchen gut vermischen. Mehl-Schoko-Mischung auf die Butter-Ei-Masse geben und mit einem Teigschaber sorgfältig unterheben.

6. Cookieteig mit zwei Esslöffeln oder einem Eisportionierer in gleich großen, runden Häufchen auf ein Backblech (gefettet, mit Backpapier belegt) setzen, dabei genügend Abstand zwischen den Teighäufchen lassen. Die Teighäufchen mit einem in Wasser getauchten Löffel zu flachen Cookies verstreichen. Die Cookies mit rosa Zuckerkristallen und Zuckerherzen bestreuen.

7. Das Backblech in den vorgeheizten Backofen schieben. Die Prinzessinnen-Cookies **etwa 15 Minuten backen.**

8. Cookies mit dem Backpapier von dem Backblech auf einen Kuchenrost ziehen und erkalten lassen.

Tipp: Kleine Botschaften lassen sich auch backen: Aus den Cookieteig-Häufchen einfach Herzen formen und lieben Menschen eine Freude bereiten.

Puffreis-Cookies | Für Krümelmonster

8–9 große Cookies

Pro Stück: E: 4 g, F: 14 g, Kh: 21 g, kJ: 937, kcal: 224, BE: 1,5

Zum Vorbereiten:

100 g Schoko-Puffreis-Quadrate

Für den Teig:

50 g Butter (zimmerwarm)
50 g Zucker
1 Prise Salz
1 Ei (Größe M)
50 g Weizenmehl
50 g gem. Mandeln
1 Msp. Natron
50 g Vollmilch-Raspelschokolade

Zubereitungszeit: 45 Minuten
Backzeit: 12–15 Minuten

1. Zum Vorbereiten Schoko-Puffreis in kleine Stücke brechen und in einem Topf im Wasserbad bei schwacher Hitze unter Rühren schmelzen.

2. Den Backofen vorheizen.
Ober-/Unterhitze: etwa 200 °C
Heißluft: etwa 180 °C

3. Für den Teig Butter mit Zucker und Salz in eine Rührschüssel geben. Die Zutaten mit einem Mixer (Rührstäbe) zunächst kurz auf niedrigster, dann auf höchster Stufe schaumig schlagen. Das Ei hinzugeben und etwa 1 Minute unterschlagen. Die geschmolzene Puffreis-Schokolade mit einem Teigschaber unterrühren.

4. Mehl mit Mandeln, Natron und Raspelschokolade gut vermischen. Die Mehl-Schoko-Mischung auf die Butter-Ei-Masse geben und mit einem Teigschaber unterheben.

5. Cookieteig mit zwei Esslöffeln oder einem Eisportionierer in gleich großen, runden Häufchen auf ein Backblech (gefettet, mit Backpapier belegt) setzen, dabei genügend Abstand zwischen den Teighäufchen lassen. Die Teighäufchen mit einem in Wasser getauchten Löffel zu flachen Cookies verstreichen.

6. Das Backblech in den vorgeheizten Backofen schieben und die Puffreis-Cookies **12–15 Minuten backen.**

7. Die Puffreis-Cookies mit dem Backpapier von dem Backblech auf einen Kuchenrost ziehen und erkalten lassen.

Tipp: Für Cookies am Stiel den Teig in halb so großen Portionen auf das Backblech geben, wie beschrieben flach verstreichen und in jede Teigportion einen Plastikstiel drücken. Cookies wie beschrieben backen. Lollistiele gibt es im Internet oder in gut sortierten Haushaltswarengeschäften.

Puten-Reis-Auflauf | Exotisch

4 Portionen

Pro Portion: E: 41 g, F: 19 g, Kh: 61 g, kJ: 2500, kcal: 597, BE: 5,0

400 g Putenbrustfilet
1 EL Speiseöl, z. B. Sonnenblumenöl
Salz
gem. Pfeffer
Currypulver
1 kg Brokkoli
500 ml Gemüsebrühe
200 g Langkornreis
250 g abgetropfte Aprikosenhälften (aus der Dose)

Für den Guss:

150 ml Aprikosensaft (aus der Dose)
400 ml Gemüsebrühe (von dem Brokkoli)
1 EL Weizenmehl
100 g Schlagsahne
100 g ger. Käse, z. B. Gouda

Zubereitungszeit: 35 Minuten
Garzeit: etwa 30 Minuten

1. Putenbrustfilet unter fließendem kalten Wasser abspülen, trocken tupfen und in Streifen schneiden.

2. Speiseöl in einer Pfanne erhitzen. Filetstreifen darin von allen Seiten anbraten. Mit Salz, Pfeffer und Curry würzen. Filetstreifen herausnehmen und beiseitestellen. Die Pfanne mit dem verbliebenen Bratfett ebenfalls beiseitestellen.

3. Von dem Brokkoli die Blätter entfernen. Die Röschen vom Strunk schneiden. Den Strunk schälen und in Stücke schneiden. Brokkolistücke und -röschen abspülen, abtropfen lassen.

4. Gemüsebrühe in einem Topf zum Kochen bringen. Brokkolistücke und -röschen darin in etwa 5 Minuten bissfest garen, in ein Sieb geben und abtropfen lassen, dabei die Brokkolibrühe auffangen und 400 ml abmessen.

5. Den Backofen vorheizen.
Ober-/Unterhitze: etwa 180 °C
Heißluft: etwa 160 °C

6. Reis in kochendem Salzwasser etwa 8 Minuten vorgaren, in ein Sieb geben und abtropfen lassen.

7. Aprikosenhälften ebenfalls in einem Sieb abtropfen lassen, dabei den Saft auffangen und 150 ml abmessen. Die Aprikosenhälften nochmals halbieren.

8. Für den Guss Aprikosensaft und Brokkolibrühe zum beiseitegestellten Bratfett in die Pfanne geben und aufkochen lassen.

9. Mehl mit Sahne anrühren, in die Sauce rühren, unter Rühren aufkochen und etwa 2 Minuten bei mittlerer Hitze unter gelegentlichem Rühren kochen lassen.

10. Die Sauce mit Salz, Pfeffer und Curry abschmecken. Die Hälfte des Käses unterrühren.

11. Die vorbereiteten Zutaten in eine große, flache Auflaufform (gefettet) geben. Die Sauce darauf verteilen und mit dem restlichen Käse bestreuen.

12. Die Form ohne Deckel auf dem Rost in den vorgeheizten Backofen schieben. Den Puten-Reis-Auflauf **etwa 30 Minuten garen.**

Putenröllchen mit Brokkoli-Nudeln

Leicht

4 Portionen

Pro Portion: E: 41 g, F: 5 g, Kh: 41 g, kJ: 1583, kcal: 379, BE: 3,5

4	*dünne Putenschnitzel (je 130 g)*
	Salz
	gem. Pfeffer
4 EL	*Tomatenmark*
etwa 16	*vorbereitete Basilikumblättchen*
1 EL	*Speiseöl*
2	*Zwiebeln*
3	*Lorbeerblätter*
400 ml	*Gemüsebrühe*
200 g	*passierte Tomaten (aus der Dose)*
300 g	*Brokkoli*
500 ml	*Wasser*
2 gestr. TL	*Salz*
2 l	*Wasser*
2 gestr. TL	*Salz*
200 g	*Hartweizennudeln, z. B. Spirelli*

Außerdem:

4	*Rouladennadeln oder Holzstäbchen*

Zubereitungszeit: 35 Minuten

1. Die Putenschnitzel unter fließendem kalten Wasser abspülen, trocken tupfen und mit Salz und Pfeffer bestreuen. Die Schnitzel dünn mit etwas Tomatenmark bestreichen und mit je 3 Basilikumblättchen belegen. Schnitzel von der schmalen Seite aus aufrollen und mit Rouladennadeln oder Holzstäbchen feststecken.

2. Öl in einer Pfanne erhitzen. Putenröllchen darin rundum knusprig anbraten. Zwiebeln abziehen, halbieren, fein würfeln und mit den Lorbeerblättern in die Pfanne geben. Unter Rühren kurz mit anbraten. Brühe hinzugießen. Passierte Tomaten und restliches Tomatenmark einrühren, alles etwa 6 Minuten zugedeckt köcheln lassen.

3. Den Brokkoli putzen, in Röschen teilen, abspülen und abtropfen lassen. Wasser mit Salz zum Kochen bringen. Die Brokkoliröschen darin bei mittlerer Hitze etwa 5 Minuten kochen. Dann die Brokkoliröschen abgießen und zugedeckt warm stellen.

4. In der Zwischenzeit das Wasser in einem großen Topf zugedeckt zum Kochen bringen. Dann Salz und Nudeln zugeben. Die Nudeln im geöffneten Topf bei mittlerer Hitze nach Packungsanleitung bissfest kochen, dabei gelegentlich umrühren.

5. Anschließend die Nudeln in ein Sieb geben, mit heißem Wasser abspülen und abtropfen lassen.

6. Die Nudeln mit den Brokkoliröschen mischen und evtl. warm stellen.

7. Lorbeerblätter aus der Sauce nehmen. Sauce mit Salz und Pfeffer abschmecken.

8. Die Putenröllchen mit den Brokkoli-Nudeln und der Sauce anrichten, mit den restlichen Basilikumblättchen garniert servieren.

Quarkauflauf mit Äpfeln I

Süße Mahlzeit

4 Portionen

Pro Portion: E: 22 g, F: 22 g, Kh: 57 g, kJ: 2178, kcal: 520, BE: 4,5

75 g	*Butter oder Margarine (zimmerwarm)*
125 g	*Zucker*
1 Pck.	*Dr. Oetker Vanillin-Zucker*
3	*Eier (Größe M)*
1 Prise	*Salz*
500 g	*Magerquark*
1 Pck.	*Dr. Oetker Pudding-Pulver Vanille-Geschmack*
500 g	*säuerliche Äpfel*

Zubereitungszeit: 25 Minuten
Garzeit: 25–35 Minuten

1. Den Backofen vorheizen.
Ober-/Unterhitze: etwa 200 °C
Heißluft: etwa 180 °C

2. Butter oder Margarine mit einem Mixer (Rührstäbe) auf höchster Stufe geschmeidig rühren. Nach und nach Zucker, Vanillin-Zucker, Eier, Salz und Quark unterrühren.

3. Pudding-Pulver nach und nach auf mittlerer Stufe unterrühren.

4. Äpfel schälen, vierteln und entkernen. Die Hälfte der Äpfel in kleine Würfel, die andere Hälfte in Spalten schneiden. Apfelwürfel unter die Quarkmasse heben.

5. Die Masse in eine große, flache Auflaufform (gefettet, etwa 1 ½ l Inhalt) oder 4 kleine Portionsauflaufformen (gefettet, je etwa 400 ml Inhalt) füllen und glatt streichen.

6. Die Apfelspalten auf dem Auflauf verteilen, evtl. etwas eindrücken. Die Form auf dem Rost auf mittlerer Einschubleiste in den vorgeheizten Backofen schieben. Den Quarkauflauf **25–35 Minuten garen** (in kleinen Formen braucht der Auflauf etwas weniger Zeit, in einer großen Form etwas länger).

Tipps: Wer Rosinen mag, kann noch 50 g Rosinen mit den Apfelwürfeln unterheben. Bestäuben Sie den Auflauf vor dem Servieren mit etwas Puderzucker. Kinder freuen sich besonders, wenn der Auflauf mit einer Kugel Vanilleeis serviert wird.

Ratatouille-Eintopf | Schnell – einfach

4 Portionen

Pro Portion: E: 6 g, F: 9 g, Kh: 16 g, kJ: 716, kcal: 170, BE: 0,5

1	*kleine Aubergine (etwa 200 g)*
2	*mittelgroße Zucchini (etwa 300 g)*
1	*Gemüsezwiebel (etwa 200 g)*
1	*Knoblauchzehe*
je 1	*rote und gelbe Paprikaschote*
einige Stängel	*Thymian*
3 EL	*Olivenöl*
2 EL	*Tomatenmark*
250 ml	*Gemüsebrühe*
1–2 TL	*gerebelte Kräuter der Provence*
	Salz, gem. Pfeffer
	Paprikapulver edelsüß
800 g	*geschälte Tomaten (aus der Dose)*

Zubereitungszeit: 20 Minuten
Garzeit: etwa 20 Minuten

1. Aubergine und Zucchini abspülen, abtrocknen und die Stängelansätze bzw. Enden abschneiden. Die Aubergine und Zucchini in grobe Würfel oder Scheiben schneiden. Gemüsezwiebel abziehen, halbieren und würfeln. Knoblauch abziehen und in kleine Würfel schneiden.

2. Paprikaschoten halbieren, entstielen, entkernen und die weißen Scheidewände entfernen. Schoten abspülen, abtropfen lassen und ebenfalls in grobe Würfel schneiden. Thymian abspülen und trocken tupfen. Die Blättchen von den Stängeln zupfen.

3. Olivenöl in einem großen Topf erhitzen. Zwiebel-, Knoblauch-, Gemüsewürfel oder -scheiben und Tomatenmark darin eventuell portionsweise unter Rühren andünsten. Brühe hinzugießen. Kräuter der Provence und Thymianblättchen unterrühren. Mit Salz, Pfeffer und Paprika würzen. Die Zutaten zugedeckt etwa 10 Minuten bei schwacher Hitze kochen lassen.

4. Tomaten in der Dose etwas zerkleinern. Tomaten mit der Flüssigkeit in den Eintopf geben, wieder zum Kochen bringen und zugedeckt weitere etwa 10 Minuten bei schwacher Hitze kochen lassen.

5. Den Eintopf nochmals mit Salz, Pfeffer und Paprika abschmecken und anrichten.

Dazu schmecken: Mit Käse überbackene Baguettescheiben. Dafür 4 Baguettescheiben auf ein Backblech (mit Backpapier belegt) legen und mit 50 g frisch geriebenem Parmesan bestreuen. Das Backblech in den vorgeheizten Backofen schieben. Die Baguettescheiben bei Ober-/Unterhitze: etwa 200 °C, Heißluft: etwa 180 °C überbacken, bis der Käse goldbraun ist.

Tipps: Frischen Thymian gibt es am besten in den Sommermonaten von Mai bis September. Ersatzweise nehmen Sie für das Rezept gerebelten Thymian (etwa 1 Teelöffel). Sind mal Reste vom Eintopf übrig geblieben, können Sie daraus rasch ein weiteres Mittagessen für die Familie zaubern. Lassen Sie die Flüssigkeit des Eintopfs kräftig einkochen und verfeinern alles mit 125 g Crème fraîche. Reichen Sie dazu Reis oder Nudeln und frisch gehobelten Parmesan.

Ravioli-Käse-Auflauf | Einfach

4 Portionen

Pro Portion: E: 23 g, F: 22 g, Kh: 70 g, kJ: 2412, kcal: 573, BE: 5,5

2 Dosen Ravioli in Tomatensauce (je 800 g)
1 Bund Frühlingszwiebeln
20 g Speisestärke
200 g ger. Emmentaler

Zubereitungszeit: 15 Minuten
Garzeit: etwa 40 Minuten

1. Den Backofen vorheizen.
Ober-/Unterhitze: etwa 200 °C
Heißluft: etwa 180 °C

2. Ravioli in einem Sieb abtropfen lassen, dabei die Tomatensauce auffangen. Frühlingszwiebeln putzen, abspülen, abtropfen lassen und in Scheiben schneiden.

3. Speisestärke unter die Tomatensauce rühren. Dabei darauf achten, dass keine Klümpchen entstehen. Die Hälfte des Käses und zwei Drittel der Frühlingszwiebelscheiben unterrühren.

4. Die Ravioli in einer Auflaufform (gefettet, etwa 20 x 30 cm, etwa 2 ½ l Inhalt) verteilen. Angerührte Tomatensauce gleichmäßig daraufgießen, restliche Frühlingszwiebelscheiben und restlichen Emmentaler daraufstreuen.

5. Die Form auf dem Rost auf mittlerer Einschubleiste in den vorgeheizten Backofen schieben. Den Ravioli-Käse-Auflauf **etwa 40 Minuten garen.**

6. Den Auflauf aus dem Backofen nehmen, etwas abkühlen lassen und servieren.

Tipp: Statt der Dosen-Ravioli können Sie frische Käse-Tortellini (1 kg) aus dem Kühlregal verwenden. Dann benötigen Sie 600 ml Tomatensauce mit Kräutern aus dem Glas, die Sie wie im Rezept beschrieben mitverarbeiten.

Reibekuchen, überbacken

Beliebt

4 Portionen

Pro Portion: E: 20 g, F: 22 g, Kh: 33 g, kJ: 1709, kcal: 408, BE: 2,5

1 Zwiebel
2 EL Speiseöl
225 g TK-Blattspinat
Salz
gem. Pfeffer
1 Stange Porree (Lauch, etwa 300 g)
100 g Kochschinken im Stück
200 g abgetropfter Mozzarella
100 g Kirschtomaten
2 mittelgroße Champignons
8 TK-Reibekuchen (vorgebacken)

Zubereitungszeit: 25 Minuten
Backzeit: etwa 13 Minuten

1. Zwiebel abziehen und in feine Würfel schneiden. 1 Esslöffel Öl, Zwiebel und den tiefgekühlten Spinat in einen kleinen Topf geben, Salz, Pfeffer und 8 Esslöffel Wasser hinzufügen und alles auf mittlerer Stufe etwa 12 Minuten garen. Spinat zwischendurch 3–4-mal durchrühren, damit er gleichmäßig auftaut und gart.

2. Porree putzen, die Stange längs halbieren, gründlich waschen, abtropfen lassen und in feine Streifen schneiden. Restliches Öl in einer Pfanne erhitzen und den Porree darin unter Wenden etwa 1 Minute andünsten. Porree mit Salz und Pfeffer würzen. Den Schinken in feine Streifen schneiden.

3. Mozzarella in 8 Scheiben schneiden. Die Tomaten abspülen, abtrocknen, halbieren und die Stängelansätze herausschneiden. Champignons putzen, evtl. kurz abspülen und abtropfen lassen. Champignons in Scheiben schneiden.

4. Den Backofen vorheizen.
Ober-/Unterhitze: etwa 180 °C
Heißluft: etwa 160 °C

5. Die tiefgekühlten Reibekuchen auf einem Backblech (mit Backpapier belegt) verteilen. Das Backblech auf der 2. Schiene von unten in den vorgeheizten Backofen schieben. Die Reibekuchen **etwa 8 Minuten backen.**

6. Spinat gut abtropfen lassen. Das Backblech aus dem Ofen und auf einen Kuchenrost stellen. Reibekuchen mit einem Pfannenwender wenden. 4 Reibekuchen mit Porree und Schinken und die übrigen mit Spinat, Tomaten und Pilzen belegen. Käsescheiben darauf verteilen und die Reibekuchen **weitere etwa 5 Minuten backen.** Sofort servieren.

Tipp: Wenn Sie etwas mehr Zeit haben, können Sie die Reibekuchen natürlich auch selbst machen (siehe Seite 111).

Reisauflauf mit Hähnchenstreifen | Macht richtig satt

4 Portionen

Pro Portion: E: 44 g, F: 21 g, Kh: 59 g, kJ: 2541, kcal: 607, BE: 5,0

1 Zwiebel
1 EL Olivenöl
250 g Langkornreis
600 ml Gemüsebrühe
500 g Hähnchenbrustfilet
2 EL Olivenöl
50 g getrocknete Aprikosen
20 g Sonnenblumenkerne
1–2 Msp. gem. Kreuzkümmel (Cumin)
Salz
gem. Pfeffer
400 g stückige Tomaten (aus der Dose)
100 g ger. Gouda

Zubereitungszeit: 30 Minuten
Garzeit: etwa 30 Minuten

1. Zwiebel abziehen und würfeln. Olivenöl in einem Topf erhitzen. Zwiebelwürfel und Reis dazugeben und kurz unter Rühren andünsten. Brühe hinzugießen, zum Kochen bringen. Den Reis zugedeckt bei schwacher Hitze 15–20 Minuten quellen lassen.

2. In der Zwischenzeit Hähnchenbrustfilet unter fließendem kalten Wasser abspülen, trocken tupfen und in Streifen schneiden.

3. Olivenöl in einer Pfanne erhitzen. Die Hähnchenstreifen darin unter Rühren anbraten. Aprikosen fein würfeln und mit der Hälfte der Sonnenblumenkerne zu den Hähnchenstreifen geben. Die Hähnchenmischung mit Kreuzkümmel, Salz und Pfeffer würzen.

4. Den Backofen vorheizen.
Ober-/Unterhitze: etwa 200 °C
Heißluft: etwa 180 °C

5. Den Reis in eine Auflaufform (gefettet) geben. Die stückigen Tomaten und die Hähnchenmischung unterrühren. Restliche Sonnenblumenkerne und Käse daraufstreuen.

6. Die Form auf dem Rost auf mittlerer Einschubleiste in den vorgeheizten Backofen schieben. Den Auflauf **etwa 30 Minuten garen.**

Reis-Variationen | Beliebte Beilagen

je 4 Portionen

Basilikum-Tomaten-Reis

(im Foto hinten)

Pro Portion: E: 5 g, F: 4 g, Kh: 41 g, kJ: 931, kcal: 222, BE: 3,5

1	*Zwiebel*
1 EL	*Olivenöl*
200 g	*Naturreis*
400 ml	*Gemüsebrühe*
400 g	*stückige Tomaten (aus der Dose)*
	Paprikapulver edelsüß
	gem. Pfeffer
½ Bund	*Basilikum*

Zubereitungszeit: 15 Minuten
Garzeit: etwa 20 Minuten

1. Zwiebel abziehen und in feine Würfel schneiden. Öl in einem Topf erhitzen und Zwiebelwürfel darin glasig dünsten. Reis hinzugeben und unter Rühren kurz mit andünsten.

2. Brühe und Tomatenstücke hinzugeben und mit Paprika und Pfeffer würzen. Brühe zum Kochen bringen. Den Reis zugedeckt bei schwacher Hitze etwa 20 Minuten köcheln lassen.

3. Basilikum abspülen und trocken tupfen. Die Blättchen von den Stängeln zupfen, hacken und vor dem Servieren unter den Reis heben.

Paprikareis

(im Foto vorn)

Pro Portion: E: 4 g, F: 3 g, Kh: 41 g, kJ: 873, kcal: 206, BE: 3,5

1 l	*Salzwasser*
200 g	*Langkornreis (parboiled)*
je ½	*grüne und rote Paprikaschote (etwa 200 g)*
1 EL	*Olivenöl*
	Salz
	gem. Pfeffer
	Paprikapulver edelsüß

Zubereitungszeit: 25 Minuten

1. Salzwasser in einem Topf zum Kochen bringen. Reis hinzufügen und zugedeckt 15–20 Minuten bei schwacher Hitze ausquellen lassen. In der Zwischenzeit Paprikaschoten entstielen, entkernen und die weißen Scheidewände entfernen. Schoten abspülen, abtropfen lassen und in feine Würfel schneiden.

2. Öl in einem Topf erhitzen. Die Paprikawürfel darin 3–5 Minuten dünsten, dabei gelegentlich umrühren. Das Gemüse mit Salz, Pfeffer und Paprikapulver würzen.

3. Den gegarten Reis abtropfen lassen, mit den Paprikawürfeln vermengen und den Paprikareis nochmals abschmecken.

Tipp: Die Reisbeilagen schmecken gut zu gegrillten Fleisch- oder Fischgerichten.

Rohkostplatte mit Chickenburger „Hawaii“ I

Bunt und lecker

4 Portionen

Pro Portion: E: 35 g, F: 10 g, Kh: 70 g, kJ: 2178, kcal: 521, BE: 6,0

6 mittelgroße Möhren
1 frische Ananas
Saft von
½ Zitrone
1 EL flüssiger Honig
gem. Piment
gem. Koriander
1 EL Walnussöl
4 dünne Scheiben Hähnchenbrustfilet (je etwa 100 g)
Salz
gem. Pfeffer
Paprika edelsüß
1 TL Sonnenblumenöl
4 Roggenbrötchen
50 g ger. Käse
4 Salatblätter
4 TL Tomatenketchup oder Salsa

Zubereitungszeit: 45 Minuten
Gratinierzeit: 2–3 Minuten

1. Möhren putzen, schälen, abspülen und raspeln. Von der Ananas den Schopf mit Stielansatz und dem obersten Stück Schale abschneiden. Die Ananas mit einem großen Sägemesser (z. B. Brotmesser) von oben nach unten schälen. Aus der Ananas mit einem Apfelausstecher den harten Mittelteil entfernen. Die Ananas in Scheiben schneiden. 4 Ananasscheiben beiseitelegen, die restlichen Ananasscheiben auf einer Salatplatte verteilen. Möhrenraspel daraufgeben.

2. Aus Zitronensaft, Honig, Gewürzen und Walnussöl eine Marinade rühren. Marinade auf der Möhrenrohkost verteilen.

3. Hähnchenbrustfilet unter fließendem kalten Wasser abspülen, trocken tupfen, mit Salz, Pfeffer und Paprika würzen. Das Öl erhitzen und die Hähnchenfilets von beiden Seiten 2–3 Minuten knusprig braun braten.

4. Den Backofengrill vorheizen.

5. Die Brötchen auf-, aber nicht durchschneiden, aufklappen und auf ein Backblech legen. Auf die unteren Hälften jeweils 1 Hähnchenfilet und 1 Scheibe beiseitegelegte Ananas legen. Belegte Brötchenhälften mit Käse bestreuen.

6. Brötchen unter dem vorgeheizten Backofengrill **2–3 Minuten gratinieren.**

7. Das Backblech auf einen Kuchenrost stellen. Die Salatblätter abspülen, trocken tupfen und auf die unteren Brötchenhälften legen. Ketchup oder Salsa darauf verteilen. Die Brötchen zuklappen und den Chickenburger zur Rohkostplatte servieren.

Rezeptvariante: Für **Schweinefilet-Burger** 400 g gebratenes Schweinefilet in Scheiben schneiden. ⅓ Salatgurke abspülen, abtrocknen und in Scheiben hobeln. 2 Tomaten abspülen, abtrocknen, die Stängelansätze herausschneiden und in Scheiben schneiden. Je 4 Salatblätter, Basilikumblätter und 3 Esslöffel Sprossen abspülen und gut abtropfen lassen. 4 Körnerbrötchen aufschneiden, mit je 1 Salatblatt, Tomaten-, Gurken- und Fleischscheiben belegen. Je 1 Esslöffel Joghurt-Salatcreme und 1 gehäuften Teelöffel Salsa darauf verteilen und mit Sprossen, Basilikum und Brötchendeckel belegen.

Salat mit gebratenem Hähnchenfilet | Raffiniert

4 Portionen

Pro Portion: E: 32 g, F: 10 g, Kh: 33,5 g, kJ: 1488, kcal: 357, BE: 2,0

350 g	*Hähnchenbrustfilet*
	Salz, gem. Pfeffer
2 TL	*Speiseöl, z. B. Olivenöl*
4 Scheiben	*Vollkornbrot*
1 EL	*Speiseöl, z. B. Olivenöl*
1	*Knoblauchzehe*
300 g	*Joghurt (1,5 % Fett)*
2 TL	*gehackte frische oder TK-Kräuter*
1 Bund	*Frühlingszwiebeln*
2 Bund	*Radieschen*
1	*Eisbergsalat*
300 g	*Kohlrabi*
2 EL	*ungesalzene Erdnusskerne*

Zubereitungszeit: 30 Minuten

1. Filet unter fließendem kalten Wasser abspülen, trocken tupfen und mit Salz und Pfeffer bestreuen. Speiseöl in einer Pfanne erhitzen. Filet darin von allen Seiten gut anbraten, unter gelegentlichem Wenden 8–10 Minuten braten, aus der Pfanne nehmen.

2. Brot in kleine Würfel schneiden. Öl in der Pfanne erhitzen und die Brotwürfel darin unter Rühren knusprig braten.

3. Knoblauch abziehen und fein hacken. Joghurt mit Knoblauch und Kräutern verrühren, mit Salz und Pfeffer abschmecken.

4. Frühlingszwiebeln, Radieschen und Salat putzen, abspülen und gut abtropfen lassen. Kohlrabi schälen, abspülen und abtropfen lassen. Das Gemüse in kleine Stücke oder Streifen schneiden und mit dem Kräuterjoghurt gut vermischen.

5. Hähnchenfilet in Scheiben schneiden und mit dem Salat anrichten. Salat mit Erdnüssen und Brotwürfeln bestreut servieren.

Tipp: Möchten Sie den Salat vorbereiten, geben Sie das Dressing in ein verschließbares Gefäß. Mischen Sie das Dressing erst kurz vor dem Servieren unter den Salat.

Sattmacher-Salat | Vegetarisch

4 Portionen

Pro Portion: E: 16 g, F: 21 g, Kh: 23 g, kJ: 1479, kcal: 353, BE: 1,5

2 Eier
150 g Joghurt (3,5 % Fett)
3 EL Joghurt-Salatcreme
1 TL milder Senf
Salz
gem. Pfeffer
1 Knoblauchzehe
3 mittelgroße Tomaten
je 1 gelbe und rote Paprikaschote
2 Köpfe Römersalat
125 g milder Schafskäse
285 g abgetropfter Gemüsemais (aus der Dose)
75 g schwarze Oliven ohne Stein

Zubereitungszeit: 30 Minuten

1. Die Eier in etwa 8 Minuten fast hart kochen, abschrecken und erkalten lassen.

2. Joghurt, Salatcreme, Senf, Salz und Pfeffer in einer großen Salatschüssel verrühren. Knoblauch abziehen und durch eine Knoblauchpresse in das Dressing drücken, gut unterrühren.

3. Tomaten, Paprika und Salat abspülen und gut abtropfen lassen. Von den Tomaten die Stängelansätze herausschneiden und Tomaten würfeln. Paprikaschoten halbieren, entstielen, entkernen und die Scheidewände herausschneiden. Paprika in Würfel schneiden. Salatblätter evtl. trocken schleudern, dann in Stücke schneiden. Den Käse in Würfel schneiden.

4. Salatzutaten mit Mais, Oliven und dem Dressing in einer Schüssel mischen. Eier pellen, in Spalten schneiden und auf dem Salat anrichten.

Dazu schmeckt: Fladenbrot.

Tipps: Nicht alle Kinder mögen schwarze Oliven. Reichen Sie die Oliven in einem Schälchen separat zum Salat. Wer als Milch-Allergiker auch Joghurt nicht so gut verträgt, verwendet für die Zubereitung des Dressings einfach ungesüßte Sojacreme und lässt die Joghurt-Salatcreme ganz weg.

Schinken-Creme-Sauce mit Spaghetti | Beliebt
4 Portionen

Pro Portion: E: 29 g, F: 28 g, Kh: 85 g, kJ: 3003, kcal: 721, BE: 6,5

30 g Butter
1 EL Weizenmehl
200 ml Hühnerbrühe
250 g Crème fraîche
4 l Wasser
4 gestr. TL Salz
400 g Spaghetti
150 g TK-Erbsen
200 g Kochschinken
1 Bund Frühlingszwiebeln
Salz, gem. Pfeffer
Worcestersauce

Zubereitungszeit: 25 Minuten

1. Butter in einem Topf zerlassen, Mehl mit einem Schneebesen unterrühren und darin goldgelb dünsten lassen. Dabei darauf achten, dass keine Klümpchen entstehen.

2. Nach und nach unter Rühren Hühnerbrühe dazugießen und aufkochen lassen. Crème fraîche unterrühren und alles etwa 10 Minuten bei schwacher Hitze köcheln lassen.

3. In der Zwischenzeit das Wasser in einem großen Topf zugedeckt zum Kochen bringen. Dann Salz und Spaghetti zugeben. Die Spaghetti im geöffneten Topf bei mittlerer Hitze nach Packungsanleitung bissfest kochen, dabei gelegentlich umrühren.

4. Die gefrorenen Erbsen in die Sauce geben. Schinken in sehr feine Streifen schneiden, ebenfalls unterrühren und die Sauce weitere etwa 5 Minuten köcheln lassen.

5. Die Frühlingszwiebeln putzen, abspülen, abtropfen lassen, in feine Scheiben schneiden, zur Sauce geben und kurz mitkochen lassen.

6. Die Spaghetti in ein Sieb geben, mit heißem Wasser abspülen und abtropfen lassen.

7. Die Sauce mit Salz, Pfeffer und Worcestersauce abschmecken.

8. Spaghetti mit der Sauce servieren.

Tipps: Den Kochschinken können Sie durch Putenbrustaufschnitt ersetzen. Auch fein geschnittene Mortadellastreifen schmecken sehr gut in der Sauce.

Schnelle Kinderdrinks | Beliebt

Kinderpunsch
(im Foto links)
8 Portionen

Pro Portion: E: 1 g, F: 0 g, Kh: 30 g, kJ: 565, kcal: 135, BE: 2,5

2 l Obstsaft, z. B. Apfel-, Kirsch- oder Orangensaft
1 EL flüssiger Honig
½ TL gem. Zimt
1 Msp. gem. Nelken
2 EL Zitronensaft

Zubereitungszeit: 15 Minuten

1. Den Obstsaft in einem Topf bei mittlerer Hitze zum Kochen bringen und den Topf von der Kochstelle nehmen. Honig, Zimt, Nelken und Zitronensaft unterrühren. Den Punsch etwa 5 Minuten ziehen lassen.

2. Den Punsch evtl. nochmals mit den Gewürzen abschmecken und danach in 8 Tassen oder Punschgläser füllen. Den Kinderpunsch warm servieren.

Heiße Schokolade
(im Foto rechts)
8–10 Portionen

Pro Portion: E: 9 g, F: 16 g, Kh: 21 g, kJ: 1096, kcal: 262, BE: 1,5

200 g Edel-Vollmilch oder Zartbitter-Schokolade
2 l Milch (3,5 % Fett)

Zubereitungszeit: 15 Minuten

1. Die Schokolade in Stücke brechen. Die Schokoladenstücke mit der Milch in einen Topf geben und unter Rühren erwärmen, bis die Schokolade geschmolzen ist.

2. Die Schokoladenmilch erhitzen, aber nicht kochen lassen.

Tipps: Je nach Süße der Schokolade die heiße Schokolade noch mit etwas Zucker und gemahlenem Zimt abschmecken. Nach Belieben die heiße Schokolade mit geschlagener Sahne und Raspelschokolade garniert servieren.

Schokobrötchen, blättrige

Knusprig

10 Brötchen

Pro Stück: E: 5 g, F: 15 g, Kh: 29 g, kJ: 1168, kcal: 284, BE: 2,5

Für den Teig:

50 g Butter
130 ml lauwarmes Wasser
10 g frische Hefe
30 g Zucker
250 g Weizenmehl
½ gestr. TL Salz

Für die Füllung:

100 g Zartbitter-Schokolade (etwa 50 % Kakaoanteil)
100 g Butter (zimmerwarm)

Zum Bestreichen:

1 Ei (Größe M)
1 EL Milch

Zum Bestäuben:

1 EL Puderzucker

Zubereitungszeit: 50 Minuten, ohne Kühl- und Teiggehzeit
Backzeit: etwa 20 Minuten

1. Für den Teig Butter zerlassen und etwas abkühlen lassen. Wasser in eine Rührschüssel geben. Hefe und Zucker hinzugeben und unter Rühren darin auflösen. Mehl, Salz und lauwarme Butter hinzugeben. Die Zutaten mit einem Mixer (Knethaken) in etwa 1 Minute zu einem elastischen Teig verkneten. Den Teig zu einer Kugel formen und anschließend in Frischhaltefolie gewickelt mindestens 20 Minuten in den Kühlschrank legen.

2. In der Zwischenzeit für die Füllung die Schokolade in 10 gleich große Stücke teilen. Die Butter zwischen zwei Lagen Frischhaltefolie mit der flachen Hand oder einer Teigrolle zu einem Quadrat drücken oder rollen (etwa 20 x 20 cm).

3. Die Teigkugel auf eine leicht bemehlte Arbeitsfläche geben. Frischhaltefolie beiseitelegen. Die Teigkugel zu einem Quadrat (etwa 30 x 30 cm) ausrollen. Das Butterquadrat diagonal auf den Teig legen, dabei die untere Lage der Frischhaltefolie entfernen. Die Spitzen der Butter sollen auf die Mitte der Teigseiten zeigen. Obere Lage Frischhaltefolie entfernen. Die Teigecken über die Butter zur Mitte hin klappen. Die Teigkanten jeweils fest zusammendrücken.

4. Teig auf einer leicht bemehlten Arbeitsfläche mit der Teigrolle zu einem Rechteck (etwa 22 x 35 cm) ausrollen. Den Teig von der längeren Seite her so einschlagen, dass drei Lagen entstehen. Teig wieder in die beiseitegelegte Frischhaltefolie wickeln, nochmals mindestens 20 Minuten in den Kühlschrank legen.

5. Den Teig auf einer leicht bemehlten Arbeitsfläche zu einem Rechteck (etwa 20 x 25 cm) ausrollen. Die Teigplatte so halbieren, dass zwei Rechtecke (je etwa 10 x 25 cm) entstehen. Jedes Teigrechteck in 5 gleich große Streifen (je etwa 5 x 10 cm) schneiden.

6. Die Ränder der Teigstreifen dünn mit Wasser bestreichen. Schokoladenstücke in die Mitte der Teigstreifen legen, die Teigsteifen jeweils von der kurzen Seite her aufrollen. Darauf achten, dass die Schokolade möglichst vollständig vom Teig umschlossen ist. Die Ränder nicht zusammendrücken.

7. Den Backofen vorheizen.
Ober-/Unterhitze: etwa 50 °C

8. Die Teigrollen auf ein Backblech (mit Backpapier belegt) legen. Den Backofen ausschalten.

9. Das Backblech in den warmen Backofen schieben. Die Teigrollen etwa 60 Minuten gehen lassen, bis sie sich sichtbar vergrößert haben.

10. Das Backblech auf einen Kuchenrost stellen und mit einem Geschirrtuch zudecken.

11. Den Backofen vorheizen.
Ober-/Unterhitze: etwa 220 °C
Heißluft: etwa 200 °C

12. Zum Bestreichen Ei und Milch verschlagen. Die Teigrollen damit bestreichen. Die Backofentemperatur um etwa 40 °C auf Ober-/Unterhitze: etwa 180 °C, Heißluft: etwa 160 °C reduzieren. Das Backblech in den vorgeheizten Backofen schieben. Die Schokobrötchen **etwa 20 Minuten backen.**

13. Das Backblech auf einen Kuchenrost stellen. Die Schokobrötchen erkalten lassen und vor dem Servieren mit Puderzucker bestäuben.

Tipps: Diese feinen Schokobrötchen schmecken frisch am allerbesten. Möchten Sie sie zum Frühstück zubereiten, können Sie die Schokobrötchen bis einschließlich Punkt 6 vorbereiten und auf ein Backblech legen. Stellen Sie das Backblech anschließend über Nacht in den Kühlschrank. Am nächsten Morgen nehmen Sie zuerst die Schokobrötchen aus dem Kühlschrank. Dann heizen Sie den Backofen vor und backen die Schokobrötchen wie beschrieben. Punkt 7–10 entfallen dann.

Schoko-Cookies | Beliebt

50 Stück

Pro Stück: E: 1 g, F: 5 g, Kh: 8 g, kJ: 328, kcal: 78, BE: 0,5

150 g	*Butter oder Margarine (zimmerwarm)*
75 g	*Zucker*
75 g	*brauner Zucker*
1 Pck.	*Dr. Oetker Vanillin-Zucker*
1 Prise	*Salz*
2	*Eier (Größe M)*
200 g	*Weizenmehl*
1 gestr. TL	*Dr. Oetker Backin*
80 g	*gehackte Haselnusskerne*
75 g	*grob ger. Vollmilch-Schokolade*
75 g	*Schoko-Tröpfchen*

Zubereitungszeit: 15 Minuten
Backzeit: etwa 15 Minuten je Backblech

1. Den Backofen vorheizen.
Ober-/Unterhitze: etwa 180 °C
Heißluft: etwa 160 °C

2. Für den Teig Butter oder Margarine mit einem Mixer (Rührstäbe) auf höchster Stufe geschmeidig rühren. Nach und nach Zucker, Vanillin-Zucker und Salz unterrühren. So lange rühren, bis eine gebundene Masse entstanden ist.

3. Die Eier nach und nach unterrühren (jedes Ei etwa 1/2 Minute). Mehl mit Backpulver mischen und in 2 Portionen auf mittlerer Stufe kurz unterrühren. Zuletzt Nüsse, Schokolade und Schoko-Tröpfchen mischen und unterrühren.

4. Mithilfe von zwei Teelöffeln etwa walnussgroße Häufchen mit reichlich Abstand zueinander (der Teig läuft auseinander) auf drei Backbleche (mit Backpapier belegt) setzen.

5. Die Backbleche nacheinander (bei Heißluft zwei zusammen) in den vorgeheizten Backofen schieben. Cookies **etwa 15 Minuten je Backblech backen.**

6. Die Sckoko-Cookies mit dem Backpapier auf Kuchenroste ziehen und erkalten lassen.

Tipps: Statt Schoko-Tröpfchen kann man sehr fein gewürfelte, getrocknete Früchte (z. B. Aprikosen oder Cranberrys) unter den Teig rühren. In diesen Schoko-Cookies kann man sehr gut die Schokolade von übrig gebliebenen Osterhasen oder Weihnachtsmännern verarbeiten.

Schokoladencreme | Zum Frühstück

etwa 400 g

Insgesamt: E: 17 g, F: 124 g, Kh: 119 g, kJ: 6994, kcal: 1679, BE: 10,0

150 g Zartbitter-Kuvertüre
50 g Nuss-Nougat
1–2 EL Instant-Kaffeepulver
200 g Schlagsahne

Zubereitungszeit: 15 Minuten, ohne Abkühlzeit
Haltbarkeit: im Kühlschrank etwa 5 Tage

1. Kuvertüre in Stücke hacken. Nuss-Nougat in kleine Stücke schneiden. Zwei Drittel der Kuvertüre in einem Topf im Wasserbad bei schwacher Hitze unter Rühren schmelzen. Den Topf aus dem Wasserbad nehmen und die restliche Kuvertüre und den Nuss-Nougat darin unter Rühren schmelzen.

2. Kaffeepulver in die Sahne einrühren und in einem Topf unter Rühren zum Kochen bringen, kurz aufkochen lassen.

3. Mithilfe eines Schneebesens die Kaffee-Sahne-Mischung unter die Kuvertüre-Nougat-Masse rühren, etwas abkühlen lassen.

4. Die Schokoladenmasse in ein verschließbares Gefäß füllen, vollständig erkalten lassen und mindestens 3 Stunden in den Kühlschrank stellen.

Dazu schmeckt: Buttertoast oder Hörnchen.

Tipp: Sollten sich die zuletzt untergerührten Kuvertüre- und Nougatstücke nicht vollständig auflösen, den Topf nochmals kurz ins Wasserbad halten, wieder erwärmen und die Kuvertüre-Nougat-Masse anschließend so lange rühren, bis sie vollständig geschmolzen ist.

Schupfnudelauflauf mit Kasseler

Einfach

4 Portionen

Pro Portion: E: 35 g, F: 40 g, Kh: 51 g, kJ: 3070, kcal: 700, BE: 4,0

1 Bund Frühlingszwiebeln
40 g getrocknete Tomaten in Öl
2 EL Butter
225 g abgetropfte Mischpilze (aus der Dose)
Salz, gem. Pfeffer
2 EL gemischte TK-Kräuter
4 Scheiben Kasseler Lachsfleisch
200 g Schmand (Sauerrahm)
1 Ei (Größe M)
500 g Schupfnudeln (aus dem Kühlregal)
150 g ger. Emmentaler

Zubereitungszeit: 20 Minuten
Garzeit: etwa 20 Minuten

1. Frühlingszwiebeln putzen, abspülen, abtropfen lassen und in feine Scheiben schneiden. Tomaten abtropfen lassen und in Streifen schneiden.

2. Butter in einer Pfanne zerlassen. Die Pilze darin unter Wenden anbraten. Frühlingszwiebeln hinzugeben, kurz mitbraten, mit Salz und Pfeffer würzen. Die Tomatenstreifen und Kräuter untermischen. Die Pilz-Zwiebel-Mischung in eine Schüssel geben und etwas abkühlen lassen.

3. In der Zwischenzeit den Backofen vorheizen.
Ober-/Unterhitze: etwa 200 °C
Heißluft: etwa 180 °C

4. Kasselerscheiben mit Küchenpapier trocken tupfen und in Streifen schneiden. Schmand mit Ei verschlagen und unter die Pilz-Zwiebel-Mischung rühren.

5. Schupfnudeln, Pilz-Zwiebel-Mischung und Kasselerstreifen in eine große, flache Auflaufform (gefettet) schichten. Käse daraufstreuen.

6. Die Form auf dem Rost auf mittlerer Einschubleiste in den vorgeheizten Backofen schieben. Den Schupfnudelauflauf **etwa 20 Minuten garen.**

Dazu schmeckt: Krautsalat.

Tipps: Statt der Mischpilze können Sie sehr gut Champignons verwenden. Eine weitere Rezeptabwandlung erhalten Sie, wenn Sie die Pilze durch eine Gemüse-Mais-Mischung aus der Dose ersetzen. Das Gemüse muss nicht angebraten werden. Noch schneller geht es, wenn Sie die Kasselerscheiben nicht in Streifen schneiden, sondern ganz einschichten.

Schwedische Köttbullar

Beliebt – klassisch

4 Portionen

Pro Portion: E: 38 g, F: 45 g, Kh: 25 g, kJ: 2736, kcal: 653, BE: 2,0

100 g Semmelbrösel
250 ml Milch (3,5 % Fett)
3 abgetropfte Gewürzgurken (aus dem Glas)
1–2 EL Gurkensud (aus dem Glas)
1 Zwiebel
600 g Rindergehacktes
1 Ei (Größe M)
Salz
gem. Pfeffer
3 EL Sonnenblumenöl
etwa 150 g Schlagsahne

Zubereitungszeit: 40 Minuten, ohne Quellzeit

1. Die Semmelbrösel mit Milch in einer Schüssel gut verrühren und etwa 30 Minuten quellen lassen.

2. Von den Gurken 1–2 Esslöffel Gurkensud auffangen. Gurken in kleine Würfel schneiden und beides beiseitestellen.

3. Zwiebel abziehen und auf der Haushaltsreibe fein reiben oder in sehr kleine Würfel schneiden. Gehacktes in eine Schüssel geben. Semmelbröselmasse und Ei hinzufügen. Die Zutaten zu einem geschmeidigen Teig verarbeiten. Mit ½ Teelöffel Salz und Pfeffer würzen.

4. Aus der Hackfleischmasse mit angefeuchteten Händen walnussgroße Bällchen formen.

5. Speiseöl in einer Pfanne erhitzen. Köttbullar darin evtl. portionsweise von allen Seiten unter gelegentlichem Wenden bei mittlerer Hitze 8–10 Minuten braten. Köttbullar aus der Pfanne nehmen und zugedeckt warm stellen.

6. Beiseitegestellte Gurkenwürfel mit Gurkensud und Sahne zum verbliebenen Bratfett in die Pfanne geben, unter Rühren aufkochen und etwa 2 Minuten einkochen lassen. Die Sauce mit Salz und Pfeffer würzen. Köttbullar in die Sauce geben und kurz erwärmen.

Dazu schmecken: Salzkartoffeln oder Reis.

Tipps: Statt eingelegter Gurken Perlzwiebeln oder Senffrüchte verwenden. Noch preiswerter wird es, wenn Sie statt Rindergehacktes gemischtes Gehacktes (halb Rind-, halb Schweinefleisch) verwenden.

Schweinefilet mit Möhrenscheiben | Klassisch

4 Portionen

Pro Portion: E: 35 g, F: 12 g, Kh: 11 g, kJ: 1235, kcal: 295, BE: 0,0

1 kg Möhren
1 Zwiebel
30 g Butter
200 ml Gemüsebrühe
Salz, gem. Pfeffer
Zucker
600 g Schweinefilet
2 EL Sonnenblumenöl
einige Stängel Kerbel oder Petersilie

Zubereitungszeit: 30 Minuten

1. Möhren putzen, schälen, abspülen und abtropfen lassen. Möhren in Scheiben schneiden. Die Zwiebel abziehen und würfeln.

2. Butter in einer Pfanne zerlassen. Zwiebelwürfel hineingeben und darin glasig dünsten. Möhrenscheiben zugeben, kurz mit andünsten, dann mit Gemüsebrühe ablöschen. Die Möhren mit Salz, Pfeffer und Zucker würzen und zugedeckt etwa 10 Minuten garen lassen.

3. Inzwischen das Schweinefilet mit Küchenpapier trocken tupfen, evtl. von Fett, Haut und Sehnen befreien. Das Fleisch in Medaillons schneiden.

4. Das Öl in einer Pfanne erhitzen, die Medaillons hineingeben und von beiden Seiten 3–4 Minuten braten. Medaillons mit Salz und Pfeffer würzen.

5. Kräuter abspülen, trocken tupfen und die Blättchen von den Stängeln zupfen. Die Möhren mit den Kräuterblättchen bestreuen und mit den Medaillons servieren.

Dazu schmeckt: Baguette oder Salzkartoffeln.

Tipp: Rühren Sie 2–3 Esslöffel Kräuter-Crème-fraîche unter den Bratensatz. So erhalten Sie eine Sauce, die Sie zu den Medaillons servieren können.

Schweineschmorbraten I

Echtes Sonntagsessen

4 Portionen

Pro Portion: E: 42 g, F: 18 g, Kh: 7 g,
kJ: 1510, kcal: 361, BE: 0,0

750 g Schweinefleisch ohne Knochen (aus der Keule)
Salz
gem. Pfeffer
Paprikapulver edelsüß
1 Bund Suppengrün (Möhren, Sellerie, Porree)
4 Zwiebeln
3 EL Speiseöl, z. B. Sonnenblumen- oder Rapsöl
gerebelter Majoran oder Thymian
heißes Wasser

Zubereitungszeit: 20 Minuten, ohne Ruhezeit
Garzeit: etwa 1 1/2 Stunden

1. Schweinefleisch mit Küchenpapier trocken tupfen, mit Salz, Pfeffer und Paprikapulver würzen.

2. Sellerie und Möhren putzen, schälen, abspülen und abtropfen lassen. Den Porree putzen, die Stange längs halbieren, gründlich waschen und abtropfen lassen. Die Zwiebeln abziehen. Vorbereitetes Suppengrün und Zwiebeln klein schneiden.

3. Öl in einem Topf oder Bräter erhitzen. Das Fleisch darin von allen Seiten kräftig anbraten, mit Majoran oder Thymian bestreuen.

4. Das Suppengrün und die Zwiebeln hinzufügen, kurz mitdünsten. So viel heißes Wasser hinzugießen, dass der Topfboden bedeckt ist. Das Ganze zugedeckt etwa 1 1/2 Stunden bei mittlerer Hitze schmoren. Den Braten gelegentlich wenden, verdampfte Flüssigkeit nach und nach durch heißes Wasser ersetzen.

5. Den gegarten Schmorbraten aus dem Topf oder dem Bräter nehmen und etwa 10 Minuten zugedeckt ruhen lassen, damit sich der Fleischsaft setzt.

6. Inzwischen den Bratensatz mit dem Gemüse durch ein Sieb streichen, etwa 400 ml von dem Bratensatz, evtl. mit heißem Wasser aufgefüllt, abmessen und in einen Topf geben. Den aus dem Braten ausgetretenen Bratensaft zufügen, zum Kochen bringen und nach Belieben etwas einkochen lassen. Sauce mit Salz, Pfeffer und Majoran oder Thymian abschmecken.

7. Den Schmorbraten in Scheiben schneiden, auf einer vorgewärmten Platte anrichten und die Sauce dazureichen.

Dazu schmeckt: Erbsen-Möhren-Gemüse oder Rotkohl und Salzkartoffeln.

Tipps: Bestreichen Sie den Schweineschmorbraten nach dem Anbraten mit etwas Senf, bekommt er einen besonders würzigen Geschmack. Ersetzen Sie das Wasser zum Angießen durch Malzbier.

Seelachsfilet, gebratenes

Knusprig

4 Portionen

Pro Portion: E: 32 g, F: 16 g, Kh: 24 g, kJ: 1545, kcal: 369, BE: 2,0

4 Seelachsfilets (je etwa 150 g)
40 g Weizenmehl
100 g Semmelbrösel
1 Ei (Größe M)
2 EL kaltes Wasser
Salz
gem. Pfeffer
5 EL Speiseöl, z. B. Olivenöl

Zum Garnieren:

1 Bio-Zitrone (unbehandelt, ungewachst)
einige vorbereitete Blättchen glatte Petersilie

Zubereitungszeit: 15 Minuten
Bratzeit: 6–8 Minuten

1. Seelachsfilets unter fließendem kalten Wasser abspülen und trocken tupfen. Mehl und Semmelbrösel in zwei tiefe Teller geben.

2. Ei mit Wasser in einem tiefen Teller verschlagen. Die Filets mit Salz und Pfeffer bestreuen und zuerst in Mehl wenden. Dann die Filets durch das verschlagene Ei ziehen, am Schüsselrand etwas abstreifen und zuletzt in Semmelbröseln wenden. Die Panade etwas andrücken.

3. Speiseöl in einer großen, beschichteten Pfanne erhitzen. Fischfilets darin von jeder Seite 3–4 Minuten goldbraun braten, herausnehmen und kurz auf Küchenpapier abtropfen lassen.

4. Zum Garnieren die Zitrone heiß abwaschen, abtrocknen und in dünne Scheiben schneiden. Die Fischfilets mit den Zitronenscheiben und den Petersilienblättchen garniert servieren.

Dazu schmeckt: Kartoffelsalat von Seite 133 oder Kartoffelpüree und grüner Salat.

Tipp: Statt Seelachsfilet kann auch Tilapia- oder Pangasiusfilet verwendet werden.

Sesambrötchen | Für Heim-Burger

8 Stück

Pro Stück: E: 9 g, F: 4 g, Kh: 54 g, kJ: 1227, kcal: 293, BE: 4,5

Für den Hefeteig:

300 ml lauwarmes Wasser
21 g frische Hefe
25 g Zucker
550 g Weizenmehl
2 gestr. TL Salz
1 1/2 EL Olivenöl

Zum Bestreuen:

25 g geschälte Sesamsamen
grob gem. Pfeffer

Zubereitungszeit: 35 Minuten, ohne Teiggehzeit
Backzeit: 20–25 Minuten

1. Für den Teig Wasser in eine Rührschüssel gießen. Hefe und Zucker hinzugeben und unter Rühren darin auflösen.

2. Mehl, Salz und Olivenöl hinzugeben. Mit dem Mixer (Knethaken) zu einem glatten Teig verarbeiten und so lange kneten, bis sich der Teig vom Schüsselrand löst. Den Teig mit etwas Mehl bestäuben und zugedeckt so lange an einem warmen Ort gehen lassen, bis er sich sichtbar vergrößert hat (etwa 40 Minuten).

3. Anschließend den Teig auf einer leicht mit Mehl bestäubten Arbeitsfläche mit den Händen verkneten und in 8 gleich große Stücke teilen.

4. Die Teigstücke zu gleichmäßigen, glatten Kugeln formen und mit etwas Abstand auf ein Backblech (gefettet, mit Backpapier belegt) legen.

5. Die Oberseite der Teigkugeln dünn mit Wasser bestreichen und gleichmäßig mit Sesam bestreuen. Mit grob gemahlenem Pfeffer bestreuen. Teigstücke mit Frischhaltefolie zudecken und so lange an einem warmen Ort gehen lassen, bis sie sich deutlich sichtbar vergrößert haben (etwa 60 Minuten). Die Folie entfernen.

6. Das Backblech in den Backofen schieben.

7. Den Backofen einschalten.
Ober-/Unterhitze: etwa 200 °C
Heißluft: nicht empfehlenswert (die Brötchen werden zu dunkel)

8. Die Sesambrötchen **20–25 Minuten backen.** Sollten die Brötchen zu dunkel werden, decken Sie sie mit einem Bogen Backpapier zu.

9. Die Brötchen auf einen Kuchenrost legen. Sesambrötchen auf dem Kuchenrost erkalten lassen.

Tipps: Diese Brötchen sind bestens geeignet, um Hamburger zuzubereiten. Auch feiner Kochschinken, Roastbeef mit Remouladensauce und Schnittkäse passen sehr gut dazu. Oder zunächst die Brötchen mit Frischkäse bestreichen, anschließend mit geräuchertem Forellenfilet oder Lachsscheiben belegen, darauf Salat und Gurkenscheiben. Bewahren Sie die Sesambrötchen nach dem Erkalten in einem Kunststoffbeutel auf, so werden sie charakteristisch weich.

Sesamkartoffeln mit Dip | Vegetarisch

4 Portionen

Pro Portion: E: 25 g, F: 10 g, Kh: 45 g, kJ: 1598, kcal: 382, BE: 3,0

1 kg	*kleine festkochende Kartoffeln*
500 g	*Möhren*
500 g	*Staudensellerie*
500 g	*Magerquark*
100 g	*saure Sahne*
1 TL	*flüssiger Honig*
1 TL	*gehackte gemischte TK-Kräuter*
	Salz
	gem. Pfeffer
4	*abgetropfte Gewürzgurken*
1 EL	*Sonnenblumenöl*
30 g	*Sesamsaat*
	frisch ger. Muskatnuss
einige	*vorbereitete Rucola- oder Korianderblättchen*

Zubereitungszeit: 30 Minuten

1. Die Kartoffeln unter fließendem Wasser abbürsten, knapp mit Wasser bedeckt, zugedeckt zum Kochen bringen und in etwa 20 Minuten gar kochen.

2. In der Zwischenzeit die Möhren schälen, abspülen, abtropfen lassen und in fingerlange schmale Streifen schneiden. Den Sellerie putzen, die harten Außenfäden abziehen, abspülen, abtropfen lassen und ebenfalls in Streifen schneiden.

3. Quark, saure Sahne und Honig glatt rühren. Kräuter unterrühren. Den Dip mit Salz und Pfeffer würzen. Dip in die Mitte eines großen Tellers häufen. Gemüse rundum anordnen.

4. Das Öl in einer großen Pfanne erhitzen. Die garen Kartoffeln abgießen, abdämpfen und mit dem Sesam in die Pfanne geben. Kartoffeln kurz von allen Seiten bräunen. Sesamkartoffeln mit Salz und Muskatnuss würzen.

5. Die Sesamkartoffeln gemeinsam mit dem Gemüse anrichten. Mit Rucola oder Koriander garnieren.

Sesam-Knusper-Pause I

Auch zum Mitnehmen

4 Portionen

Pro Portion: E: 14 g, F: 14 g, Kh: 24 g, kJ: 1161, kcal: 275, BE: 1,5

- *8 Scheiben Knäckebrot mit Sesamsamen*
- *4 TL Remouladensauce*
- *8 Salatblätter*
- *4 Scheiben Emmentaler*
- *20 Cocktailtomaten*
- *½–1 Salatgurke*

Zubereitungszeit: 10 Minuten

1. Pro Portion 2 Scheiben Knäckebrot auf der Seite ohne Sesamsamen mit je 1 Teelöffel Remoulade dünn bestreichen.

2. Salat putzen, abspülen und gut trocken tupfen oder schleudern. Je 2 Salatblätter und je 1 Käsescheibe auf 1 Knäckebrotscheibe legen und mit der anderen zudecken.

3. Tomaten abspülen, trocken tupfen und evtl. die Stängelansätze herausschneiden. Salatgurke gründlich abspülen, trocken tupfen, die Enden abschneiden und die Gurke in 20 Scheiben schneiden. Je 5 Cocktailtomaten und 5 Gurkenscheiben mit jeweils 1 Doppeldecker-Brot anrichten und servieren.

Tipps: Zum Mitnehmen eignen sich besonders gut Brotdosen, bei denen man den Innenraum mit einer Schiene unterteilen kann. So bleiben die einzelnen Zutaten längere Zeit appetitlich. Sie können auch eine gefaltete Serviette zwischen Brot und Gemüse stecken. Ersetzen Sie die Cocktailtomaten durch Radieschen oder Weintrauben.

Smileys | Gute Laune garantiert

18 Stück (Ø 5–6 cm)

Pro Stück: E: 3 g, F: 5 g, Kh: 34 g, kJ: 795, kcal: 190, BE: 3,0

Für den Rührteig:

80 g Butter oder Margarine (zimmerwarm)
100 g Zucker
1 Prise Salz
2 gestr. TL Dr. Oetker Finesse Geriebene Zitronenschale
2 Eier (Größe M)
300 g Weizenmehl
1 gestr. TL Dr. Oetker Backin
150 ml Milch (3,5 % Fett)

etwa 2 Lakritz-Schnecken
250 g Puderzucker
gelbe Back- und Speisefarbe
etwa 5 EL Zitronensaft

Zubereitungszeit: 45 Minuten, ohne Abkühlzeit
Backzeit: etwa 18 Minuten je Backblech

1. Den Backofen vorheizen.
Ober-/Unterhitze: etwa 180 °C
Heißluft: etwa 160 °C

2. Für den Teig Butter oder Margarine in einer Rührschüssel mit einem Mixer (Rührstäbe) auf höchster Stufe geschmeidig rühren. Nach und nach Zucker, Salz und geriebene Zitronenschale unterrühren. So lange rühren, bis eine gebundene Masse entstanden ist. Eier nach und nach unterrühren (jedes Ei etwa ½ Minute). Das Mehl mit Backpulver mischen und in 2 Portionen abwechselnd mit der Milch auf mittlerer Stufe kurz unterrühren.

3. Mithilfe von zwei Esslöffeln je 9 gleich große Häufchen mit etwas Abstand zueinander auf zwei Backbleche (mit Backpapier belegt) setzen.

4. Die Backbleche nacheinander (bei Heißluft zusammen) in den vorgeheizten Backofen schieben. Die Küchlein **etwa 18 Minuten je Backblech backen.**

5. In der Zwischenzeit die Lakritz-Schnecken vorsichtig entrollen, sodass 2 lange dünne Lakritzschnüre entstehen. Kleine Lakritzstücke (weniger als ½ cm Länge) als Augenpaare und Lakritzmunde (etwa 4 cm lang) abschneiden und beiseitelegen.

6. Für den Zitronenzuckerguss Puderzucker und Speisefarbe in eine kleine Schüssel geben. Nach und nach tropfenweise so viel Zitronensaft darunterrühren, dass ein dickflüssiger glatter gelber Guss entsteht.

7. Küchlein mit dem Backpapier auf Kuchenroste ziehen und erkalten lassen.

8. Zitronenzuckerguss mit einem Tafelmesser oder einem Silikonbackpinsel auf die Unterseite der Küchlein streichen. Mit den beiseitegelegten Lakritzstückchen die Gesichter auf den noch feuchten Guss legen. Guss trocknen lassen. Dabei darauf achten, dass die Oberfläche der Smileys gerade liegt, damit die Gesichter nicht verrutschen.

Tipps: Die genaue Menge der Speisefarbe zum Einfärben des Gusses hängt vom verwendeten Produkt ab. Beachten Sie die Hinweise des Herstellers. Augen und Mund können Sie auch mit dunkler Zuckerschrift aufmalen. Hierfür die Gesichter nach Packungsanleitung auf den getrockneten Guss aufzeichnen.

Sommergemüse mit Schupfnudeln | Vegetarisch

4 Portionen

Pro Portion: E: 13 g, F: 13 g, Kh: 56 g, kJ: 1658, kcal: 393, BE: 4,0

30 g Sonnenblumenkerne
600 g Spitzkohl
450 g Möhren
300 g Zucchini
15 g Butter oder Margarine
1 Prise Zucker
Salz
gem. Pfeffer
ger. Muskatnuss
1 EL Zitronensaft
500 g Schupfnudeln (aus dem Kühlregal)
150 g saure Sahne
100 ml Wasser
2 gestr. EL heller Saucenbinder

Zubereitungszeit: 30 Minuten

1. Sonnenblumenkerne in einer Pfanne ohne Fett unter Wenden anrösten und auf einen Teller geben.

2. Spitzkohl putzen, abspülen, gut abtropfen lassen und in fingerbreite Streifen schneiden. Möhren putzen, schälen, abspülen und abtropfen lassen. Zucchini abspülen, abtrocknen und die Enden abschneiden. Möhren und Zucchini in feine Stifte schneiden.

3. Dann jeweils etwas Butter oder Margarine in einer großen Pfanne zerlassen. Kohlstreifen, Möhren- und Zucchinistifte darin portionsweise unter Rühren andünsten. Gemüse mit Zucker, Salz, Pfeffer und Muskat würzen. Zitronensaft und etwa 4 Esslöffel Wasser hinzugeben und zum Kochen bringen. Das Gemüse zugedeckt etwa 5 Minuten bei schwacher Hitze garen, dabei gelegentlich umrühren.

4. Den Deckel abnehmen. Das Gemüse bei starker Hitze braten, bis die Flüssigkeit fast verdampft ist. Schupfnudeln hinzugeben und unter vorsichtigem Wenden anbraten. Saure Sahne mit Wasser und Saucenbinder verrühren, unter vorsichtigem Rühren unter die Gemüse-Schupfnudel-Mischung rühren und kurz aufkochen lassen.

5. Die Sommergemüse-Pfanne nochmals mit Salz, Pfeffer und Muskat abschmecken, mit Sonnenblumenkernen bestreut sofort servieren.

Tipps: Zucchini gehören zur Familie der Kürbisgewächse. Es gibt Sorten mit grüner, gelber und weißer Schale, alle haben ein weißliches Fruchtfleisch, das viele Kerne enthält. Man erntet Zucchini bei einer Größe von 15–20 cm, weil sie dann ganz besonders schmackhaft sind. Zucchini enthalten pro 100 g nur etwa 18 kcal, dafür aber Kalium, Magnesium, Eisen und Beta-Carotin. Im Gemüsefach des Kühlschranks bleiben sie 3–4 Tage frisch.

Spaghetti Bolognese

Klassisch

4 Portionen

Pro Portion: E: 34 g, F: 20 g, Kh: 81 g, kJ: 2709, kcal: 647, BE: 6,5

1	*Zwiebel*
1	*Knoblauchzehe*
2	*Möhren*
100 g	*Knollensellerie*
2 EL	*Olivenöl*
250 g	*Rindergehacktes*
2 EL	*Tomatenmark*
1	*Lorbeerblatt*
800 g	*stückige Tomaten (aus der Dose)*
	Salz
	gem. Pfeffer
	gerebelter Oregano
4 l	*Wasser*
4 gestr. TL	*Salz*
400 g	*Spaghetti*
	ger. Parmesan

Zubereitungszeit: 20 Minuten

1. Zwiebel und Knoblauchzehe abziehen, halbieren und würfeln. Möhren und Sellerie putzen, schälen, abspülen, abtropfen lassen und ebenfalls in feine Würfel schneiden.

2. Olivenöl in einer großen Pfanne erhitzen. Gehacktes hinzugeben und unter Rühren anbraten. Die Fleischklümpchen dabei mit einer Gabel zerdrücken. Tomatenmark hinzugeben und ebenfalls mit anbraten. Lorbeerblatt, Zwiebel-, Knoblauch-, Gemüsewürfel und Tomaten hinzugeben, die Zutaten gut miteinander verrühren. Mit Salz, Pfeffer und Oregano würzen. Sauce zugedeckt etwa 15 Minuten bei schwacher Hitze kochen lassen.

3. In der Zwischenzeit Wasser in einem großen Topf zugedeckt zum Kochen bringen. Dann Salz und Spaghetti zugeben. Die Spaghetti im geöffneten Topf bei mittlerer Hitze nach Packungsanleitung bissfest kochen, dabei gelegentlich umrühren. Anschließend die Spaghetti in ein Sieb geben, mit heißem Wasser abspülen und abtropfen lassen.

4. Spaghetti auf den Tellern mit einer großen Gabel jeweils zu einem Nest drehen und die Bolognesesauce in die Mitte geben. Mit geriebenem Parmesan bestreuen und servieren.

Tipp: Haben Sie kleine Kinder am Tisch, denen der Parmesan zu würzig ist, bieten Sie alternativ geriebenen jungen Gouda an.

Spaghetti mit Möhren-Tomaten-Sauce | Vegetarisch

4 Portionen

Pro Portion: E: 20 g, F: 19 g, Kh: 84 g, kJ: 2488, kcal: 594, BE: 6,0

2 Zwiebeln
1 Knoblauchzehe
750 g Möhren
2 EL Olivenöl
Salz, gem. Pfeffer
gerebelter Majoran
150 ml Gemüsebrühe

4 l Wasser
4 gestr. TL Salz
400 g Spaghetti

400 g stückige Tomaten (aus der Dose)
100 g Schlagsahne
1 EL gehacktes Basilikum
50 g ger. Parmesan
einige vorbereitete Basilikumblättchen

Zubereitungszeit: 30 Minuten

1. Zwiebeln und Knoblauch abziehen, in kleine Würfel schneiden. Möhren putzen, schälen, abspülen, abtropfen lassen und in kleine Stücke schneiden.

2. Olivenöl in einem Topf erhitzen. Zwiebel-, Knoblauchwürfel und Möhrenstücke darin andünsten. Das Gemüse mit Salz, Pfeffer und Majoran würzen.

3. Brühe hinzugießen, zum Kochen bringen und zugedeckt bei schwacher Hitze etwa 8 Minuten garen.

4. In der Zwischenzeit Wasser in einem großen Topf zugedeckt zum Kochen bringen. Dann Salz und Spaghetti hinzugeben.

5. Die Spaghetti im geöffneten Topf bei mittlerer Hitze nach Packungsanleitung bissfest kochen, dabei gelegentlich umrühren.

6. Anschließend die Spaghetti in ein Sieb geben, mit heißem Wasser abspülen und abtropfen lassen. Spaghetti zugedeckt warm stellen.

7. Stückige Tomaten zu den vorgegarten Möhrenstücken geben. Nochmals mit Salz, Pfeffer und Majoran würzen, wieder zum Kochen bringen und weitere etwa 5 Minuten kochen lassen.

8. Die Möhren-Tomaten-Masse fein pürieren, Sahne unterrühren. Basilikum hinzufügen. Möhren-Tomaten-Sauce nochmals mit den Gewürzen abschmecken.

9. Die Spaghetti auf Tellern verteilen. Die Möhren-Tomaten-Sauce daraufgeben, mit Parmesan-Käse bestreut und mit Basilikumblättchen garniert servieren.

Spaghetti mit Petersiliensauce und Tomatensalat | Raffiniert

4 Portionen

Pro Portion: E: 15 g, F: 15 g, Kh: 64 g, kJ: 1908, kcal: 455, BE: 5,0

3 ½ l Wasser
3 ½ gestr. TL Salz
350 g Vollkornspaghetti

Für die Petersiliensauce:

1 Petersilienwurzel
2 Knoblauchzehen
4 EL Olivenöl
Saft von
1 Zitrone
Salz
gem. Pfeffer
gem. Piment
1 Bund glatte Petersilie
100 g Cocktailtomaten

Für den Tomatensalat:

400 g kleine Tomaten
1 TL Balsamico-Essig
1 TL Olivenöl
5 Stängel Basilikum

2 EL ger. Parmesan

Zubereitungszeit: 35 Minuten

1. Wasser in einem großen Topf zugedeckt zum Kochen bringen. Dann Salz und Spaghetti zugeben. Die Spaghetti im geöffneten Topf bei mittlerer Hitze nach Packungsanleitung bissfest kochen, dabei gelegentlich umrühren.

2. Anschließend die Spaghetti in ein Sieb geben, mit heißem Wasser abspülen und abtropfen lassen.

3. Inzwischen Petersilienwurzel schälen, abspülen und fein raspeln. Knoblauch abziehen und fein würfeln.

4. Olivenöl in einer Pfanne erhitzen. Petersilienwurzelraspel und Knoblauchwürfel hinzugeben und unter Rühren miterhitzen, bis der Knoblauch anfängt, goldgelb zu werden.

5. Spaghetti hinzugeben, gut unterrühren. Zitronensaft, Salz und Gewürze zugeben. Pfanne von der Kochstelle ziehen.

6. Petersilie und Tomaten abspülen und trocken tupfen. Die Petersilienblättchen von den Stängeln zupfen und klein schneiden. Tomaten halbieren und die Stängelansätze herausschneiden.

7. Petersilienblättchen und Tomatenhälften unter die Spaghetti heben, mit Salz und Pfeffer abschmecken und zugedeckt warm stellen.

8. Für den Tomatensalat Tomaten abspülen, trocken tupfen und die Stängelansätze herausschneiden. Tomaten in Scheiben schneiden.

9. Die Tomatenscheiben auf 4 Tellern anrichten, mit Essig und Öl beträufeln und mit Salz und Pfeffer würzen.

10. Basilikum abspülen, trocken tupfen, Blättchen von den Stängeln zupfen, in Streifen schneiden und über die Tomaten streuen.

11. Spaghetti mit Petersiliensauce mit Parmesan bestreuen und mit dem Tomatensalat servieren.

Spätzle-Gurken-Pfanne mit Kochschinken | Einfach

4 Portionen

Pro Portion: E: 20 g, F: 12 g, Kh: 54 g, kJ: 1688, kcal: 400, BE: 4,5

500 g Schmorgurken
1 Schalotte
150 g Pfifferlinge oder
290 g abgetropfte Pfifferlinge (aus der Dose)
1 EL Sonnenblumenöl
125 ml Gemüsebrühe
Salz
gem. Pfeffer
3 l Wasser
2–3 gestr. TL Salz
300 g Vollkorn-Spätzle
150 g Crème légère
1 EL mittelscharfer Senf
150 g Kochschinken
1–2 EL gehackter Dill oder Petersilie

Zubereitungszeit: 30 Minuten

1. Gurke schälen und längs halbieren. Die Kerne mit einem Löffel herausschaben. Gurkenhälften nochmals längs halbieren, dann in fingerdicke Stücke schneiden. Schalotte abziehen und klein würfeln.

2. Pfifferlinge putzen, mit Küchenpapier abreiben, evtl. kurz abspülen und auf Küchenpapier gut abtropfen lassen. Große Pfifferlinge halbieren.

3. Sonnenblumenöl in einer großen Pfanne erhitzen. Schalottenwürfel und Pfifferlinge darin unter Rühren kräftig anbraten. Gurkenstücke hinzugeben, unter Rühren mit anbraten.

4. Gemüsebrühe hinzugießen, unterrühren. Die Zutaten zum Kochen bringen und zugedeckt 10–15 Minuten bei schwacher bis mittlerer Hitze dünsten. Das Gemüse mit Salz und Pfeffer würzen.

5. In der Zwischenzeit das Wasser in einem großen Topf zugedeckt zum Kochen bringen. Dann Salz und Spätzle hinzugeben, im geöffneten Topf bei mittlerer Hitze nach Packungsanleitung kochen lassen, dabei gelegentlich umrühren. Anschließend die Spätzle in ein Sieb geben, mit heißem Wasser abspülen und abtropfen lassen.

6. Crème légère mit Senf verrühren und unter die Pilz-Gurken-Mischung rühren, nochmals kurz unter Rühren aufkochen lassen.

7. Den Schinken in Streifen schneiden. Spätzle und Schinkenstreifen zu der Gemüsemasse geben, kurz durchschwenken.

8. Die Spätzle-Gurken-Pfanne nochmals mit Salz und Pfeffer abschmecken. Mit Dill oder Petersilie bestreuen und sofort servieren.

Tipps: Manche Kinder mögen heißen Kochschinken nicht so gern. Bereiten Sie das Gericht dann zunächst ohne den Kochschinken zu und streuen Sie die Schinkenstreifen kalt mit den Kräutern über die Spätzle-Gurken-Pfanne. Das bietet sich auch an, wenn jemand vegetarische Küche bevorzugt.

Spiegeleiernester

Für den Kindergeburtstag

10 Stück

Pro Stück: E: 5 g, F: 14 g, Kh: 31 g, kJ: 1137, kcal: 271, BE: 2,5

Für den Teig:

450 g TK-Blätterteig (10 quadratische Scheiben)
2 EL Milch (3,5 % Fett)

Für den Belag:

240 g abgetropfte Aprikosenhälften (aus der Dose)
1 Pck. Backfeste Puddingcreme
250 ml Milch (3,5 % Fett)
50 g gestiftelte Mandeln

Zum Bestreichen:

2 EL Aprikosenkonfitüre
1 EL Wasser

Zubereitungszeit: 35 Minuten, ohne Auftau- und Abkühlzeit
Backzeit: etwa 15 Minuten je Backblech

1. Blätterteigplatten nebeneinander nach Packungsanleitung auftauen lassen.

2. Den Backofen vorheizen.
Ober-/Unterhitze: etwa 220 °C
Heißluft: etwa 200 °C

3. Jeweils die Hälfte der Blätterteigquadrate auf ein Backblech (30 x 40 cm, mit Backpapier belegt) legen. Die Ränder mit Milch bestreichen.

4. Von den Aprikosenhälften 10 Hälften beiseitelegen. Die übrigen Hälften klein würfeln.

5. Die Puddingcreme mit Milch nach Packungsanleitung zubereiten und die Aprikosenwürfel vorsichtig unterheben.

6. In die Mitte jeder Teigplatte 2 Teelöffel von der Puddingcreme geben. Je 1 Aprikosenhälfte mit der Schnittfläche nach unten darauflegen, die Teigränder mit Mandeln bestreuen.

7. Die Backbleche nacheinander (bei Heißluft zusammen) auf mittlerer Einschubleiste in den vorgeheizten Backofen schieben. Spiegeleiernester **etwa 15 Minuten je Backblech backen.**

8. Die gebackenen Spiegeleiernester mit dem Backpapier vom Backblech auf einen Kuchenrost ziehen und auf dem Kuchenrost erkalten lassen.

9. Zum Bestreichen Konfitüre mit Wasser in einem kleinen Topf unter Rühren aufkochen. Die Spiegeleiernester damit bestreichen (aprikotieren) und trocknen lassen.

Tipps: Wenn Sie keine Packung TK-Blätterteig mit quadratischen Teigplatten bekommen, können Sie auch eine Packung (450 g) mit rechteckigen Teigplatten verwenden. Halbieren Sie die 6 rechteckigen Platten, sodass Sie 12 Teigplatten erhalten. Legen Sie 12 Aprikosenhälften beiseite und würfeln Sie nur die restlichen Aprikosen. Ansonsten können Sie das Rezept wie beschrieben zubereiten.

Spiegeleiertoast | Einfach

4 Portionen

Pro Portion: E: 20 g, F: 24 g, Kh: 25 g, kJ: 1653, kcal: 394, BE: 2,0

8 Scheiben Toastbrot (je etwa 9 x 8 1/2 cm)
8 TL Olivenöl
Salz
gem. Pfeffer
8 Eier (Größe M)
25 g ger. Gouda oder Emmentaler
15 g magere Schinkenwürfel
1/2 Bund Schnittlauch

Zubereitungszeit: 30 Minuten
Backzeit: etwa 10 Minuten je Backblech

1. Den Backofen vorheizen.
Ober-/Unterhitze: etwa 200 °C
Heißluft: etwa 180 °C

2. Toastbrotscheiben auf 1–2 Backbleche (mit Backpapier belegt) legen. Aus jeder Toastscheibe mit einer runden Ausstechform oder einem Glas (Ø etwa 5 cm) einen Kreis ausstechen. Die Brotkreise ebenfalls auf die Backbleche legen.

3. Die Brotscheiben und -kreise mit Olivenöl bestreichen, mit Salz und Pfeffer bestreuen.

4. Eier jeweils in einer kleinen Tasse aufschlagen und vorsichtig in die zuvor ausgestochenen Brotscheibenkreise gleiten lassen.

5. Die ausgestochenen Toastbrotkreise mit Käse und Schinkenwürfeln bestreuen.

6. Die Backbleche nacheinander (bei Heißluft zusammen) auf mittlerer Einschubleiste in den vorgeheizten Backofen schieben. Spiegeleiertoasts **etwa 10 Minuten je Backblech backen.**

7. In der Zwischenzeit Schnittlauch abspülen, trocken tupfen und in Röllchen schneiden. Spiegeleiertoasts und die Brotkreise mit Schnittlauchröllchen bestreuen und heiß servieren.

Dazu schmeckt: Gemischter Salat.

Spinat mit Spiegeleiern | Klassisch

4 Portionen

Pro Portion: E: 16 g, F: 26 g, Kh: 4 g, kJ: 1349, kcal: 323, BE: 0,0

Für den Spinat:

1 1/2 kg frischer Blattspinat
2 mittelgroße Zwiebeln
75 g Butter
Salz, gem. Pfeffer
ger. Muskatnuss

Für die Spiegeleier:

20 g Butter oder Margarine
4 Eier (Größe M)

Zubereitungszeit: 30 Minuten

1. Für den Spinat Blattspinat verlesen, dicke Stiele entfernen. Spinat gründlich waschen und in einem Sieb abtropfen lassen. Die Zwiebeln abziehen und fein würfeln. Butter in einem Topf zerlassen, die Zwiebelwürfel darin andünsten.

2. Den Spinat hinzufügen, mit Salz, Pfeffer und Muskat würzen. Spinat zugedeckt bei schwacher Hitze 5–10 Minuten garen, bis er zusammengefallen ist.

3. Inzwischen für die Spiegeleier Butter oder Margarine in einer großen Pfanne zerlassen. Eier vorsichtig aufschlagen und nebeneinander in das heiße Fett gleiten lassen, dabei darauf achten, dass das Eigelb ganz bleibt. Das Eiweiß mit etwas Salz bestreuen, die Eier bei mittlerer Hitze etwa 5 Minuten braten lassen, bis das Eiweiß fest ist.

4. Den garen Spinat umrühren, nochmals mit Salz, Pfeffer und Muskat abschmecken und mit den Spiegeleiern sofort servieren.

Dazu schmecken: Salzkartoffeln oder Kartoffelbrei.

Spinat-Hähnchen-Auflauf

Macht richtig satt

4 Portionen

Pro Portion: E: 56 g, F: 32 g, Kh: 11 g, kJ: 2362, kcal: 564, BE: 0,5

1 kg TK-Blattspinat
2 Tomaten
3 Knoblauchzehen
600 g Hähnchenbrustfilet
2 EL Olivenöl
2 EL Pinienkerne
Salz
gem. Pfeffer
ger. Muskatnuss
400 ml Milch (3,5 % Fett)
25 g Butter
15 g Weizenmehl
75 g ger. Parmesan
1 Spritzer Zitronensaft
25 g ger. Gouda
1 EL Pinienkerne

Zubereitungszeit: 25 Minuten, ohne Auftauzeit
Garzeit: etwa 20 Minuten

1. Den Blattspinat nach Packungsanleitung auftauen und gut in einem Sieb abtropfen lassen (evtl. zusätzlich noch etwas ausdrücken).

2. Tomaten abspülen, abtrocknen, vierteln und die Stängelansätze herausschneiden. Tomaten entkernen und würfeln. Den Knoblauch abziehen und fein würfeln.

3. Den Backofen vorheizen.
Ober-/Unterhitze: etwa 200 °C
Heißluft: etwa 180 °C

4. Hähnchenbrustfilet unter fließendem kalten Wasser abspülen, trocken tupfen und anschließend in Streifen schneiden.

5. Olivenöl in einer Pfanne erhitzen. Die Hähnchenstreifen darin kurz anbraten. Knoblauch und Pinienkerne dazugeben und mitbraten.

6. Danach Spinat und Tomatenwürfel untermischen, mit Salz, Pfeffer und Muskatnuss würzen. Die Hähnchen-Spinat-Mischung in eine große, flache Auflaufform (gefettet) geben.

7. Milch in einem Topf unter Rühren aufkochen. Die Butter mit Mehl verkneten und unter Rühren in die heiße Milch geben. Die Mischung nochmals aufkochen. Etwa zwei Drittel des Parmesans unterrühren.

8. Die Käsesauce mit Salz, Pfeffer und etwas Zitronensaft abschmecken, über die Hähnchen-Mischung gießen.

9. Restlichen Parmesan, Gouda und Pinienkerne daraufstreuen.

10. Die Form auf dem Rost auf mittlerer Einschubleiste in den vorgeheizten Backofen schieben. Den Auflauf **etwa 20 Minuten garen.**

Dazu schmeckt: Ciabatta.

Tipps: Statt des Hähnchenbrustfilets können Sie auch 600 g Schweineschnitzelfleisch verwenden. Ersetzen Sie die Pinienkerne durch Sonnenblumenkerne und würzen Sie die Käsesauce statt mit Zitronensaft ebenfalls mit Muskatnuss.

Spinnenkuchen | Für kleine Naturforscher

12 Stücke

Pro Stück: E: 5 g, F: 24 g, Kh: 44 g, kJ: 1753, kcal: 419, BE: 3,5

Für den Rührteig:

200 g Butter oder Margarine (zimmerwarm)
175 g Zucker
1 Pck. Dr. Oetker Vanillin-Zucker
1 Prise Salz
4 Eier (Größe M)
175 g Weizenmehl
25 g Speisestärke
25 g gesiebtes Kakaopulver
1 gestr. TL Dr. Oetker Backin
2 EL Milch (3,5 % Fett)
50 g Raspelschokolade (Vollmilch oder Zartbitter)

2–3 EL heiße Aprikosenkonfitüre (ohne Fruchtstücke)

Zum Dekorieren:

250 g Schlagsahne (mind. 30 % Fett)
1 Pck. Dr. Oetker Vanillin-Zucker
1 Pck. Sahnesteif
etwas grüne Speisefarbe
einige Lakritz-Schnecken
1 EL Puderzucker
bunte Schokolinsen
1 Schokokuss

Zubereitungszeit: 45 Minuten
Backzeit: 25–30 Minuten

1. Den Backofen vorheizen.
Ober-/Unterhitze: etwa 180 °C
Heißluft: etwa 160 °C

2. Für den Teig Butter oder Margarine mit einem Mixer (Rührstäbe) auf höchster Stufe geschmeidig rühren. Nach und nach Zucker, Vanillin-Zucker und Salz unterrühren. So lange rühren, bis eine gebundene Masse entstanden ist.

3. Die Eier nach und nach unterrühren (jedes Ei etwa ½ Minute). Mehl mit Speisestärke, Kakaopulver und Backpulver mischen, abwechselnd mit der Milch in 2 Portionen auf mittlerer Stufe kurz unterrühren. Zuletzt Raspelschokolade kurz unterrühren. Den Teig in eine Springform (Ø 24 cm, Boden gefettet, mit Backpapier belegt) geben und glatt streichen.

4. Die Form auf dem Rost in den vorgeheizten Backofen schieben. Den Kuchen **25–30 Minuten backen.**

5. Die Form auf einen Kuchenrost stellen. Den Kuchen etwa 5 Minuten abkühlen lassen. Kuchen zunächst vom Rand lösen, dann aus der Form lösen und auf dem Kuchenrost erkalten lassen. Anschließend das Backpapier vorsichtig abziehen.

6. Die Oberfläche des Kuchens falls erforderlich gerade schneiden, den Kuchen umdrehen und auf eine Tortenplatte legen.

7. Kuchen mit der Aprikosenkonfitüre bestreichen (aprikotieren). Konfitüre einige Minuten trocknen lassen.

8. Sahne mit Vanillin-Zucker und Sahnesteif steif schlagen und so viel grüne Speisefarbe kurz unterrühren, bis der gewünschte Farbton erreicht ist. Den Kuchen vollständig mit der Sahne bestreichen.

9. Die Lakritz-Schnecken auseinanderrollen und in acht 12–13 cm lange „Beine" schneiden. Puderzucker und etwas Wasser zu einem festen Zuckerguss verarbeiten und die Schokolinsen als Augen auf den Schokokuss aufkleben.

10. Den Schokokuss in die Mitte des Kuchens setzen und die Beine an den Spinnenkopf legen. Die Schokolinsen in den Zwischenräumen verteilen.

Tipps: Soll es schneller gehen, verwenden Sie eine Backmischung „Schokokuchen". Die genaue Menge der Speisefarbe zum Einfärben des Gusses hängt vom verwendeten Produkt ab. Beachten Sie die Hinweise des Herstellers. Besonders im Herbst sieht es sehr gut aus, wenn Sie die Sahne mit roter und gelber Lebensmittelfarbe orange einfärben.

Spirelli mit Brokkoli-Schinken-Sauce | Sahnig gehaltvoll

4 Portionen

Pro Portion: E: 34 g, F: 26 g, Kh: 93 g, kJ: 3117, kcal: 747, BE: 7,5

500 g Brokkoli
1 Zwiebel
300 ml Gemüsebrühe
5 l Wasser
5 gestr. TL Salz
500 g Spiralnudeln, z. B. Spirelli
120 g ger. Greyerzer
150 g Crème fraîche
100 g magere Schinkenwürfel
Salz
ger. Muskatnuss

Zubereitungszeit: 25 Minuten

1. Von dem Brokkoli die Blätter entfernen. Brokkoli abspülen und abtropfen lassen Die Röschen vom Stiel abschneiden. Röschen evtl. zerkleinern. Die Stiele schälen und in kleine Würfel schneiden.

2. Zwiebel abziehen und in kleine Würfel schneiden. Die Brühe mit den Zwiebelwürfeln in einem Topf zum Kochen bringen. Die Brokkoliröschen hinzugeben und etwa 5 Minuten garen.

3. Die Brokkoliröschen mit einer Schaumkelle aus der Brühe nehmen und in einem Sieb gut abtropfen lassen. Brokkoliwürfel (von den Stielen) in der Brühe etwa 6 Minuten garen.

4. In der Zwischenzeit Wasser in einem großen Topf zugedeckt zum Kochen bringen. Dann Salz und Nudeln hinzugeben. Die Nudeln im geöffneten Topf bei mittlerer Hitze nach Packungsanleitung kochen lassen, dabei gelegentlich umrühren.

5. Den Topf mit der Brühe und den Brokkoliwürfeln von der Kochstelle nehmen. Die Hälfte der Brokkoliröschen hinzugeben und mit einem Pürierstab pürieren. Die Sauce wieder erhitzen.

6. Den geriebenen Käse und Crème fraîche unterrühren. Schinkenwürfel und die restlichen Brokkoliröschen hinzugeben. Die Sauce nochmals erwärmen. Mit Salz und Muskat würzen.

7. Die garen Nudeln in ein Sieb geben, mit heißem Wasser abspülen und abtropfen lassen.

8. Die Spiralnudeln mit der Brokkoli-Schinken-Sauce servieren.

Tipp: Sie können den Schinken durch die gleiche Menge geräucherten Lachs oder geräucherten Tofu ersetzen.

Stockbrot | Für die Grillparty

8–10 Stück

Pro Stück: E: 6 g, F: 3 g, Kh: 39 g, kJ: 895, kcal: 214, BE: 3,0

Für den Hefeteig:

400 g Weizenmehl
100 g zarte Haferflocken
1 Pck. Dr. Oetker Trockenbackhefe
1 TL Zucker
1–2 TL Salz
1 TL gerebelte Kräuter der Provence
250 ml lauwarmes Wasser
2 EL Sonnenblumenöl

Außerdem:

8–10 Stöcke (etwa 80 cm lang)
Alufolie

Zubereitungszeit: 20 Minuten, ohne Teiggehzeit
Backzeit: 10–12 Minuten

1. Für den Teig Mehl mit Haferflocken, Hefe, Zucker, Salz und Kräutern in einer Rührschüssel mischen. Wasser und Öl unter Rühren mit einem Mixer (Knethaken) auf niedrigster Stufe dazugießen. Die Zutaten zunächst auf niedrigster, dann auf höchster Stufe in etwa 5 Minuten zu einem glatten Teig verarbeiten. Den Teig zugedeckt so lange an einem warmen Ort gehen lassen, bis er sich sichtbar vergrößert hat (etwa 30 Minuten).

2. Die Stöcke an einem Ende fest mit Alufolie umwickeln.

3. Den Teig nochmals kräftig durchkneten und in 8–10 gleich große Portionen teilen. Die Portionen mit den Händen zu länglichen, dünnen Rollen formen. Die Rollen jeweils an der mit Folie umwickelten Spitze nicht zu fest um den Stock wickeln und die Enden festdrücken.

4. Den Teig nicht zu dicht an und auf keinen Fall direkt in die heiße Glut oder ins Feuer (Lagerfeuer oder Grill) halten. Stockbrote **10–12 Minuten backen.**

Tipp: Sie können aus diesem Teig auch im Backofen **Fladenbrot** backen. Dazu den Teig auf einem Backblech (gefettet) etwa 1 cm dick zu einem großen Fladen ausrollen. Den Teig zugedeckt nochmals etwa 15 Minuten gehen lassen. Nach Belieben mit Wasser bestreichen und mit Sesam-, Kümmel- oder Mohnsamen bestreuen. Dann das Brot im vorgeheizten Backofen etwa 12 Minuten backen (Ober-/Unterhitze: etwa 250 °C, Heißluft: etwa 220 °C).

Süßer Hirse-Kirsch-Auflauf I

Fruchtig

4–6 Portionen

Pro Portion: E: 7 g, F: 13 g, Kh: 30 g, kJ: 1125, kcal: 269, BE: 2,5

100 g Hirse
300 ml Milch (3,5 % Fett)
1 EL flüssiger Honig
1 Prise Salz
1/2 Pck. Dr. Oetker Finesse Geriebene Zitronenschale
1 Ei (Größe M)
1 Pck. Dr. Oetker Vanillin-Zucker
2 EL abgezogene, gem. Mandeln
175 g TK-Kirschen
1 1/2 EL brauner Zucker
25 g Butter oder Margarine (zimmerwarm)

Zubereitungszeit: 30 Minuten, ohne Quellzeit
Garzeit: etwa 30 Minuten

1. Die Hirse in einem Sieb unter fließendem kalten Wasser gut abspülen, abtropfen lassen und in einen Topf geben.

2. Milch, Honig, Salz und Zitronenschale hinzufügen. Die Zutaten unter Rühren zum Kochen bringen. Die Hirse bei schwacher Hitze etwa 5 Minuten quellen lassen. Den Topf von der Kochstelle nehmen und die Hirse zugedeckt weitere etwa 5 Minuten ausquellen lassen.

3. Den Backofen vorheizen.
Ober-/Unterhitze: etwa 160 °C
Heißluft: etwa 140 °C

4. Das Ei trennen. Eiweiß mit Vanillin-Zucker steif schlagen. Hirse in eine Rührschüssel geben. Eigelb und Mandeln unterrühren. Eischnee unterheben.

5. Die Hälfte der Hirsemasse in eine Auflaufform (gefettet) geben. Gefrorene Kirschen darauf verteilen. Restliche Hirse daraufgeben und glatt streichen.

6. Zucker mit Butter oder Margarine vermischen und in kleinen Häufchen auf die Hirsemasse setzen. Die Form auf dem Rost in den vorgeheizten Backofen schieben und den süßen Hirse-Kirsch-Auflauf **etwa 30 Minuten garen.**

Dazu schmeckt: Vanillesauce oder eine Kugel Vanilleeis.

Sweet-Horse-Kuchen |

Für den Kindergeburtstag

12 Stücke

Pro Stück: E: 6 g, F: 28 g, Kh: 52 g, kJ: 2034, kcal: 486, BE: 4,5

Für den All-in-Teig:

200 g Weizenmehl
1 Pck. Dr. Oetker Pudding-Pulver Vanille-Geschmack
3 gestr. TL Dr. Oetker Backin
150 g Zucker
200 g Butter oder Margarine (zimmerwarm)
3 Eier (Größe M)
100 ml Milch (3,5 % Fett)
75 g Raspelschokolade (Vollmilch oder Zartbitter)

2–3 EL heiße Aprikosenkonfitüre (ohne Fruchtstücke)

Zum Dekorieren:

Cola-Fruchtgummischnüre
etwas Rollfondant
rote Speisefarbe
300 g weiße Kuvertüre
150 g Kuvertüre Fix Zartbitter
2 weiße Schokolinsen
braune Zuckerschrift

Zubereitungszeit: 50 Minuten, ohne Abkühlzeit
Backzeit: 25–30 Minuten

1. Den Backofen vorheizen.
Ober-/Unterhitze: etwa 180 °C
Heißluft: etwa 160 °C

2. Für den Teig Mehl mit Pudding-Pulver und Backpulver in einer Rührschüssel mischen. Zucker, Butter oder Margarine, Eier und Milch hinzufügen. Alles mit einem Mixer (Rührstäbe) kurz auf niedrigster, dann auf höchster Stufe etwa 2 Minuten zu einem glatten Teig verarbeiten. Raspelschokolade kurz unterrühren. Den Teig in eine Springform (Ø 26 cm, Boden mit Backpapier ausgelegt) geben und glatt streichen.

3. Die Form auf dem Rost in den vorgeheizten Backofen schieben. Den Kuchen **25–30 Minuten backen.**

4. Die Form auf einen Kuchenrost stellen. Den Kuchen zunächst vom Rand, dann aus der Form lösen und auf einem Kuchenrost erkalten lassen. Anschließend vorsichtig das Backpapier abziehen.

5. Aus dem Kuchen den Pferdekopf ausschneiden. Kuchen mit der Aprikosenkonfitüre bestreichen (aprikotieren) und einige Minuten trocknen lassen.

6. Zum Dekorieren die Fruchtgummischnüre in etwa 4 cm lange Streifen schneiden. Fondant mit einem Tropfen roter Speisefarbe rosa färben und ausrollen. Mund und Ohren ausschneiden.

7. Kuvertüre in kleine Stücke hacken oder brechen. Zwei Drittel davon in einem Topf im Wasserbad bei schwacher Hitze unter Rühren schmelzen. Den Topf aus dem Wasserbad nehmen und die restliche Kuvertüre darin unter Rühren schmelzen. Den Pferdekopf vollständig damit überziehen.

8. Die Mähne aus Fruchtgummischnüren auf dem noch feuchten Guss anbringen. Mund und Ohren auflegen und vorsichtig festdrücken. Kuvertüre Fix Chips (für die Punkte) und Linsen für die Augen in den Guss setzen. Mit der Zuckerschrift auf die Linsen braune Punkte als Pupillen malen. Guss trocknen lassen.

Tigerrolle | Leicht

16 Stücke

Pro Stück: E: 4 g, F: 3 g, Kh: 18 g, kJ: 485, kcal: 116, BE: 1,5

Für den Biskuitteig:

3 Eier (Größe M)
100 g Zucker
1 Pck. Dr. Oetker Vanillin-Zucker
½ Pck. Dr. Oetker Finesse Geriebene Zitronenschale
100 g Weizenmehl
¼ TL Dr. Oetker Backin

1 TL gesiebtes Kakaopulver

Für die Füllung:

6 Blatt weiße Gelatine
250 g abgetropfte Pfirsichhälften (aus der Dose)
2 EL Zitronensaft
150 ml Multivitaminsaft
200 g Frischkäse mit Joghurt (13 % Fett)
40 g gesiebter Puderzucker

Zubereitungszeit: 40 Minuten, ohne Kühlzeit
Backzeit: 10–12 Minuten

1. Den Backofen vorheizen.
Ober-/Unterhitze: etwa 200 °C
Heißluft: etwa 180 °C

2. Für den Teig Eier mit einem Mixer (Rührstäbe) auf höchster Stufe in etwa 1 Minute schaumig schlagen. Zucker mit Vanillin-Zucker und Zitronenschale mischen, in etwa 1 Minute einstreuen, die Masse dann noch etwa 2 Minuten weiterschlagen.

3. Mehl mit Backpulver mischen, auf die Eiercreme geben, kurz auf niedrigster Stufe unterrühren. Für den dunklen Teig ein Drittel des Teiges abnehmen und Kakaopulver kurz unterrühren.

4. Den dunklen Teig mit einem Esslöffel in unregelmäßigen Querstreifen auf ein Backblech (30 x 40 cm, gefettet, mit Backpapier belegt) geben. Hellen Teig in die Teigzwischenräume geben und mit einer Teigkarte vorsichtig glatt streichen. Heller und dunkler Teig sollen das Muster eines Tigerfells ergeben.

5. Das Backblech auf mittlerer Einschubleiste in den vorgeheizten Backofen schieben. Die Biskuitplatte **10–12 Minuten backen.**

6. Das Backblech auf einen Kuchenrost stellen. Die Biskuitplatte 3–5 Minuten nach dem Backen mit dem Backpapier von der langen Seite her aufrollen und auf dem Kuchenrost erkalten lassen.

7. Für die Füllung Gelatine nach Packungsanleitung in kaltem Wasser einweichen. Die Pfirsiche fein würfeln.

8. Gelatine leicht ausdrücken und mit Zitronensaft in einem kleinen Topf unter Rühren bei schwacher Hitze erwärmen, bis sie völlig gelöst ist.

9. Zuerst die Hälfte des Multivitaminsaftes unterrühren, dann mit dem restlichen Multivitaminsaft verrühren. Die Saft-Gelatine-Mischung in den Kühlschrank stellen.

10. Frischkäse und Puderzucker mit dem Mixer (Rührstäbe) auf höchster Stufe kurz aufschlagen. Sobald die Saft-Gelatine-Mischung anfängt dicklich zu werden, Frischkäse unterrühren und die Pfirsichwürfel unterheben.

11. Biskuitrolle vorsichtig abrollen. Die Füllung auf der Biskuitplatte verstreichen, dabei an den kurzen Seiten und an der oberen langen Seite einen Rand frei lassen.

12. Die Biskuitplatte von der längeren Seite mithilfe des Backpapiers aufrollen und dabei das Backpapier gleichzeitig lösen. Tigerrolle mindestens 2 Stunden in den Kühlschrank stellen und vor dem Servieren in Scheiben einteilen.

Tipps: Nach Belieben mit Minzeblättchen garnieren. Im Kühlschrank bleibt die Tigerrolle zugedeckt 2–3 Tage frisch.

Toast „Bandito“ und Salatteller

Das mögen alle gern

4 Portionen

Pro Portion: E: 19 g, F: 25 g, Kh: 36 g, kJ: 1872, kcal: 447, BE: 2,5

15 g Pinienkerne

Für den Salat:

8 Blätter grüner Salat oder Eichblattsalat
1 Bund Radieschen (etwa 250 g)
Saft von
1 Zitrone
Salz
gem. Piment
1 EL Honig
1 EL Olivenöl
2 Äpfel

Für die Toasts:

8 Scheiben Vollkorntoast
4 Tomaten
2 EL Pesto
8 Scheiben Geflügel-Fleischwurst
100 g geraspelter Gouda

Zubereitungszeit: 35 Minuten
Grillzeit: etwa 2 Minuten

1. Pinienkerne in einer Pfanne ohne Fett leicht rösten und auf einen Teller geben.

2. Für den Salat Salatblätter abspülen, trocken tupfen und in Streifen schneiden. Die Radieschen putzen, abspülen, trocken tupfen und vierteln. Zitronensaft, Salz, Piment, Honig und Öl verrühren.

3. Die Äpfel abspülen, abtrocknen, vierteln und entkernen. Apfelviertel mit Schale fein würfeln und in die Marinade geben. Radieschen und Salatstreifen unterheben.

4. Für die Toasts die Toastscheiben im Toaster rösten. Die Tomaten abspülen, abtrocknen, halbieren und die Stängelansätze herausschneiden. Die Tomatenhälften in Scheiben schneiden.

5. Toastscheiben mit Pesto bestreichen. Fleischwurst- und Tomatenscheiben darauf verteilen. Den Käse daraufstreuen.

6. Den Backofengrill (etwa 240 °C) vorheizen.

7. Die Toasts auf ein Backblech legen. Das Backblech in den Backofen schieben und die Toasts unter dem Backofengrill **etwa 2 Minuten grillen**, bis der Käse zerlaufen ist.

8. Die gerösteten Pinienkerne auf den Salat streuen. Salat mit den Toasts servieren.

Tomaten mit Reis-Hack-Füllung

Beliebt

4 Portionen

Pro Portion: E: 23 g, F: 16 g, Kh: 45 g, kJ: 1764, kcal: 418, BE: 3,0

8 große Tomaten
Salz
gem. Pfeffer
1 Zwiebel
1 TL Speiseöl
350 g Rindergehacktes
Paprikapulver edelsüß
1 Knoblauchzehe
200 g Basmatireis
1 geh. TL TK-Petersilie

Zubereitungszeit: 30 Minuten
Grillzeit: etwa 12 Minuten

1. Tomaten abspülen und trocken tupfen. Von den Tomaten jeweils einen Deckel abschneiden und beiseitelegen. Das Fruchtfleisch vorsichtig mit einem Teelöffel auslösen. Das Fruchtfleisch etwas kleiner schneiden und in eine Schüssel geben.

2. Die ausgehöhlten Tomaten innen mit etwas Salz und Pfeffer bestreuen.

3. Die Zwiebel abziehen und fein würfeln. Öl in einer Pfanne erhitzen. Die Zwiebelwürfel darin andünsten. Gehacktes hinzufügen und unter gelegentlichem Rühren darin anbraten, dabei die Klümpchen mit einer Gabel zerdrücken. Gehacktes mit Salz, Pfeffer und Paprikapulver würzen. Knoblauch abziehen, durch die Knoblauchpresse drücken und unterrühren.

4. Tomatenfruchtfleisch unterrühren und das Ganze etwa 5 Minuten unter gelegentlichem Rühren bei mittlerer Hitze ohne Deckel einkochen lassen, bis die Flüssigkeit verdampft ist.

5. In der Zwischenzeit Basmatireis nach Packungsanleitung zubereiten.

6. Den Backofengrill (etwa 240 °C) vorheizen.

7. Fertig gegarten Reis abgießen. 2 Esslöffel Reis davon abnehmen und mit der Petersilie unter die Gehacktesmasse rühren. Die Gehacktesmasse mit den Gewürzen abschmecken. Restlichen Reis zugedeckt warm stellen.

8. Die Gehacktesmasse in die ausgehöhlten Tomaten füllen und die Tomatendeckel darauflegen. Tomaten in eine Auflaufform (gefettet) setzen. Die Form auf dem Rost auf mittlerer Einschubleiste unter den vorgeheizten Backofengrill schieben. Die Tomaten **etwa 12 Minuten grillen.**

9. Die gegrillten Tomaten mit Reis auf Tellern anrichten und servieren.

Tipps: Nach Belieben vor dem Servieren etwas Petersilie über die Tomatendeckel streuen. Wenn Sie keinen Backofengrill haben, die gefüllten Tomaten bei Ober-/Unterhitze: etwa 220 °C, Heißluft: etwa 200 °C im vorgeheizten Backofen 10–13 Minuten überbacken.

Tomatenfisch auf Gurkengemüse

Leicht

4 Portionen

Pro Portion: E: 29 g, F: 11 g, Kh: 5 g, kJ: 995, kcal: 237, BE: 0,0

4 feste Fischfilets (je etwa 150 g)
1 Zwiebel
1 Knoblauchzehe
2 Tomaten
2 Salatgurken
2 EL Speiseöl
Salz
gem. Pfeffer
40 g ger. Parmesan
einige Dillspitzen

Außerdem:
1 Stück Bratschlauch (etwa 60 cm)

Zubereitungszeit: 25 Minuten
Garzeit: etwa 20 Minuten

1. Filets unter fließendem kalten Wasser abspülen und trocken tupfen. Zwiebel und Knoblauch abziehen, fein würfeln. Tomaten abspülen, abtrocknen und die Stängelansätze herausschneiden. Tomaten in Scheiben schneiden.

2. Gurken schälen oder abspülen, abtrocknen und mit einem Sparschäler einige Streifen der Schale abschälen. Dann die Enden abschneiden. Gurken längs halbieren. Kerne mit einem Teelöffel herausschaben. Gurken in schmale Streifen schneiden.

3. Den Backofen vorheizen.
Ober-/Unterhitze: etwa 200 °C
Heißluft: etwa 180 °C

4. Öl in einem Topf erhitzen. Zwiebel- und Knoblauchwürfel darin andünsten. Gurkenstreifen hinzufügen, kurz mitdünsten, dabei ab und zu umrühren. Gurkengemüse mit Salz und Pfeffer würzen.

5. Dann den Bratschlauch an einer Seite verschließen (Packungsanleitung beachten) und auf ein Backblech legen. Gurkengemüse in den Bratschlauch legen. Die Fischfilets mit Salz und Pfeffer würzen, auf das Gemüse legen. Die Tomatenscheiben darauf verteilen und mit Käse bestreuen.

6. Zweite Seite des Bratschlauchs fest verschließen und nach Packungsanleitung einschneiden. Das Backblech im unteren Drittel in den vorgeheizten Backofen schieben. Den Tomatenfisch mit dem Gurkengemüse **etwa 20 Minuten garen,** bis der Fisch gar und der Käse zerlaufen ist.

7. Dillspitzen abspülen und trocken tupfen. Den Bratschlauch vorsichtig aufschneiden. Den Tomatenfisch auf Gurkengemüse anrichten und mit Dill bestreut servieren.

Dazu schmeckt: Knuspriges Baguette oder Basmatireis.

Tipps: Wer keine Extra-Beilage reichen möchte, serviert einfach mehr Gurkengemüse zu. Dann insgesamt 3 Salatgurken zubereiten. Beim Garen im Bratschlauch können Sie fast ganz auf Fett verzichten, trotzdem gart alles aromatisch und saftig.

Tomaten-Nudel-Eintopf mit Geflügelklößchen | Schnell

4 Portionen

Pro Portion: E: 20 g, F: 28 g, Kh: 47 g, kJ: 2210, kcal: 527, BE: 4,0

1	*Knoblauchzehe*
2	*Zwiebeln*
3 EL	*Olivenöl*
1 TL	*gerebelte Kräuter der Provence*
800 g	*stückige Tomaten (aus der Dose)*
400 ml	*Gemüsebrühe*
	Salz, gem. Pfeffer
125 g	*kleine Suppennudeln, z. B. Hörnchen oder Buchstabennudeln*
425 g	*abgetropfter Mais-Gemüse-Mix (aus der Dose)*
100 g	*Schlagsahne*
250 g	*fertig gebratene Geflügel-Hackfleischklößchen (aus der Kühltheke)*

Zubereitungszeit: 15 Minuten
Garzeit: etwa 20 Minuten

1. Knoblauch und Zwiebeln abziehen und in kleine Würfel schneiden. Olivenöl in einem Topf erhitzen. Die Knoblauch- und Zwiebelwürfel darin andünsten. Mit den gerebelten Kräutern bestreuen und kurz mitdünsten lassen. Tomatenstücke und Brühe hinzugeben. Mit Salz und Pfeffer würzen. Die Zutaten zum Kochen bringen. Nudeln unter Rühren einstreuen.

2. Den Eintopf etwa 15 Minuten (je nach Garzeit der Nudeln) bei schwacher Hitze kochen, dabei den Eintopf zwischendurch vorsichtig umrühren.

3. Den Mais-Gemüse-Mix mit der Sahne und den Hackfleischklößchen in den Eintopf geben, wieder zum Kochen bringen und weitere etwa 5 Minuten kochen lassen. Den Eintopf mit den Gewürzen abschmecken.

Dazu schmeckt: Knuspriges Baguette oder Ciabatta.

Tomatensuppe mit Käsecroûtons |

Preiswert

4 Portionen

Pro Portion: E: 9 g, F: 15 g, Kh: 20 g, kJ: 1074, kcal: 255, BE: 1,0

1,2 kg Fleischtomaten
2 Zwiebeln
1 Knoblauchzehe
2 EL Olivenöl
500 ml Gemüsebrühe
1/2 gestr. TL Salz
gem. Pfeffer

Für die Käsecroûtons:
4 Scheiben Toastbrot
20 g Butter (zimmerwarm)
Salz
etwas gerebelter Thymian
1 TL gehacktes Basilikum
50 g ger. Parmesan

1/2–1 EL Balsamico-Essig
1 Prise Zucker
1–2 EL gehacktes Basilikum

Zubereitungszeit: 30 Minuten
Garzeit: etwa 15 Minuten
Überbackzeit: 3–4 Minuten

1. Für die Suppe die Tomaten abspülen, abtrocknen, halbieren und die Stängelansätze herausschneiden. Tomaten grob würfeln. Zwiebeln und Knoblauch abziehen, in kleine Würfel schneiden.

2. Öl in einem Topf erhitzen. Zwiebel- und Knoblauchwürfel darin andünsten. Tomatenwürfel hinzugeben und unter mehrmaligem Wenden kurz mit andünsten. Brühe hinzugießen, mit Salz und Pfeffer würzen. Die Zutaten zum Kochen bringen und zugedeckt etwa 15 Minuten bei schwacher Hitze kochen lassen, bis die Tomatenwürfel zerfallen sind.

3. Die Suppe mit einem Stabmixer pürieren und anschließend durch ein Sieb passieren, um die Kerne und Fruchtschalen zu entfernen.

4. Den Backofen vorheizen.
Ober-/Unterhitze: etwa 240 °C
Heißluft: etwa 220 °C

5. Für die Käsecroûtons Toastbrotscheiben leicht rösten und erkalten lassen. Butter in eine kleine Schüssel geben. Mit Salz, Pfeffer, Thymian und Basilikum glatt rühren. Toastbrotscheiben mit der Kräuterbutter bestreichen und auf einem Backblech (mit Backpapier belegt) verteilen. Parmesan daraufstreuen. Das Backblech in den vorgeheizten Backofen schieben. Toastbrotscheiben **3–4 Minuten goldbraun überbacken.**

6. Toastbrotscheiben etwas abkühlen lassen, vom Backblech nehmen und in kleine Würfel schneiden.

7. Die Tomatensuppe nochmals kurz erhitzen. Mit Salz, Pfeffer, Balsamico-Essig und Zucker abschmecken. Die Suppe mit den Käsecroûtons anrichten und mit dem Basilikum bestreut servieren.

Tipps: Im Winter sind Dosentomaten die richtige Alternative. Für diese Suppe benötigen Sie 800 g Tomaten (aus der Dose). Die Suppe statt mit Käsecroûtons mit je einem Klecks Crème fraîche oder je 1 Teelöffel grünem Pesto servieren. Reste der Suppe können Sie etwas einkochen und mit ein wenig Sahne oder Crème fraîche verfeinert als Nudelsauce für den nächsten Tag zubereiten.

Tortellini-Auflauf mit Pesto I

Gut vorzubereiten

4 Portionen

Pro Portion: E: 23 g, F: 33 g, Kh: 48 g, kJ: 2438, kcal: 585, BE: 4,0

etwa 2 l	*Wasser*
2	*Tomaten*
3 Scheiben	*Frühstücksspeck (Bacon)*
1 EL	*Olivenöl*
2 gestr. TL	*Salz*
500 g	*frische Tortellini (aus dem Kühlregal, je nach Belieben mit Käse-, Spinat- oder Fleischfüllung)*
200 g	*TK-Erbsen*
100 ml	*Milch (3,5 % Fett)*
200 g	*Sahne zum Kochen (15 % Fett)*
4 EL	*rotes Pesto*
	Salz
	gem. Pfeffer
50 g	*ger. Parmesankäse*

Zubereitungszeit: 20 Minuten
Garzeit: etwa 20 Minuten

1. Das Wasser in einem großen Topf zugedeckt zum Kochen bringen. In der Zwischenzeit Tomaten abspülen, abtrocknen, halbieren und die Stängelansätze herausschneiden. Tomaten entkernen und würfeln.

2. Bacon in grobe Stücke schneiden. Eine Pfanne ohne Fett erwärmen und die Speckstücke darin knusprig braten. Dann die Speckstücke herausnehmen. Olivenöl in der Pfanne erhitzen. Tomatenwürfel hinzugeben und kurz dünsten.

3. Den Backofen vorheizen.
Ober-/Unterhitze: etwa 200 °C
Heißluft: etwa 180 °C

4. Salz und Tortellini in das kochende Wasser geben. Tortellini nach Packungsanleitung garen. Die TK-Erbsen in der letzten Minute mit in den Topf geben und miterhitzen. Dann Tortellini und Erbsen in ein Sieb abgießen und abtropfen lassen.

5. Tortellini und Erbsen mit angedünsteten Tomaten und etwa der Hälfte der Speckstücke in einer großen, flachen Auflaufform (gefettet) verteilen.

6. Milch mit Sahne und 2 Esslöffeln Pesto verrühren, mit Salz und Pfeffer würzen. Pestosahne auf die Tortellini-Mischung gießen. Restliches Pesto, Parmesan und restliche Speckstücke darauf verteilen.

7. Die Form auf dem Rost im unteren Drittel in den vorgeheizten Backofen schieben. Den Auflauf **etwa 20 Minuten garen.**

Tipps: Das rote Pesto kann durch grünes Pesto ersetzt werden. Sie können den Auflauf gut vorbereiten. Nach dem Einschichten stellen Sie den Auflauf zugedeckt in den Kühlschrank. Die Garzeit erhöht sich dann um etwa 10 Minuten. Eventuell in den letzten 10 Minuten der Garzeit den Auflauf mit Alufolie zudecken, damit er nicht zu sehr bräunt.

Tortellini-Salat | Für die Kinderparty

10–12 Portionen

Pro Portion: E: 8 g, F: 13 g, Kh: 48 g, kJ: 1448, kcal: 345, BE: 3,5

250 g getrocknete Tortellini mit Käsefüllung
Salz
3–4 Paprikaschoten (rot und gelb, evtl. orange)
500 g abgetropfte Ananasstücke (aus der Dose)
340 g Gemüsemais (aus der Dose)
250 g Salatcreme (aus dem Glas)
2 EL Tomatenketchup
3–4 EL Ananassaft (aus der Dose)
gem. Pfeffer

Zubereitungszeit: 35 Minuten, ohne Abkühl- und Durchziehzeit

1. Tortellini in kochendem Salzwasser nach Packungsanleitung garen. Die Tortellini in ein Sieb geben, mit kaltem Wasser abspülen, abtropfen und erkalten lassen.

2. Paprikaschoten halbieren, entstielen, entkernen und die weißen Scheidewände entfernen. Schotenhälften abspülen, abtropfen lassen und in Streifen schneiden. Von den Ananasstücken den Saft auffangen.

3. Tortellini in eine große Schüssel geben. Paprikastreifen, Ananasstücke und den Mais mit dem Saft hinzugeben. Die Zutaten gut vermengen.

4. Die Salatcreme mit Ketchup und etwas Ananassaft verrühren und unter die Salatzutaten heben.

5. Tortellini-Salat 2–3 Stunden durchziehen lassen. Evtl. nochmals etwas Ananassaft unterrühren. Den Tortellini-Salat mit Salz und Pfeffer abschmecken.

Tipps: Den Salat in Dessertgläsern anrichten und dann mit Chicoréeblättern und Schnittlauchhalmen garnieren. Für den Salat getrocknete Tortellini verwenden. Frische Tortellini sind für diesen Salat zu groß.

Tortellini-Salat mit Balsamico-Dressing | Beliebt

4 Portionen

Pro Portion: E: 21 g, F: 24 g, Kh: 41 g, kJ: 1932, kcal: 461, BE: 3,0

500 g frische Tortellini mit Käsefüllung (aus dem Kühlregal)
250 g kleine Strauchtomaten
150 g Kochschinken in Scheiben

Für die Salatsauce:

1 Knoblauchzehe
½ Bund Schnittlauch
3–4 EL weißer Balsamico-Essig
Salz, gem. Pfeffer
1 Prise Zucker
4–5 EL Olivenöl

Zubereitungszeit: 30 Minuten, ohne Durchziehzeit

1. Die Tortellini nach Packungsanleitung zubereiten. Dann die Tortellini in ein Sieb geben, kurz mit kaltem Wasser abspülen, abtropfen und erkalten lassen.

2. Tomaten abspülen, trocken tupfen, vierteln und die Stängelansätze herausschneiden. Tomaten entkernen und in Spalten schneiden. Schinken in kleine Stücke schneiden.

3. Für die Salatsauce Knoblauch abziehen und zerdrücken. Schnittlauch abspülen und trocken tupfen. Schnittlauch in feine Röllchen schneiden. Essig mit Knoblauch verrühren, mit Salz, Pfeffer und Zucker würzen. Das Olivenöl unterschlagen. Schnittlauch unterrühren.

4. Tortellini, Schinken- und Tomatenwürfel vorsichtig mit der Sauce in einer Schüssel mischen und etwa 30 Minuten durchziehen lassen. Salat evtl. nochmals mit Salz und Pfeffer abschmecken.

Tipps: Dieser Salat eignet sich wunderbar zum Mitnehmen für ein Familienpicknick. Geben Sie den Salat portionsweise in gesäuberte, dicht schließende Gläser, z. B. Konfitürengläser. Den Deckel können Sie mithilfe einer Serviette und einem Gummiring dekorieren. Nehmen Sie etwas Essig, Salz und Pfeffer mit, da die Gewürze einziehen oder schmecken Sie den Salat sofort etwas kräftiger ab.

Tortilla Mexicana im Salatbett

Für die Kinderparty

4 Portionen

Pro Portion: E: 23 g, F: 11 g, Kh: 67 g, kJ: 1961, kcal: 466, BE: 5,0

8 Tortillafladen (Ø etwa 15 cm)
1 Bund Frühlingszwiebeln
2 Knoblauchzehen
150 g Putenschnitzel
1 EL Olivenöl
285 g abgetropfter Mais (aus der Dose)
225 g abgetropfte weiße oder rote Bohnen (aus der Dose)
Salz
gem. Pfeffer
100 ml Tomatenketchup oder Salsa

Für den Salat:

50 g Eisbergsalat
1 kleine Salatgurke
1 Bund Radieschen
1 Bund Petersilie
1 EL Weißweinessig
1 EL Olivenöl

Zubereitungszeit: 40 Minuten

1. Den Backofen vorheizen.
Ober-/Unterhitze: etwa 200 °C
Heißluft: etwa 180 °C

2. Tortillafladen einzeln auf Backbleche (mit Backpapier belegt) legen und in den vorgeheizten Backofen schieben. Tortillafladen **jeweils 7–8 Minuten backen.**

3. In der Zwischenzeit Frühlingszwiebeln putzen, abspülen, abtropfen lassen und in Scheiben schneiden. Knoblauch abziehen und fein würfeln.

4. Putenschnitzel unter fließendem kalten Wasser abspülen, trocken tupfen und in sehr feine Streifen schneiden.

5. Öl in einer Pfanne erhitzen, zuerst die Putenstreifen unter Rühren etwa 2 Minuten darin braten, danach Frühlingszwiebelscheiben, Knoblauchwürfel, Mais und Bohnen dazugeben und unter Rühren weitere etwa 3 Minuten braten. Mit Salz und Pfeffer würzen.

6. Die Tortillas aus dem Backofen nehmen und mit Ketchup oder Salsa bestreichen. Die Maismischung auf den Tortillas verteilen, die Seiten der Fladen zur Mitte klappen. Gefüllte Tortillafladen beiseitestellen.

7. Für den Salat Eisbergsalat putzen, abspülen, trocken schleudern und in Streifen schneiden. Gurke und Radieschen putzen, abspülen und in Scheiben schneiden.

8. Die Petersilie abspülen, trocken tupfen und die Blättchen von den Stängeln zupfen. Die Blättchen grob hacken.

9. Die Salatzutaten auf einer großen Platte verteilen. Mit Essig und Öl beträufeln, leicht würzen und die gefüllten Tortillas darauflegen.

Tipps: Statt der Frühlingszwiebeln einfach 1 großes Bund Petersilie verwenden. Petersilie abspülen und trocken tupfen. Die Blättchen von den Stängeln zupfen, Blättchen klein schneiden. Petersilie 2–3 Minuten vor Garzeitende zum Bohnen-Puten-Gemisch geben und mitgaren. Weizen-Tortilla-Fladen findet man sowohl in gut sortierten Lebensmittelgeschäften, als auch im Reformhaus oder Naturkostladen.

Vegan-Burger

Auch zum Mitnehmen

4 Portionen

Pro Portion: E: 15 g, F: 10 g, Kh: 50 g, kJ: 1465, kcal: 350, BE: 4,0

Für die Gemüse-Frikadellen:

400 g mehligkochende Kartoffeln
2 Möhren (etwa 200 g)
Salz
2–3 EL Sojamehl (aus dem Reformhaus oder Naturkostladen)
gem. Pfeffer
1 EL Speiseöl, z. B. Sonnenblumenöl

200 g Sojajoghurt
4 TL Schnittlauchröllchen
4 Roggenbrötchen (möglichst aus Vollkornmehl)
4 große Salatblätter, z. B. Kopfsalat oder Lollo rosso
2 große Tomaten
einige Schnittlauchröllchen

Zubereitungszeit: 45 Minuten
Garzeit: etwa 20 Minuten

1. Für die Frikadellen die Kartoffeln unter fließendem Wasser abbürsten, knapp mit Wasser bedeckt, zugedeckt zum Kochen bringen und in etwa 20 Minuten gar kochen. Kartoffeln abgießen, mit kaltem Wasser abschrecken, abtropfen lassen. Kartoffeln noch warm pellen, dann mit einer Gabel fein zermusen.

2. In der Zwischenzeit die Möhren putzen, schälen, abspülen, abtropfen lassen und klein würfeln. Möhrenwürfel in einem kleinen Topf in Salzwasser zugedeckt in etwa 5 Minuten garen. Dann in einem Sieb abtropfen lassen.

3. Das Kartoffelmus mit Sojamehl, Salz und Pfeffer mit leicht angefeuchteten Händen verkneten. Möhrenwürfel zum Schluss vorsichtig unterkneten. Aus dem Kartoffelteig 4 gleich große Taler (Ø etwa 9 cm) formen. Das Öl in einer großen Pfanne erhitzen. Die Frikadellen darin von jeder Seite etwa 2 Minuten braten. Frikadellen herausnehmen und beiseitestellen.

4. Joghurt mit Schnittlauch verrühren. Den Schnittlauchjoghurt mit Salz und Pfeffer kräftig würzen.

5. Brötchen jeweils waagerecht durchschneiden. Jede Hälfte mit etwa 1 Esslöffel von dem Schnittlauchjoghurt bestreichen. Salatblätter und Tomaten abspülen und trocken tupfen. Tomaten in Scheiben schneiden und den Stängelansatz herausschneiden.

6. Die unteren Brötchenhälften mit je 1 Salatblatt belegen, dann mit 1 Frikadelle und 2–3 Tomatenscheiben belegen, mit Schnittlauch bestreuen, mit Salz und Pfeffer würzen. Die oberen Brötchenhälften darauflegen und leicht andrücken. Die Burger bis zum Verzehr einzeln in Frischhaltefolie einwickeln und nach Belieben in einer Frühstücks-Box mitnehmen.

Veggie-Wraps | Einfach

4 Portionen

Pro Portion: E: 19 g, F: 34 g, Kh: 56 g, kJ: 2534, kcal: 606, BE: 4,5

175 g Joghurt-Salatcreme
100 g Joghurt (3,5 % Fett)
Salz
gem. Pfeffer
evtl. 1 Prise Currypulver
140 g abgetropfter Gemüsemais (aus der Dose)

½ Eisbergsalat
2 mittelgroße Möhren
1 gelbe Paprikaschote
6–8 Weizen-Tortilla-Fladen (aus dem Brotregal)
150 g ger. Käse, z. B. mittelalter Gouda oder Emmentaler

Zubereitungszeit: 15 Minuten

1. Salatcreme mit Joghurt in einer Schüssel verrühren. Mit Salz, Pfeffer und evtl. 1 Prise Curry würzen. Mais untermischen.

2. Salat putzen, abspülen, abtropfen lassen, trocken tupfen und in feine Streifen schneiden. Möhren putzen, schälen, abspülen, abtropfen lassen und grob raspeln.

3. Paprikaschote halbieren, entstielen, entkernen und die weißen Scheidewände entfernen. Schotenhälften abspülen, abtropfen lassen und in Streifen schneiden.

4. Tortillafladen in einer heißen Pfanne ohne Fett nach Packungsanleitung kurz erhitzen, herausnehmen und erkalten lassen. Die Tortillafladen mit den Salatstreifen, Möhrenraspeln und Paprikastreifen belegen. Mais-Joghurt-Salatcreme-Mischung darauf träufeln. Mit Käse bestreuen.

5. Zwei Seiten der Tortillafladen zur Mitte hin leicht einklappen. Tortillas fest aufrollen und nach Belieben in Gläsern servieren.

Vollkornbrot „rot-grün" I

Auch zum Mitnehmen

4 Portionen

Pro Portion: E: 9 g, F: 5 g, Kh: 38 g, kJ: 1006, kcal: 241, BE: 3,0

8 Scheiben	*Vollkornbrot mit Sonnenblumenkernen (je etwa 45 g)*
4 EL	*fettreduzierter Frischkäse mit Joghurt (13 % Fett)*
4	*große Salatblätter*
400 g	*Möhren*

Zubereitungszeit: 10 Minuten

1. Brote mit Frischkäse bestreichen. Die Salatblätter abspülen, trocken tupfen und auf je 1 Frischkäsebrot legen.

2. Die Möhren putzen, schälen, abspülen, gut abtropfen lassen und der Länge nach in dünne Scheiben schneiden.

3. Die Möhrenscheiben auf den Salatblättern anrichten und mit den restlichen bestrichenen Brotscheiben bedecken.

Tipps: Die Möhren lassen sich am besten mit einem Sparschäler in dünne Scheiben schneiden. Geben Sie einige abgespülte und trocken getupfte Cocktailtomaten mit in die Frühstücks-Box.

Vollkornbrötchen | Knusprig

14 Stück

Pro Stück: E: 7 g, F: 4 g, Kh: 26 g, kJ: 711, kcal: 169, BE: 2,0

Für den Hefeteig:

300 g Weizenmehl (Type 1050)
200 g Dinkelmehl (Type 1050 oder 630)
21 g frische Hefe
250 ml lauwarmes Wasser
1 Prise Zucker
1 EL Mohnsamen
1 EL Sesamsamen
1 EL Sonnenblumenkerne
1 EL Kürbiskerne
1 TL Salz
1 TL Olivenöl

Zum Bestreuen:

Samen und Körner nach Wahl

Zubereitungszeit: 20 Minuten, ohne Ruhe- und Teiggehzeit
Backzeit: 20–25 Minuten

1. Für den Teig beide Mehlsorten in einer Rührschüssel vermischen und in die Mitte eine Vertiefung eindrücken. Hefe hineinbröckeln, mit etwas Wasser und Zucker verrühren und etwa 15 Minuten stehen lassen.

2. Anschließend restliche Zutaten mit dem restlichen Wasser hinzufügen und mit einem Mixer (Knethaken) zunächst auf niedrigster, dann auf höchster Stufe in etwa 5 Minuten zu einem glatten Teig verarbeiten (der Teig darf noch etwas feucht sein). Den Teig zugedeckt so lange an einem warmen Ort gehen lassen, bis er sich sichtbar vergrößert hat.

3. Anschließend den Teig nochmals auf einer leicht bemehlten Arbeitsfläche mit den Händen etwas durchkneten. Dann in 14 Stücke von je etwa 60 g teilen und Brötchen daraus formen. Brötchen auf ein Backblech (mit Backpapier belegt) setzen, etwas flach drücken und in der Mitte der Brötchen eine Vertiefung einschneiden. Brötchen nochmals etwa 15 Minuten gehen lassen, bis sie sich sichtbar vergrößert haben.

4. In der Zwischenzeit den Backofen vorheizen.
Ober-/Unterhitze: etwa 220 °C
Heißluft: etwa 200 °C
Dabei ein feuerfestes Gefäß mit heißem Wasser füllen und auf einem Metall-Kuchenrost auf den Boden des Backofens stellen (die Brötchen werden durch den heißen Wasserdampf besonders locker).

5. Die Brötchen mit etwas Wasser bestreichen und nach Belieben mit Samen und Körnern bestreuen. Das Backblech auf mittlerer Schiene in den vorgeheizten Backofen schieben. Die Brötchen **20–25 Minuten backen.**

6. Die Brötchen mit dem Backpapier auf einen Kuchenrost ziehen und erkalten lassen.

Tipps: Die Brötchen lassen sich prima portionsweise einfrieren (maximale Lagerdauer: 2–3 Monate). Zum Aufbacken die Brötchen kurz antauen lassen und auf dem Brötchenaufsatz des Toasters von beiden Seiten kurz aufbacken.

Wackelpeter mit Früchten

Sommerlich

4 Portionen

Pro Portion: E: 5 g, F: 10 g, Kh: 46 g, kJ: 1279, kcal: 305, BE: 4,0

	1 Beutel aus
1 Pck.	*Götterspeise Himbeer-Geschmack*
4 EL	*Zucker*
250 ml	*Wasser*
250 ml	*Apfelsaft*
1	*mittelgroßer Apfel*
1	*mittelgroßer Pfirsich*
1	*große Banane*

Für den Vanilleschaum:

100 g	*Schlagsahne (mind. 30 % Fett)*
250 ml	*kalte Milch (3,5 % Fett)*
1 Pck.	*Saucenpulver Vanille-Geschmack ohne Kochen*

Zubereitungszeit: 20 Minuten, ohne Kühlzeit

1. Götterspeise mit Zucker, Wasser und Saft in einem Topf verrühren. Die Götterspeise bei schwacher Hitze erwärmen (nicht kochen), bis sie vollständig gelöst ist. Dann die Götterspeise lauwarm abkühlen lassen.

2. Apfel und Pfirsich abspülen, abtrocknen, vierteln, entkernen und in kleine Stücke schneiden. Banane schälen und in Scheiben schneiden.

3. Obststücke in den Gläsern verteilen und die Götterspeise vorsichtig daraufgießen. Die Gläser zugedeckt mindestens 3 Stunden in den Kühlschrank stellen.

4. Für den Vanilleschaum die Sahne steif schlagen. Milch in einen Rührbecher geben. Das Saucenpulver unter ständigem Rühren mit einem Mixer (Rührstäbe) hinzufügen, etwa 1 Minute weiterschlagen.

5. Die Sahne vorsichtig unterheben und den Vanilleschaum auf der Götterspeise verteilen.

Tipps: Anstatt die Vanille-Sauce selbst zu machen, können Sie auch fertige Vanille-Sauce aus dem Kühlregal verwenden. Der Wackelpeter eignet sich ohne den Vanilleschaum sehr gut für ein Picknick oder zum Mitnehmen. Dann Früchte und Götterspeise in kleine verschließbare Behälter füllen und im Kühlschrank fest werden lassen. Den Wackelpeter in einer Kühltasche transportieren.

Wiener Schnitzel | Klassisch

4 Portionen

Pro Portion: E: 31 g, F: 15 g, Kh: 24 g, kJ: 1499, kcal: 358, BE: 2,0

Für die Schnitzel:

4 Kalbsschnitzel (je 120 g, aus der Oberschale) oder 8 kleine Schnitzel (je 60 g)
Salz
gem. Pfeffer
50 g Weizenmehl
150 g Semmelbrösel
2 Eier (Größe M)

200 g Butterschmalz oder Margarine
4 Bio-Zitronenscheiben (unbehandelt, ungewachst)

Zubereitungszeit: 30 Minuten

1. Die Schnitzel mit Küchenpapier trocken tupfen. Die Schnitzel etwas dünner klopfen, mit Salz und Pfeffer würzen.

2. Drei tiefe Teller nebeneinanderstellen. Mehl und Semmelbrösel in jeweils einen der Teller geben. Im dritten Teller die Eier mit einer Gabel verschlagen.

3. Schnitzel zuerst in Mehl wenden, überschüssiges Mehl abschütteln. Dann die Schnitzel in den verschlagenen Eiern wenden und am Tellerrand etwas abstreifen. Zuletzt die Schnitzel in den Semmelbröseln wenden. Panade etwas andrücken.

4. Butterschmalz oder Margarine evtl. portionsweise in einer großen Pfanne gut erhitzen. Die Schnitzel von beiden Seiten darin leicht schwimmend je nach Größe 2–3 Minuten braten. Anschließend die Schnitzel herausnehmen und auf Küchenpapier abtropfen lassen.

5. Die Schnitzel mit Zitronenscheiben anrichten.

Dazu schmeckt: Kartoffel-Gurkensalat oder grüner Blattsalat.

Tipps: Die Panade nicht zu fest andrücken, damit sie schön locker wird und sich beim Braten leicht wellt. Für panierte Schweineschnitzel das Kalbsschnitzel durch Schweineschnitzel ersetzen.

Wrap-Dreierlei | Auch zum Mitnehmen

8 Stück

Pro Hähnchen-Wrap: E: 10 g, F: 4 g, Kh: 32 g, kJ: 879, kcal: 210, BE: 2,5
Pro Hot-Taco-Wrap: E: 17 g, F: 5 g, Kh: 29 g, kJ: 979, kcal: 234, BE: 2,0
Pro Mozzarella-Tomaten-Wrap: E: 16 g, F: 15 g, Kh: 24 g, kJ: 1284, kcal: 307, BE: 2,0

8 Blätter Eisbergsalat
300 g Möhren
8 Wraps (Tortilla-Weizenmehl-Fladen, je etwa 45 g)
8 EL Crème légère mit frischen Kräutern (125 g)
Salz, gem. Pfeffer
6 abgetropfte Aprikosenhälften (aus der Dose)
Currypulver
75 g Hähnchenaufschnitt (6 dünne Scheiben)
1 gelbe Paprikaschote
3 EL Taco-Sauce
150 g Kochschinken (3 dünne Scheiben)
2 mittelgroße Tomaten
125 g abgetropfter Mozzarella

Zubereitungszeit: 25 Minuten

1. Salatblätter abspülen und trocken tupfen. Möhren putzen, schälen, abspülen, trocken tupfen und grob raspeln. Die Wraps auf der Arbeitsfläche auslegen. Jeden Fladen mit 1 Esslöffel Crème légère bestreichen, mit Salz und Pfeffer bestreuen.

2. Für die **Hähnchen-Wraps** die Aprikosenhälften fein würfeln. 3 Wraps jeweils mit etwas Curry bestreuen. Jeweils 1 Salatblatt, den Hähnchenaufschnitt, die Aprikosenwürfel und die Hälfte der Möhrenraspel darauf verteilen.

3. Für die **Hot-Taco-Wraps** Paprika halbieren, entstielen, entkernen und die weißen Scheidewände herausschneiden. Schotenhälften abspülen, trocken tupfen und in feine Streifen schneiden. 3 Wraps mit der Taco-Sauce bestreichen und mit je 1 Salatblatt, Schinken, Paprika und den restlichen Möhrenraspeln belegen.

4. Für die **Mozzarella-Tomaten-Wraps** Tomaten abspülen, abtrocknen, halbieren und die Stängelansätze herausschneiden. Die Tomaten entkernen. Das Fruchtfleisch in Würfel schneiden. Den Mozzarella in dünne Scheiben schneiden. Die restlichen beiden Wraps mit je 1 Salatblatt, Tomatenwürfeln und Mozzarella-Scheiben belegen.

5. Die Wraps fest aufrollen, evtl. schräg halbieren und fest in Butterbrotpapier wickeln.

Tipps: Die fertigen Wraps aus der Packung schmecken auch prima, wenn man sie nacheinander in einer heißen Pfanne ohne Fett pro Seite etwa 1 Minute bei mittlerer Hitze röstet. Dann sofort füllen und genießen. Gut verpackt können die Wraps mit zum Familienpicknick mitgenommen werden. Transportieren Sie sie dann in einer Kühltasche.

Würstchenspieße | Beliebt

10 Stück

Pro Stück: E: 18 g, F: 24 g, Kh: 2 g, kJ: 1219, kcal: 291, BE: 0,0

je 1 rote, gelbe und grüne Paprikaschote (je etwa 200 g)
40 Nürnberger Würstchen (Rostbratwürstchen)
5 EL Speiseöl, z. B. Sonnenblumenöl

Außerdem:

20 Holz- oder Metallspieße (2 pro Würstchenspieß)

Zubereitungszeit: 10 Minuten
Grillzeit: etwa 10 Minuten

1. Paprikaschoten halbieren, entstielen, entkernen und die weißen Scheidewände entfernen. Die Schoten abspülen, abtropfen lassen und jede Hälfte in etwa 8 gleich große Spalten schneiden.

2. Auf 2 Spieße gleichzeitig (dann lassen sie sich später besser wenden) abwechselnd 4 Würstchen und 4–5 verschiedene Paprikaspalten aufreihen. Die Spieße von beiden Seiten mit dem Öl bestreichen.

3. Die Würstchenspieße auf den heißen Grill legen und etwa 10 Minuten grillen, dabei ab und zu wenden.

Tipps: Dazu schmecken Krautsalat und Laugenbrezel. Für kleinere Kinder halbieren Sie Würstchen und Paprikastreifen und stecken die kleineren Stücke jeweils auf 1 Spieß.

Zaziki-Teller mit Baguette „Herkules“ I

Beliebt

4 Portionen

Pro Portion: E: 42 g, F: 16 g, Kh: 65 g, kJ: 2464, kcal: 588, BE: 5,0

Für den Zaziki-Teller:

500 g Magerquark
250 g Joghurt (1,5 % Fett)
1 EL Olivenöl
3 Knoblauchzehen
1 Salatgurke
Salz
gem. Pfeffer
1 TL TK-Dill
1 Fleischtomate

Zum Garnieren:

4 schwarze Oliven

Für die Baguettes:

1 Vollkorn-Baguette oder 4 längliche Vollkornbrötchen
150 g Putenbrustaufschnitt
2 Zwiebeln
4 Tomaten
1 EL Olivenöl
4 EL geraspelter Mozzarella

Zubereitungszeit: 40 Minuten
Überbackzeit: etwa 5 Minuten

1. Quark mit Joghurt und Olivenöl glatt rühren. Knoblauch abziehen, fein würfeln und zufügen.

2. Gurke abspülen, trocken tupfen und die Enden abschneiden. Ein Viertel der Gurke abschneiden und raspeln. Flüssigkeit etwas ausdrücken und abgießen. Die Gurkenraspel zum Quark geben. Mit Salz, Pfeffer und Dill würzen.

3. Die restliche Gurke in Scheiben schneiden und auf einer Salatplatte oder in 4 Portionsschälchen verteilen. Zaziki in der Mitte darauf anrichten.

4. Tomate abspülen, abtrocknen, halbieren und den Stängelansatz herausschneiden. Tomate achteln. Tomatenachtel neben dem Zaziki anrichten, mit Oliven garnieren.

5. Den Backofengrill (etwa 240 °C) vorheizen.

6. Baguette in 4 Teile teilen, längs aufschneiden und nebeneinander auf ein Backblech (mit Backpapier belegt) legen. Putenbrust in Streifen schneiden, auf den Baguettehälften verteilen.

7. Zwiebeln abziehen, zunächst in Scheiben schneiden, dann in Ringe teilen.

8. Tomaten abspülen, abtrocknen, halbieren und die Stängelansätze herausschneiden. Tomaten in Scheiben schneiden.

9. Die Zwiebelringe und Tomatenscheiben auf den Baguettes verteilen und mit Salz und Pfeffer würzen.

10. Die Baguettes mit Olivenöl beträufeln und mit Mozzarella bestreuen.

11. Das Backblech in den Backofen schieben und die Baguettes unter dem vorgeheizten Backofengrill **etwa 5 Minuten überbacken,** bis der Käse leicht gebräunt ist.

12. Die Baguettes auf Tellern anrichten und zum Zaziki-Teller servieren.

Zebrakuchen

Einfach

12 Stücke

Pro Stück: E: 6 g, F: 33 g, Kh: 57 g, kJ: 1986, kcal: 475, BE: 5,0

Für den Teig:

5 Eigelb (Größe M)
250 g Zucker
1 Pck. Dr. Oetker Vanillin-Zucker
125 ml lauwarmes Wasser
250 ml Sonnenblumenöl
375 g Weizenmehl
1 Pck. Dr. Oetker Backin
5 Eiweiß (Größe M)
2 EL gesiebtes Kakaopulver

Für den Guss:

150 g Puderzucker
2 EL Zitronensaft
3–4 EL Wasser

Zubereitungszeit: 25 Minuten, ohne Abkühlzeit
Backzeit: 50–60 Minuten

1. Den Backofen vorheizen.
Ober-/Unterhitze: etwa 180 °C
Heißluft: etwa 160 °C

2. Für den Teig Eigelb, Zucker und Vanillin-Zucker mit einem Mixer (Rührstäbe) schaumig rühren. Wasser und Öl unterrühren.

3. Mehl mit Backpulver mischen und in 2 Portionen kurz unterrühren. Eiweiß steif schlagen und unterheben. Den Teig halbieren und unter eine Hälfte des Teiges den Kakao rühren.

4. Für das Zebramuster zunächst 2 Esslöffel des hellen Teiges in die Mitte einer Springform (Ø 26 cm, Boden gefettet, mit Semmelbröseln bestreut) geben (nicht verteilen!). Auf den hellen Teig 2 Esslöffel von dem dunklen Teig geben (nicht daneben). Den Vorgang wiederholen, bis der Teig aufgebraucht ist. Den Teig nicht glatt streichen.

5. Die Form auf dem Rost im unteren Drittel in den vorgeheizten Backofen schieben und den Kuchen **50–60 Minuten backen.**

6. Zebrakuchen etwa 10 Minuten auf einem Kuchenrost abkühlen lassen, dann aus der Form lösen und auf dem Kuchenrost erkalten lassen.

7. Für den Guss Puderzucker, Zitronensaft und so viel Wasser verrühren, dass ein dünnflüssiger Guss entsteht. Den erkalteten Kuchen damit überziehen und fest werden lassen.

Zigeuner-Hackklößchen I

Preiswert

4 Portionen

Pro Portion: E: 29 g, F: 30 g, Kh: 22 g, kJ: 1995, kcal: 476, BE: 1,5

Für die Hackklößchen:

500 g Gehacktes (halb Rind-, halb Schweinefleisch)
1 kleine Zwiebel
1 Ei (Größe M)
Salz
gem. Pfeffer
Paprikapulver edelsüß
50 g Semmelbrösel
1–2 EL Speiseöl, z. B. Sonnenblumenöl

Für das Gemüse:

½ kleine Gemüsezwiebel
1 rote Paprikaschote
1 gelbe Paprikaschote
1–2 EL Speiseöl, z. B. Sonnenblumenöl
100 ml Gemüsebrühe
1 EL Tomatenmark
3 EL Tomatenketchup
1 gestr. TL Speisestärke

Zubereitungszeit: 30 Minuten

1. Für die Klößchen Gehacktes in eine Schüssel geben. Die Zwiebel abziehen, würfeln, zusammen mit Ei, Salz, Pfeffer, Paprika und Semmelbröseln gut vermischen. Aus der Masse mit angefeuchteten Händen 20 Klößchen formen.

2. Sonnenblumenöl in einer großen Pfanne erhitzen. Die Klößchen darin bei mittlerer Hitze etwa 10 Minuten unter gelegentlichem Wenden braten.

3. In der Zwischenzeit für das Gemüse die Zwiebel abziehen, in Streifen schneiden. Die Paprika halbieren, entstielen, entkernen und die weißen Scheidewände entfernen. Schoten abspülen, abtropfen lassen und in Stücke schneiden.

4. Öl in einem Topf erhitzen, die Zwiebel und Paprika darin andünsten. Gemüsebrühe hinzugießen, kurz aufkochen und das Gemüse etwa 5 Minuten garen.

5. Tomatenmark und -ketchup unterrühren, mit Salz, Pfeffer und Paprika abschmecken.

6. Speisestärke mit Wasser anrühren unc in das Gemüse einrühren. Das Gemüse nochmals kurz aufkochen lassen und mit den Klößchen servieren.

Dazu schmeckt: Reis oder Baguette.

Tipp: Rühren Sie nach Belieben noch 1–2 Esslöffel gehackte Petersilienblättchen unter die Zigeuner-Hackklößchen.

Zimt-Früchte-Salat

Zum Frühstück

4 Portionen

Pro Portion: E: 11 g, F: 20 g, Kh: 85 g, kJ: 2348, kcal: 561, BE: 7,0

250 g Zartweizen
50 ml Orangensaft
40 ml Zitronensaft
5 EL Honig
½ gestr. TL gem. Zimt
1 Prise Currypulver
4 EL Walnussöl
1 kleine Honigmelone
2 große Äpfel
300 g Erdbeeren
50 g Walnusskerne

Zubereitungszeit: 30 Minuten, ohne Durchziehzeit

1. Zartweizen nach Packungsanleitung zubereiten und anschließend abtropfen lassen.

2. In der Zwischenzeit Orangen- und Zitronensaft, Honig, Gewürze und Öl in eine Rührschüssel geben und mit dem Schneebesen gut verrühren.

3. Honigmelone vierteln, entkernen und schälen. Von dem Fruchtfleisch 300 g abwiegen, würfeln und in die Marinade geben.

4. Äpfel abspülen, abtrocknen, vierteln und entkernen. Äpfel in Spalten schneiden.

5. Die Erdbeeren abspülen, abtropfen lassen und entstielen. Die Erdbeeren vierteln.

6. Die Apfelspalten und Erdbeerviertel ebenfalls in die Marinade geben und unterrühren. Die Fruchtmischung etwa 10 Minuten ziehen lassen. Walnusskerne grob hacken.

7. Zartweizen in eine große Schüssel geben und mit der Fruchtmischung gut vermischen. Salat mit Walnusskernen bestreut servieren.

Tipps: Dieser Salat lässt sich beliebig abwandeln. Probieren Sie statt Honigmelone, Äpfeln und Erdbeeren doch mal Mango, Banane und Weintrauben oder Heidelbeeren, Himbeeren und Erdbeeren. Oder wie wäre es mit Pfirsich, Papaya und Ananas? Statt mit Walnusskernen können Sie den Salat auch mit gerösteten Pinienkernen oder Sonnenblumenkernen bestreuen.

Zimtjoghurt mit Bananensalat

Raffiniert

4 Portionen

Pro Portion: E: 7 g, F: 5 g, Kh: 26 g, kJ: 780, kcal: 186, BE: 2,0

Für den Bananensalat:

2 mittelgroße Bananen
1 Orange
3 EL Orangensaft
1 TL flüssiger Honig

Für den Zimtjoghurt:

600 g Joghurt (1,5 % Fett)
1–2 EL Dr. Oetker Vanillin-Zucker
1–2 TL gem. Zimt

4 TL gehackte Pistazienkerne

Zubereitungszeit: 20 Minuten

1. Für den Salat die Bananen schälen und in Scheiben oder Stücke schneiden. Die Orange so schälen, dass die weiße Haut mitentfernt wird.

2. Die Orange zunächst in Scheiben schneiden, die Scheiben dann in Viertel schneiden.

3. Bananen- und Orangenstücke in einer Schüssel mischen.

4. Den Orangensaft mit dem Honig verrühren und über die Bananen-Orangen-Mischung gießen. Die Zutaten vorsichtig vermengen.

5. Für den Zimtjoghurt Joghurt mit Vanillin-Zucker und Zimt mit einem Schneebesen glatt rühren.

6. Den Joghurt auf 4 Dessertschälchen verteilen.

7. Den Bananensalat auf dem Joghurt verteilen und mit Pistazienkernen bestreuen.

Zitruslimonaden | Erfrischend

je 4 Portionen

Zitronenlimonade

(im Foto links)

Pro Portion: E: 0 g, F: 0 g, Kh: 32 g, kJ: 537, kcal: 128, BE: 2,5

1 l ***Mineralwasser ohne Kohlensäure***
125 g ***Zucker***
1 Prise ***Salz***
50–60 ml ***Zitronensaft***

Außerdem:

einige ***Trinkhalme***

Zubereitungszeit: 10 Minuten, ohne Kühlzeit

1. Das Wasser, Zucker und Salz in einem Topf zum Kochen bringen. Den Topf von der Kochstelle nehmen. Zuckerwasser abkühlen lassen und in einen Glaskrug geben.

2. Den Glaskrug zugedeckt etwa 2 Stunden in den Kühlschrank stellen.

3. Den Zitronensaft unterrühren. Die Zitronenlimonade in Gläsern verteilen und mit Trinkhalmen servieren.

Tipp: Möchten Sie eine prickelnde Zitronenlimonade herstellen, reduzieren Sie die Mineralwassermenge auf 250 ml, kochen den Sud wie beschrieben und lassen ihn im Kühlschrank erkalten. Vor dem Servieren 750 ml sehr kaltes Mineralwasser mit Kohlensäure dazugeben und mit Eiswürfeln servieren.

Orangenlimonade

(im Foto rechts)

Pro Portion: E: 0 g, F: 0 g, Kh: 27 g, kJ: 471, kcal: 113, BE: 2,5

1 l ***Mineralwasser ohne Kohlensäure***
100 g ***Zucker***
1 Prise ***Salz***
10–20 ml ***Zitronensaft***
50 ml ***Orangensaft***
4 Scheiben von
1 ***Bio-Orange (unbehandelt, ungewachst)***

Zubereitungszeit: 10 Minuten, ohne Kühlzeit

1. Mineralwasser, Zucker und Salz in einem Topf zum Kochen bringen. Den Topf von der Kochstelle nehmen. Zuckerlösung abkühlen lassen und in einen Glaskrug füllen. Den Glaskrug zugedeckt etwa 2 Stunden in den Kühlschrank stellen.

2. Zitronen- und Orangensaft unter die Zuckerlösung rühren, in Gläsern verteilen und servieren. Jeweils 1 Orangenscheibe mit ins Glas geben.

Tipp: Besonders aromatisch wird die Orangenlimonade, wenn Sie einige Blättchen Orangenminze mit in die Gläser geben. Dafür die Minzstängel abspülen, trocken tupfen, die Blättchen von den Stängeln zupfen und in den Gläsern verteilen.

Zum Frühstück

Fingerfood, Brote und Co.

Suppen und Eintöpfe

Salate

Aus Pfanne und Ofen

Nudel- und Reisgerichte

Kartoffelgerichte

Vegetarisch

Desserts und süße Mahlzeiten

Kuchen und Gebäcke

Getränke

Für Fragen, Vorschläge oder Anregungen stehen Ihnen der Verbraucherservice der Dr. Oetker Versuchsküche Telefon: 00800 71 72 73 74 Mo.–Fr. 8:00–18:00 Uhr, Sa. 9:00–15:00 Uhr (gebührenfrei in Deutschland) oder die Mitarbeiter des Dr. Oetker Verlages Telefon: +49 (0) 521 52 06 42 Mo.–Fr. 9:00–15:00 Uhr zur Verfügung.
Schreiben Sie uns:
Dr. Oetker Verlag KG, Am Bach 11, 33602 Bielefeld. Oder besuchen Sie uns online unter www.oetker-verlag.de, www.facebook.com/Dr.OetkerVerlag oder www.oetker.de.

Umwelthinweis Dieses Buch und der Einband wurden auf chlorfrei gebleichtem Papier gedruckt. Die Einschrumpffolie – zum Schutz vor Verschmutzung – ist aus umweltfreundlichem und recyclingfähigem PE-Material.

Redaktion Carola Hülshoff, Carola Reich

Innenfotos Walter Cimbal, Hamburg (S. 22, 33, 45, 62, 63, 81, 100, 118, 127, 138, 153, 167, 175, 180, 185, 195, 214, 221, 225, 226, 233, 251, 252, 270, 272, 279)
Fotostudio Diercks: Thomas Diercks/ Kai Boxhammer/ Christiane Krüger, Hamburg (S. 9, 10, 12, 14, 16, 17, 18, 20, 21, 25, 26, 27, 30, 32, 37, 40, 41, 43, 48, 50, 51, 53, 57, 60, 61, 65, 66, 67, 68, 69, 72, 73, 75, 76, 77, 79, 83, 87, 89, 90, 94, 96, 97, 103, 104, 105, 107, 108, 110, 113, 115, 117, 119, 120, 124, 128, 132, 134, 136, 137, 139, 141, 142, 146, 148, 149, 151, 155, 156, 159, 160, 163, 169, 171, 173, 174, 177, 182, 184, 186, 192, 193, 194, 201, 202, 203, 208, 210, 213, 217, 218, 220, 228, 230, 231, 235, 237, 238, 239, 241, 242, 243, 244, 245, 247, 256, 257, 259, 261, 262, 264, 267, 268, 271, 275, 276, 277)
Ulli Hartmann, Halle/Westf. (S. 15, 19, 70, 85, 121, 123, 145, 187, 190, 234, 278)
Anke Politt (S. 6, 35, 36, 42, 99, 162, 188, 204, 206, 207, 236)
Janne Peters, Hamburg (S. 38, 109)
Antje Plewinski, Berlin (S. 13, 29, 39, 44, 49, 52, 54, 78, 80, 82, 88, 92, 93, 95, 114, 116, 122, 129, 133, 147, 158, 166, 178, 179, 181, 191, 211, 215, 229, 232, 255, 258, 263, 266, 269, 273, 280)
Klaus Obermeier, München (S. 58, 71, 164, 197, 198, 248, 253)
Hans-Joachim Schmidt, Hamburg (S. 21, 46, 86, 102, 131, 152, 183, 212, 222, 250, 260)
Axel Struwe, Bielefeld (S. 31, 170, 223, 227)
Winkler Studios GmbH, Bremen (S. 189)

Lektorat no:vum, Susanne Noll, Leinfelden-Echterdingen

Nährwertberechnungen Nutri Service, Hennef

Grafisches Konzept, Gestaltung und Satz MDH Haselhorst, Bielefeld
Titelgestaltung kontur:design, Bielefeld
Druck und Bindung Mohn Media Mohndruck GmbH, Gütersloh

ISBN: 978-3-7670-0782-6